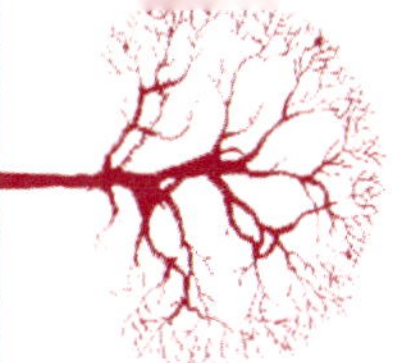

教育部人文科学重大课题『课程与教学理论国际化研究』研究成果
上海市曙光计划项目『重建课堂教学的理论与实验研究』研究成果

基/于/学/生/研/究/的/课/程/与/教/学/丛/书

张华 主编

学生幸福论

向晶 著

本书立足于学校教育中的事实现象，
结合国内外关于教育之于
幸福的相关研究，
致力于对教育领域中学生的
生活现状与生存境遇进行系统、
全面的剖析。
分为探寻学生幸福
的历史渊源、解读学生幸福的现实意蕴、
剖析学生幸福的教育现状、寻回学生幸福的教育作为、
守望学生幸福的教育图景等几部分，
提出拥有尊严作为学生
幸福的现实意蕴
……

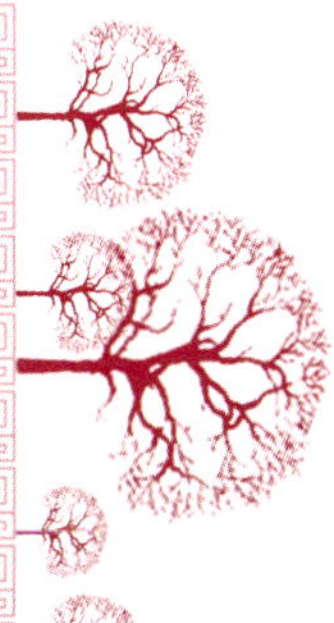

山东教育出版社

图书在版编目(CIP)数据

学生幸福论/向晶著. —济南:山东教育出版社,
2012
ISBN 978-7-5328-7121-6

Ⅰ.①学… Ⅱ.①向… Ⅲ.①幸福—教育理论
Ⅳ.①G412

中国版本图书馆 CIP 数据核字(2012)第 039580 号

基于学生研究的课程与教学丛书

学生幸福论

向 晶 著

主　　管:山东出版集团
出 版 者:山东教育出版社
　　　　(济南市纬一路 321 号　邮编:250001)
电　　话:(0531)82092663　传真:(0531)82092663
网　　址:http://www.sjs.com.cn
发 行 者:山东教育出版社
印　　刷:山东临沂新华印刷物流集团
版　　次:2012 年 3 月第 1 版第 1 次印刷
规　　格:787mm×1092mm　16 开本
印　　张:18 印张
字　　数:294 千字
书　　号:ISBN 978-7-5328-7121-6
定　　价:38.00 元

(如印装质量有问题,请与印刷单位联系调换)
电话:0539—2925659

让教学变成学生研究

——《基于学生研究的课程与教学》丛书主编寄语

张　华

百年以来,世界教学理论和实践发展的根本特征是:不再把教学与研究割裂开来、对立起来,让教学和研究化为一体。这样,教学就不再是研究过程终结之后才开始的行为,教学的本质就不再是传授外部提供的知识或规范体系。恰恰相反,教学的本质是研究或知识创造。这包括:教师一以贯之的学生研究;教师与学生合作研究知识与生活;教师帮助学生做研究。教学即研究,这是对教学的时代特征的基本概括。

学生研究是教学的出发点与归宿。这包括相互联系且化为一体的两个方面:教师做学生研究与学生做研究。

教师并非为了控制教学过程而研究学生,亦非在教学过程之外研究学生,而是把自己的教学和做学生研究完全融合起来,使二者实现"无缝对接",彻底一体化。教师即学生研究者,教师即教学研究者。至于教学过程之外的各类专业研究人员(如儿童心理学家、教育学教授等)也在研究学生或儿童,但这类研究成果是教师自身做学生研究和教学研究的资源,而非教师必须遵循的信条或指令。教师做学生研究具有独特性:教师是在帮助学生发展的过程中研究学生的。

学生做研究并非掌握知识的手段,亦非模仿专业人员做研究以训练研究技能,更非"做假""做戏"或"做秀",而是产生自己思想、创造自己知识的过程。学生做研究的过程真实、生动而富有创造性,这不仅是每一个体个性发展的生动体现,而且是人类进化的核心内容。即使从学科知识、学科文化发展的角度来看,并非只是少数专业研究人员的研究工作推动了学科发展，而广大中小学生在教师指导下的学科探究也是学科知识、学科文化的有机构成，并大大丰富和推动了学科发展。没有人会把中小学生打乒乓、踢足球排除在乒乓文化、足球文化之外，那我们为什么把学生们在课堂上探究数学、学习科学的过程排除在数学文化、科学文化之外？我国传统的教学论所津津乐道的“教学过程的间接性、有领导”，不是想方设法把学生的学科探究、学科学习排除在学科文化之外吗？

教师做学生研究是在帮助并完善学生做研究的过程中进行的，因此，这本质上是一种行动研究。教学即教师的行动研究。通过做学生研究，教师不仅促进学生的个性发展，而且发展自身的专业素养。把教学变成学生研究，意味着教师发展与学生发展的一体化。

伟大的启蒙思想家卢梭在18世纪就指出：“在万物的秩序中，人类有它的地位；在人生的秩序中，童年有它的地位；应当把成人看作成人，把孩子看作孩子。”[1]这大概是人类历史上第一份“儿童权利宣言”。一个确定无疑的事实是：启蒙运动以后，人类的解放是伴随儿童的解放而实现的。然而怎样“把孩子看作孩子”？成人把自己的知识或价值规范直接告诉或灌输给孩子，算不算尊重孩子？这个问题只能在人类进入20世纪以后，伴随时代和科学进步才得以解决。

杜威在哲学上深刻阐述了儿童的经验与成人的经验、儿童的学科与成人的学科的本质区别和各自的独特性，因此，把成人的学科知识经过简化后直接告诉儿童是无效的，因为这依然是成人的经验。唯一的出路是把分门别类的学科知识转化为儿童的经验、儿童的心理过程。这种“转化”的基础或可能性是：学科知识和儿童的经验都具有经验的本性——主动探究，都具有社会性——在社会合作和互动中实现。杜威据此假设开展了系统的实验研究，由此开启了教学民主化和现代化的新时代。

皮亚杰则在心理学上深刻揭示了儿童的心灵、理解、认知与成人的区别。他通过一系列匠心独运的实验研究，获得了令人信服的结论：无论是大千世界中的一草一木，还是人类创造的知识和规范体系，儿童的理解和成人是不一样的。成人试图把自己的理解快捷地告诉儿童是徒劳的。人的学习的本质是心灵的主动建构。教学意味着教师在理解学生心灵的基础上为学生主动建构知识的情境提供帮助。因此，教师对学生的倾听、理解、等待和帮助是教学的关键。皮亚杰不仅开启了心理学中倾听儿童的研究传统，而且为把教育、教学变成学生研究奠定了坚实基础。他所创造的方法的核心是：创设问题情境，对儿童或学生进行“临床访谈”。

杜威、皮亚杰等人的开创性工作，扭转了教学的总方向：教学由启蒙时期的“传授—接受”取向，转向现代民主时期的“研究—建构”取向。这是世界百年教学发展的大趋势。

教师把教学变成学生研究，当研究学生什么？核心是两个方面：一是学生的思想或观念；一是学生的体验或情感。“思想”意味着探究、创造与问题解决。研究学生的思想旨在理解并发展学生的探究能力，帮助学生学会思维。“体验”意味着人与世界融为一体，由此生成兴趣、关心和意义。研究学生的体验旨在感受并升华学生的学习兴趣、关心情怀和生活意义，帮助学生学会关心。印度诗哲泰戈尔曾说：“孩子那儿满是金子和珍珠！”这真是对学生思想和体验的精彩比喻。思想学生的思想，体验学生的体验，并据此提供可能的帮助，这是教师研究学生的核心旨趣。

教师当如何研究学生？让教学变成倾听。让教学时刻植根于问题情境与体验情境，教师帮助学生投入问题探究与体验之中，并通过对话让学生的探究和体验日益深入。当这一切发生的时候，教师要时刻倾听——倾听学生解释他们自己的思想、反思他们自己的体验。教师倾听学生的过程，既是研究学生的过程，又是与学生合作探究知识和生活的过程。因而，倾听体现了教学的本质——教学即倾听。

当教师开始在课堂上做学生研究，教学工作就成为不断促进教师专业发展和自由发展的过程。当学生把学习变成了研究，学校学习就成为持续发展学生的学习兴趣、探究能力和健全个性的过程。当教学变成师生的合作研究，课堂就成为师生自由表达思想的公共领域——“学习共同体”，由此把民主的种子撒播在心灵的沃土上，生长为民主的生活方式和人生态度，成就社会的希望。

张华

2011 年 3 月 18 日，于沪上三乐斋

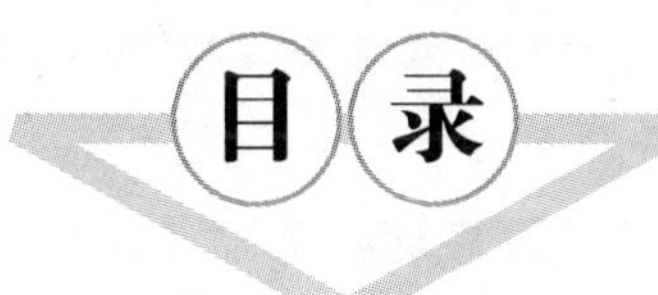

导论　学生幸福的合理性追问：教育学的视野

人类的文明与发展，经历了漫长的历史进程。从一定意义上说，一部人类文明史就是人类不断追求自身幸福生活的历史。尽管不同时代、不同地域、不同学科领域对幸福的诠释各不相同，有的甚至相互对立，然而，人们探寻人生幸福的目标是一致的。

可以说，任何一个社会都不是完美的，然而教育却是社会走向完美的希望，儿童正是这一希望的种子。如果我们把幸福看作是人的终极价值追求，那么，教育关涉人，关涉人生，因而不能不关涉人的幸福。对教育的追求本身就蕴含着人们对幸福的向往，包含着对儿童接受教育以及接受何种教育的关注。当我们思考儿童幸福的本质及获得幸福的条件时，对于童年的生活状态与生存境遇的探寻以及由此而引发出的对人类精神的追求与深切关怀，是教育的根基和前提。如何帮助希望的种子摆脱并穿破外界的羁绊，怎样细心地养育稚嫩的蓓蕾以致自由地绽放才是教育的使命与追求。因为，教育并不是单纯为了社会的需求或个体的发展，更是奠定儿童一生的福祉和尊严的基础。

一、教育的含义与研究视野

对教育是什么这个问题，古今中外有着各种各样的解释。战国时期的思想家子思认为"修道之谓教"。教育家荀子则把"以善先人者谓之教"。被誉为中国第一部教育学的《学记》对其解释为："教也者，长善而救其失者也。"东汉许慎在《说文解字》中解释道："教，上所施，下所效也"；"育，养子使作善也。"[1]卢梭认为："教育要以儿童为出发点，按照儿童自己的观察和感觉方法，以其独特的思维方式和活动特点施教才有益于儿童的接受。"[2]美国教育家杜威主张"教育即生活”,“教育即生长”,“教育即经验之不断改造”,把教育看作是准备完善的生活过程。雅斯贝尔斯指出:“所谓教育,不过是人对人的主体间灵肉交流活动(尤其是老一代对年轻一代),包括知识内容的传授、生命内涵的领悟、意志行为的规范,并通过文化传递功能,将文化遗产教给年轻一代,使他们自由地生成,并启迪其自由天性。”[3]苏霍姆林斯基认为:“教育学方面的真正的人道主义精神就在于珍惜孩子有权享受欢乐和幸福。”[4]不同时代、不同文化背景中的人们基于各自的生活现状与生存处境表达他们对教育的理解与期待。事实上,“每一代人也只能在他们各自的政治、经济、文化的历史、现实处境中来谋求他们对教育的理解和对教育理想的追求”[5],“人类生存境遇的变化必然会导致人们对教育理解的变化”[5],而给出不同的阐释与期待,并以此来关照他们当下的教育实践。不论是“劳动起源论”、“生活需要起源论”、“生物起源论”、“心理起源论”也都体现出不同时代的人们对于教育的思考与评判。

自20世纪80年代初鉴于“应试教育”愈演愈烈,学生学业负担日趋加重情况下,我国各省、市、自治区都有学校开展了愉快教育(有的称“乐学”)的探索。到80年代中期则形成了一批明确以愉快教育为宗旨的教改实验。其中1984年上海市第一师范附属小学经过几年的探索后制定了该校的办学宗旨:“让孩子们都有幸福的童年,美好的心灵,创造的才干,健壮的体魄,活泼的个性。”[6]并随后明确了使用“愉快教育”的概念作为该校教育整体改革的主题。国家教委于1990年和1991年相继召开了全国性的“愉快教育”实验经验汇报研讨会,更是促进了这一教改热潮在全国范围的发展。愉快教育最初的出发点是“改变学生由学业负担带来的心理上的负性情绪状态,打破负性情绪与学业不良之间的恶性循环”[7]。后来逐步形成一个比较鲜明的主题:“要‘使每个学生有幸福的童年’。使他们感到‘学习是愉快的,活动是愉快的,生活也是愉快的’。一句话,要使学生们的整个童年都是愉快的,并使愉快的童年生活长留在孩子们的记忆中。”[8]英国教育家怀特海于1990年在《教育与美好生活:超越国家课程》中提出教育应促进学生的利益问题,指出学生的最大利益就是幸福,教育应当以学生的幸福为使命。美国斯坦福大学教授诺丁斯则把学生的幸福作为教育目的。2003年在其《幸福与教育》一书中论述了如何培养幸福的人,提出幸福与教育具有内在的一致性,幸福应当成为教育目的,以及好的教育增进个人与公共幸福。众所周知,教育一方面是为学生未来的幸福生活做准备,要给个体提供日常生活所需的基本知识与技能,以适应个体置身现象世界的基本需要。与此同时,教育还需引导个体人格的完成与心智生活完满，精神成人乃是教育的核心宗旨。[9]另一方面，只有学生正在接受的教育过程本身是幸福的，才可能感受到幸福。学习是学生的核心生活，教育能否给他们幸福就成了他们整个生活是否幸福的主要标准，教育能否培养学生以幸福能力，也是关系到他们以后能否幸福生活的非常重要的因素。[10]人人都向往和追求幸福，但并非人人都能获得幸福。可见，获得与感受幸福都是一种需要磨砺和培养的能力。[11]以上诸多说法，有的是从人的发展的角度来探讨教育，有的则从社会需要出发来解释教育，有的着重强调教育的重要性，有的又关注教育与个体幸福的关系，他们从不同的角度揭示了教育的某些特点，也表明随着时代的发展，人们越来越关注自身的价值，越来越渴望通过教育实现幸福的追求。

教育是一项人类有意识、有计划、有目的培养人的活动。从一个初生的嫩弱无知的婴儿到成为适应社会需要、能谋求社会生活的成员，也就是说，从一个自然实体的人成长为一个社会实体的人，都必须经过专业教化的过程。但教育的宗旨并不仅仅在于个体对当下周遭现实生活的简单适应，而在于个体人格的成熟与完善，在于个体精神上的成人。人不仅是事实性的存在，更是精神性的尊严存在，教育的价值意义正在于启发、确立个体生命不可动摇的尊严。“生命的尊严说白了就是生命存在的理由，以及对这种理由的守护。”“一个人守护自我生命的目的就是守护自我做人的尊严，对个人生命尊严的侵害就意味着对个人生命目的和存在意义的一种剥夺，生命尊严的危机也就是个人生命存在目的与意义的危机。”[12]因而，我们强调每个儿童都是世界上独一无二的个体，通过教育对他独特的关注而认识他自己，认识个体独特的价值与尊严，赋予个体应有的权利与追求，获得个人感受世界和认识世界的方式，进而具备个人自由选择的理性能力，并勇于为个人的选择以及周遭的一切承担必要的责任。

教育的问题可以说是十分复杂的，因为教育研究的都是关于人的问题，而这个世界上再没有比人更为复杂的了。它不但涉及政治、经济、历史与文化的变迁，还需要从伦理学、哲学以及心理学等不同学科寻求解释与根据。它不但涉及社会、家庭与学校，还影响儿童、教师以及几乎一切相关人士的生活与幸福。它不但随着时代的发展而发展，还需要超越时代与社会的局限去探寻未来的趋势与方向。教育一方面要传承历史文化的传统，另一方面又不得不接纳外来文化的侵染；一方面要接受各界人士的监督与指责，另一方面又要承受社会的检验与挑选。也就是说，教育研究涉及一个儿童成长的方方面面，牵涉一个人发展的各种因素。

本研究并无意于把人们引向玄远的概念体系，导向抽象空洞的言说，而是根据学校教育中学生生存现状的基本事实判断，而进行的教育价值取向的探索和诉求。事实和价值是同一事物的两个层面，价值依赖于事实，并以教育事实为价值判断的依据，“而某一客观事物的陈述是否导致价值，导致什么样的价值却由人和人的需要决定的”[13]。只有在有关客观事物的事实网络中加进人的需要才能实现由事实到价值的转换。本文旨在探寻学生幸福“是什么”以及“应当怎么样”的事实和价值判断。把学生幸福定位于教育的价值追求，并从课程事实的角度关照当下的教育实践。研究基于东西文化的视野，追寻历史的足迹确立学生幸福的逻辑起点。从伦理学、哲学以及心理学的视角阐述学生幸福的理论依据，并从社会、家庭、学校三方面论述关涉学生幸福的相关因素。试图回到教育生活本身，更切近更真实地看待我们身边的学生与教师，并在对周遭的教育生活境遇的审慎明辨中改善学生的生活质量与生命品质。关注儿童的生存状态是当今极有意义的课题，对儿童生存现状的研究也是一个极其宽泛的课题，这里，我们以幸福为轴心，对儿童的生活予以关注，旨在唤起更多的有识之士来关心儿童的生活现状与生存境遇，意在阐述教育之于学生幸福的应有作为以及可行路径。

二、教育价值关涉学生幸福

“‘价值’这个普遍的概念是从人们对待满足他们需要的外界物的关系中产生的”[14]，但“价值不是物本身，而是物对人的意义”[15]。价值“是人们所利用的并表现了对人的需要的关系的物的属性”，“表示物对人有用或使人愉快等等的属性”。[16]如此看来，价值实际上体现出一种关系，反映了客体满足主体某种需要的属性。我们在考察教育价值时，也要从分析主体与客体之间的关系入手，探寻教育如何满足与其相对应的主体需求。“教育价值是从教育对人和社会的意义来说的，主要指教育作为社会系统中的一种客体，对社会主体和个体主体的发展需要的一点满足(适合、一致、促进等)。旨在说明教育对人、对社会的一定的积极意义。”[17]可以说，教育本身就是一项价值活动，教育对社会与人的价值是教育存在之根本。首先，教育对于受教育者而言具有个人价值。教育教学过程是教育者的教和受教育者的学共同构成的双边活动，教育者以其专业特长和娴熟的技能满足受教育者特定的需要，过程中，师生和谐相处，教学相长，不断丰富科学文化知识，提高思想品德修养，主动开展创造性实践活动以及文体锻炼，这些都使得学生感到精神上的愉悦以及健康成长的喜悦，直接地满足了他们成长发展的各种需要，也感受到学习过程本身的乐趣与意义。校园生活是每个学生人生中重要的组成部分，教育生活的质量如何，是否幸福都直接影响其整个人生的生活质量与幸福感受。有质量的教育赋予学生成长的权利，给予学生选择的机会与空间，帮助他们确立自身的目标并以积极乐观的生活态度去实现自身的价值，守护生命的尊严。随着社会的进步与文明程度的提高，个人的发展越来越依赖于教育尤其是学校教育的作用，越来越取决于学校教育所赋予个体生活质量的提高与生活幸福的条件，因为接受教育的程度与质量已经在相当大的程度上影响到个人获取社会资源并改善生活质量的能力，直接影响到“个体的就业、职位、晋升的可能性以及发展的潜能，从而影响到个人的社会地位和经济收入等”[18]一系列生活问题。从这一意义上说，教育正是通过提高受教育者的自身素质（包括对幸福的认识与态度，感知幸福、创造幸福以及充分利用幸福资源等内在品质），培养受教育者的生活能力并在营造丰富多彩的教育过程中成就个体的幸福。

尽管，任何一个社会都存在着价值多元、文化冲突的现实，但教育必须把握社会的核心价值而不能在冲突和多元中迷失了方向，因为许多教育问题都是由于其他社会因素的作用而产生的，局限于教育本身是无法解决的，势必从历史文化中把握脉络，从社会大背景中看现状，从社会核心价值中考查教育价值，才能扎根于历史文化的土壤，明确教育的价值追求，表明教育应有的作为以及可行性路径。就现实社会而言，“民主、科学、法制以及市场机制”[19]等都是其核心价值，教育既要弘扬社会的核心价值又要明确当下所要追求的教育价值，才能与政治、经济、文化以及其他社会因素之间处于良性循环中有所超越。作为价值活动的教育“可能长时间地再现”过去的社会状态，也可能“预示某些新的社会状态并加速它的变化”。[20]“教育之于社会是被动地适应还是主动地超越”[21]，取决于什么样的教育培养出了什么样的人。人不仅仅是生存，而且是有价值的存在，这种价值体现在求真、求善、求美的过程中，体现在能动、自主、创造性地面对现实周遭一切的过程中，体现在既尊重他人又自尊独立地内化各种优秀文化传统的基础上有所创造的过程中。所以，教育不应是简单地适应社会，更是对现实社会的超越，这种超越性才是教育的真正价值所在。人对现实的适应是为了构筑美好的未来，个体接受教育的过程既是满足当下的需求也是未来人生幸福的前提，因而，教育不仅要培养学生作为存在主体的适应和超越现实社会的能力和智慧，而且还要在形成其作为价值主体中勇于捍卫生命的尊严并积极主动地追求自身幸福的内在品质。

其次，教育对于社会中的政治、经济、文化、科学技术等发展具有社会价值。教育不过是整体社会领域这一大系统中的子系统，与政治、经济、文化和科学技术等子系统共同维系社会大系统的良性运转，保持整个社会处于最优化状态。这样，各个子系统之间势必发生需要和满足需要的价值关系，教育对于其他子系统需要的满足正是教育价值的体现，教育是通过向其他子系统输送合格的人才而体现其价值的，并以不断地将人的现有素质提高甚至超出当下社会发展的要求的高度上来而满足社会的需要，任何价值都有大小之分，判断教育现实价值之大小的标准是看它能否维持与增进人类的整体幸福。因为，教育是一项把握人类自身前途和命运的社会事业。一个民族的将来维系于学校、家庭、社会赋予儿童的教育，如何培养教师，尊重教师，如何对待儿童，关注教育以及在何种文化氛围中按照怎样的价值标准而自主地生活，都影响着一个民族的未来。

三、课程事实关注学生幸福

1918年，美国学者博比特出版的《课程》一书被看作是课程成为一个独立研究领域的标志。源于20世纪初美国的“社会效率运动”，博比特与查特斯等人启动了“课程开发的科学化运动”，即“课程开发范式”，并由此形成了独特的“科学化课程开发理论”。该理论把课程的本质看作是“以准备完美的成人生活为出发点，却落实于儿童的活动与经验；把教育过程等同于企业生产过程，学生沦为‘学校工厂’加工的‘原料’；把课程开发过程视为机械的‘课程工程’，从而导致课程开发过程中‘见物不见人’的现象”[22]。直到科学化课程开发理论之集大成者拉尔夫·泰勒提出了“泰勒原理”才使课程开发达到一个新的历史高度。“泰勒原理”中的“学校应该试图达到什么教育目标”、“提供什么教育经验最有可能达到这些目标”、“怎样有效组织这些教育经验”以及“我们如何确定这些目标正在得以实现”这四个问题也被称为课程开发的“永恒的分析范畴”。然而，“泰勒原理”的实质在于追求“技术理性”，试图通过有效控制课程开发过程，而使课程开发成为一种理性化、科学化的过程，进而为课程开发提供一种普适性的程序。[23]这样，课程开发过程中学习者成为被控制的对象，其主体性必然受到压抑；教师的主动性与创造性也得不到应有的尊重；每所学校的特殊性也被忽视。自20世纪70年代中期课程领域发生了重要的“范式转换”：由“课程开发”范式转向“课程理解”范式。试图探讨如何“理解课程”，其目的在于使课程研究回归生活世界，关注人类共同的价值与尊严。于是，课程被理解为历史文本、政治文本、种族文本、性别文本、现象学文本和后结构主义、解构主义、后现代本文以及自传性/传记性文本、美学文本、神学文本、制度文本、国际文本，如此等等。课程研究涉及学校中的学生、教师以及围绕师生所发生的事情，反映学校中的人与物以及所发生的事情时，课程领域正是使用语言表达“学校中所发生的事情”，运用话语言说着这样的课程事实：课程是什么，课程发挥怎样的功能。如此说来，有必要把当代课程领域理解为话语或者文本。因为“我们每个人都‘在’他者中，任何一件作品、一个作者都‘充盈’着他者的”[24]思想。只有借鉴他者的话语才能把你的生活史、性别、种族以及神学文本以复杂的形式创生一个问题情境，激发人们反思接受教育意味着什么，思考作为一个人自己的生存现状与生活境遇，其目的在于更准确、更充分地理解并改进这种情境。

到了20世纪90年代，由于环境、种族、人口以及生态等综合性问题层出不穷，依靠单一学科无法解决这些综合性问题。同时，这一时期，诸如哲学解释学、后现代主义哲学以及后结构主义哲学等新哲学思潮不断涌现，使得知识论发生了新的变迁，“认为知识并非是固定不变的，而是情境性的、社会建构的，因此不必固守传统的学科疆域”。此外，脑科学的最新研究也指出“知识越整合就易于学习”[25]，以及面对时代的发展如何提高个体在复杂的情境中作出理性的选择并解决实际问题的能力等个体要求都使得各国的课程改革呈现出综合化的趋势。1989年美国教学视导与课程编制委员会组织专家进行中学研究并试行课程方案，中学课程中出现了“全语言”以及“STS”等综合课程；90年代加拿大各州把课程整合看作教育关注的焦点；90年代以后，德国大部分州的教学大纲都使用了“跨学科”、“学科间协作”等名称；1996年日本中央教育审议会提交的咨询报告进一步将实施综合性学习作为培养学生“生存力”的一项重要措施；[26]1988年英国议会通过的《教育改革法》，以法令形式规定了必须在课程计划及具体教学进程中贯彻诸如经济、工业、职业教育、环境、公民教育等交叉课程要素。2000年1月31日，我国教育部颁发了《全国普通高中课程计划》，新设综合实践活动课，其核心是“基于学生的直接经验，联系学生自身生活和社会生活，注重对知识技能的综合运用，体现经验和生活对学生发展价值的实践性课程”[27]，这标志着“综合实践活动课”正式进入我国的课程领域。由此看来，在当今这个国际化迅速发展的时代，世界各国课程改革都致力于向生活世界转向设计课程，从学科本位、知识本位向关注每一个学生成长的历史性转变。直面真实的生活情境，倡导在真实问题的解决中培养学生综合学习和综合运用知识解决问题的能力，在科学探究过程中奠定科学研究的原始热忱，在社会大课堂中磨炼意志与积极的生存态度。课程设计趋向“多元”、“生态”、“个性”以及“科学与生活”世界的整合，帮助儿童在追求个性发展中“学会认知”，教诲学生敬畏自然，关爱环境，在科学世界与生活世界的对话中“学会做事”，引导他们理解并尊重人类的多样性与差异性，在不同的民族文化中认识共同的人性而“学会共同生活”，进而在自我、社会、自然的和谐发展中“学会生存”，实现学校教育对学生一生的幸福负责。

课程不是静态的物（教材、教具等），而是教师、学生、教材、环境之间动态互动交互作用的“完整文化”，是一个动态平衡的“生态系统”，教师与学生是课程的题中应有之义，是课程意义的创造者和主体。[28]可以说，课程事实为师生提供了一个课程理论与实践彼此相遇的情境，目的不是消除两者间的差异而是创设理论融入实践的场域。学科课程与综合实践活动课程共同展示给学生一幅科学世界与生活世界的真实画面，其中人类的实践行动、社会制度、文化产品以及艺术家的创造等都以文本的形式供学生阅读与品味，真实的课程情境使得认识成为可能，在认识基础上有所创造成为现实，探寻关于自身成长的基本课程问题以及它对于其他人成长的影响，进而生发出关怀自身、他人以及整个人类的责任意识，重新构想理论与实践彼此嵌入之于个体成长的意义。学生既在学科课程中体会学习的乐趣，又在综合实践活动课程中领略探究的魅力，在五彩缤纷的课程事实中享受当下的幸福生活又为未来的人生幸福储备能量。

四、学生幸福研究的合理性确证

在加速现代化进程的过程中，人们创造了一个日益发达、丰富的物质世界，它提供给人类各种物质的方便与享受，使得生活更加富裕。然而，人们在取得巨大物质成就的同时，也极大地释放了自身的物欲和控制欲。就是在这样的社会历史背景下，近一个多世纪以来的教育，它的主要宗旨是教人去追逐、适应，去认识、掌握、发现这个外部物质世界，着力于教会人的是“何以为生”的知识与本领。应当承认，教育在这方面的作用是十分巨大的。正是在当代科技和教育等的影响下，人类驾驭物质世界的知识与能力有了长足的发展。为此人们把教育视作当代社会的一大支柱。然而，在这一历史的行程中教育却逐步丧失了它的本真意义。由于它放弃了“为何而生”的教育，为此一切“何以为生”的知识与本领之发挥也就会陷于盲目而难于符合人性之根本。人们沉迷于物质生活之中而丧失精神生活，只有现实的打算与计较而缺乏人生的追求与领悟。人生的全部意义被淹没在对物的片面追求之中，人性的丰富内容被消融于物性的释放之中，人性为技术与物质所吞没。教育的这种“外在化”的弊病，使人只在实用主义、功利主义的层面去思考问题，去寻找人生的答案，去理解幸福的含义，不再寻求超越于现实利益的生活意义、人生目标、道德水准。人的生活表层化、实利化、短暂化，人对自我的认识和关怀只服从于他逐物的需要，不再去思考那些具有永远意义的价值。于是，现代人在享受着利用自然、改造环境的高度文明时又不得不面对随之而来的人口、能源、环境等社会问题，不得不承受个人的尊严淹没在体制规训之中，不得不憧憬明天的幸福生活而牺牲当下的生活意义与价值追求。人的心灵是空虚、孤独、飘泊的，正是这种教育所形成的诸如此类的畸形人性之特征，也是学生既无法感受现今的幸福也不具备创造未来幸福的能力的根源。于是，人们呼吁“重估一切价值”（尼采语），呼唤从异化的工具人、理性人、经济人回归到真正人的教育，从人性的角度重新审视整个教育过程。

21 世纪已经到来，我们所期待的人与人、民族与民族之间的新型的“关系”并没有出现，已经过去的教育历程和现今的教育现状仍充满了太多的不幸、太多的在各种崇高的名义下的专制与残害。原因何在？文化的、历史的、政治的、经济的，人们试图从各个不同的角度去寻求解释。或许可以从“天人合一”以至于“知其善走向行其善”的伦理道德型文化传统中找到依据；或者历史悠久的科举制度，“学而优则仕”的古代教育观到“吃得苦中苦，方为人上人”之古训也能提供给我们一些线索；还有“大一统”的政治格局也似乎可以说明一些问题；以及“市场经济”、“效率至上”的现实也能解开一些疑问。寻找原因只是为了查询病根，看清现状以寻求教育的作为，其目的在于改进，在于更好地前行。因为，当我们走进学校，步入课堂时，可以感受到学生于惩罚中无声地反抗、于挣扎中承受应试之重、于冲突中捍卫自己的尊严。可以看到学生成长的权利被不同程度地剥夺，他们迷失自己的目标而陷于迷茫，教师的不同教学态度之于学生学习与生活境遇的影响，从而做出幸福失落在何处、幸福体现在哪里的价值判断，进而确立教育之于学生幸福应有的作为。分别从伦理学、哲学以及心理学论证了其理论合理性，基于这三个方面的现状剖析，而成为教育以此有所作为的依据。更何况我国当今的时代背景也发出“让人民更幸福更有尊严”的呼唤，温家宝总理在 2010 年 3 月 5 号所作的政府工作报告中再次强调“我们所做的一切都是要让人民生活得更加幸福、更有尊严，让社会更加公正、更加和谐”[29]。

鉴于如此这般的原因，如此种种的现实，从个体权利、生活目标、生活态度三个层面赋予学生尊严生活以教育关怀，重新解读幸福的意蕴，并赋予它时代内涵。重新论证教育领域里身心关系、主客关系、知情关系。我们认为幸福作为一个抽象的概念不是可以量化的指标体系，而是一个可以填充的框架性的要求，“这为每一个人确立自己具体的人生目标保留了空间，这就使得不同的个人可以创造属于自己的幸福，形成自己的个性生活。幸福本身也要求人们在幸福的框架内自我选择、自我设计、自我创造，个体才是自己幸福的真正作者”[30]。整个人类文明的历史发展证明，人的本性就在于“知其不可为而为之”，悬设一个目标让自己去追求，人的创造性就在于把原先认为不可能甚至不可思议的事情通过自己的不懈追求实现出来，因而人的本质并不能仅仅归结为他所创造出来的现实事物，更在于他不断创造的精神力量。在这种身心一致、德福统一的目标追求过程中，人的本质潜能或人的本质力量的全面丰富性才能得到最充分的发展，人才能日益完善自身，摆脱自己受奴役的状态。生活的质量就是生命的质量，就是幸福的含量。教育引导学生学会生活的过程就是引导他们学会选择一种具有积极生活意义的、能够提高其生命质量的生活方式，最终教会学生通过生活的安排和优化来成就幸福的人生。因为幸福是不可直奔主题、不可直接“教”的，教育活动只能通过对学生知识、技能的培育，精神境界的提升来间接地成就学生幸福的人生。课程变革是学生幸福的教育路径，实现幸福的教育向课程实施回归。通过学科课程和综合实践活动课程等基础教育中典型课程案例的呈现、分析、归纳并提升出系统的教学特征、具体的实施途径，让学生在课程中了解他人，认识世界，构筑成长的摇篮；让学生在课程中与生活相遇、与过去重逢从而展望遥远的未来；让学生在课程中理解人性的魅力与精神的境界，铸造精神的大厦；让学生在课程中体验教育的幸福并走向幸福的人生。

五、本研究的计划

本研究如何开展，怎样进行，又是依据什么提出相关的论据以及如何区别易于混淆的概念，下面就从选题说明、研究方法、概念厘清三个方面进行阐述。

（一）选题说明

研究旨在分析学校教育之中受教育者的生活状态与生存境遇，因此使用学生这一概念，根据《儿童权利公约》的规定，以 18 岁为儿童的年龄界限，故文中的学生与儿童从年龄阶段上来说是一致的，既指学校这一特殊机构中的学习者，也关注作为一个完整的儿童个体所享有的一切权利，诸如接受教育的权利、言语表达的权利、探究未知的权利、自主选择的权利等。

幸福这一概念丰富而又十分的模糊，似乎无论怎样的论述都无法穷尽影响幸福的因素，但幸福不是空洞的，尊严不是虚无的，需要填充物加以充实，需要教育有所作为。我们可以寻找到一些关涉学生幸福的重要方面，表明教育关注学生幸福应有的作为与努力方向。针对儿童这一特殊年龄阶段的人群，幸福又有着更为明显的特殊性与重要性，这里并不意在告诉人们怎样做就能得到幸福，而是试图探讨对于儿童这一群体教育应该付出怎样的关怀，教育需要从哪些方面入手才有利于儿童的健康成长。我们认为教育应致力于从个体权利、生活目标、生活态度三个方面关怀儿童，赋予儿童成长的权利，帮助他们选择适合自己的人生追求，以积极乐观的生活态度体验当下的幸福并勇于追寻未来的人生幸福。那么，这三个方面的确立又来自于什么样的依据呢？

来自学校教育的现象观察、课堂描述以及师生访谈，可以为我们提供真实的事实根据与理论前提。此外，我们依旧可以寻找到关涉学生幸福的直接依据与理论支撑。首先，1923年，埃格兰泰恩·杰布(Eglantyne Jebb)女士拟定了《儿童权利宪章》，提出儿童应有自己权利的观点并被救助儿童国际联盟所接纳。1924年救助儿童国际联盟在日内瓦举行“儿童幸福国际大会”，会上一致通过将《宪章》作为《儿童权利宣言》，标志着世界上第一份儿童权利宣言的诞生，明确提出了“儿童权利”这个具有国际性意义的概念，并把权利看作是影响儿童幸福的关键。1959年联合国签发《儿童权利宣言》，确立儿童拥有十项以期能有幸福童年并有益于自身和社会发展的权利，号召家长和成人以及各个组织机构、各国政府确认这些权利，依据这些原则逐步通过立法以及相关措施以力求儿童的权利得以落实，儿童的幸福得以保障。1989年又通过了《儿童权利公约》，进一步强调人类所有成员固有的尊严及其平等和不容侵犯的权利，才是人们生活水平的提高，社会文明进步的标志，乃是世界自由、正义与和平的基础。强调权利之于儿童的成长和幸福的价值所在，指出无论是家庭教养还是学校教育以至于社会环境，营造和平、尊严、宽容、自由、平等和团结的教育过程之于儿童成长的积极意义，并由此成长为有能力担负社会责任的公民。

其次，现代心理科学的发展使的“幸福”这个古老的哲学话题纳入到科学实证的视野，既关注理论整合又致力于应用技术的拓展。从主观幸福感、心理幸福感等范式探讨幸福感的情感与认知成分及其测量原理与可行性分析。通过对幸福心理结构的分析给出幸福的界定，进而探索幸福的先行条件。关于幸福的先行条件的研究是心理学以幸福为对象的研究领域中的一个重要组成部分，关于幸福本质及其本源的一项研究。研究幸福的先行条件从实质上说就要对如何达到幸福作出合理的解释。[31]研究发现各种可能影响幸福的变量与幸福之间起中介性作用的是个人目标，个人目标作为个体意愿为之努力奋斗的目的对象，在认知层面与个体的自身意识和世界观密不可分，其行为的最终结果与情绪评价又有直接的关联。这样个人目标获得了在认知、动机和情感方面的重要的纽带作用，因此目标理论被认为是理解人格及人的行为的一种全新视角，也成为研究者通过分析个人目标来研究影响幸福因素的实证研究的理论基础。[32]研究发现，幸福的影响因素来自个体内部的目标，而个体对于其目标在认同度和效能感两方面特征的信念评价是直接引起幸福的先行条件。[33]当个体在追求对其自身有重要性的目标，并感到有能力实现这个目标时，个体就会感受到幸福。

再次，哲学与积极心理学理论都指出个人明确地知道自己的生活目标，并以积极的生活态度向着目标前进(即使所追求的目标未能实现)，才是以存在为完美指向的幸福，正是幸福的实质与根本。同时，提出积极乐观的生活态度之于个体幸福的保障与不可或缺性。鉴于此，本研究认为教育应该从个体权利、生活目标、生活态度三个方面赋予学生尊严生活以应有的关怀，并提供一定的教育路径以达成学生的幸福。

(二) 研究方法

研究方法是从事研究的思维方式、行为方式的集合，涉及“研究计划、策略、手段、工具、步骤以及过程的总和”[34]。相对于量化研究而言，质的研究强调一切现象与个体都镶嵌在其所处的社会文化背景之中，任何社会现象和人物事件的连续关系与意义解释，都来自社会情境中个体或集体对现象与人物的主观认知，而非严格的控制与量化所能完全实现的。质的研究通常把研究对象置于丰富、复杂、动态的生活世界中进行考察，研究者首先悬置自身的“前见”与“预设”，在自然情境下“面向事物本身”去观察、描述并与研究对象交谈、询问，了解他们的日常生活，洞察他们所处的社会文化环境对其思想和行为的影响。通过对原始资料的收集与分析，以“深描”的手法对研究对象的多重现实(或同一现实的不同侧面)的建构过程予以解释性理解。那么，研究者是通过什么方法发现那些他们认为是有价值的、可以被发现的人与事的？对于不同的研究问题，选择不同的研究方法，当研究“描述类问题”时，采用有结构或无结构访谈、参与性观察、记实笔记、录像、照片等现场资料以及各种文件、文字记录、老照片、地图、图片等历史资料；研究“意义类问题”则主要采用录音、谈话、记录个人经历中的片断和研究笔记等方式，借助现象学文献分析，哲学反思揭示意义，探寻研究现象背后的根源。除此之外，还有行为、过程类问题等，每种问题采用的研究方法并不完全对立，都有交叉与互补。

个体存在于环境之中。环境的不同孕育着、也塑造着不同的研究风格。研究者基于教育学理智传统，并致力拓展、超越理论束缚，实现教育理论在教学实践中的应用。研究者走进每一个具体的课堂、独特的个体，基于每一所具体的学校、每一门具体的学科、每一节具体的课堂以及每一个具体的学生和教师的不同特征，通过与师生进行大量的访谈、课堂观察、记实笔记、录像、照片等现场资料以及各种历史资料的分析，力图完整、清楚地描述每一个具体的事件和人物。研究者基于原创性教育实践的描述和记录，借助各种媒介与手段挖掘每一个事件背后的教育价值、独特意义，使“说教育”和“做教育”在每一个具体的课堂、每一个个体身上得到高度统一。

现象学主要的研究对象是生活世界，要求我们以“原始的、前反思性的、前理论性的”[35]态度面对日常生活的世界。胡塞尔认为，[36]直观对于人的认识来说是最后的根据，或者说是最终的教益。所以，现象学所应遵循的一切原则或第一方法就在于“每一个原本给予直观都是一个合法的认识源泉，将所有那些在直观中原本地展示给我们的东西就当作它们自身所给予的那样来加以接受”[37]。因而，现象学的方法要求将所有抽象的哲学概念都回溯到它们在直观之中的原初源泉上去，现象学首先是一门直观的、并在直观的基础上进行描述分析的现象学。现象学研究试图对我们在世界中前反思性的体验进行细腻的描述，并不提供给我们一个解释或控制世界的有效理论，而是提供给我们与世界联系更加直接的可能的洞察力，其目的在于获得对我们日常生活体验的本性或意义的深刻理解。[38]现象学分析是在“反思”中进行的，但现象学反思要求在反思中对反思对象进行本质直观的把握。因而，现象学反思以中立的或悬置的态度来对待反思对象中呈现出来的东西，是一种不设定的反思。因为，我们必须通过悬置而失去世界，然后再在全身心的沉思、理解中重新获得它，重新赋予它意义，“反思”本身便在一种最普遍的意义上得到了“描述”。现象学的反思以每一个我思与它的被思者的相互关系为出发点，但被思者永远不是一个孤立个别的客体，而是从一开始就被理解为一个处在其世界之中、与他人的关系之中的对象。因而，“现象学描述”首先关注每一个个体（人或物）的独特性、差异性、复杂性。这样，我们首先需要谦卑地倾听课堂，让“现象”表现出来；仔细地观察个体，让“现象”呈现出来；真实地理解世界，把“现象”描述出来。这时，“现象”就是本质，在不遮蔽、破坏、毁灭“现象”的前提下，小心掸去“现象”上的精神尘埃使之呈现出来，细心呵护

"现象",并富有勇气地保护"现象"的过程。现象学研究不是对"现象"的规定、框限,而是倾听、理解、尊重与呈现。通过关注个体独特性、复杂性,而关注活生生的世界本身,不仅要小心修复已被破坏的"现象",还要勇于保护"现象",使尚未破坏的"现象"得以彰显。

"每一种经验都是一种发展的力量,对其价值的判断基础只能建立在它发展的方向和发展的结果上……因此,观察一种经验向什么方向前进是教育者的事务……不把这种发展的力量考虑进去并由此在它发展的结果的基础上来判断和引导这种力量,就意味着违背了经验本身的原则。"[39]现象学研究的最大特性就是从学生学科课程以及综合实践活动课程的学习过程中,从大量的、充分的户外活动、阅读、写作以及与媒体、他人交流和互动时,所获的经验与精彩观念的诞生。思想火花的绽放,经验的获得既是直接的,又为下一步该走向哪里做出了选择。我们通过日常并持续地观察、记录和描述在课堂上以及儿童身上发生了什么,记录孩子们的成长和学习过程,通过课堂、教学以及更为一般的学校生活以支撑学校发展的力量,让学校从其自身的经验和思考出发,根本目的在于使学习与学习者相适应,只有观察并反思儿童怎样去理解这个世界,才能重新考察和改造教育环境以更好地适应师生的学习和生活。对一个个体进行现象学研究,目的不是要定型或解释那个儿童,而是通过一系列有形式结构的描述,通过更为全面和复杂的观察,以凸现作为个体的学习者和有独特力量和兴趣的人,为的是看到孩子的复杂性,重视他们的差异性,为的是理解儿童作为一个特殊的思考者和学习者。回忆儿童成长的过程,唤醒和恢复了我们对人性的信任,描述的过程也使被描述的个体受到关注,这样真正的教育也就开始了,正如现象学的探究、观察、思考和反思为理解儿童、课堂和作为教师和人的我们自己提供了一个扩大的背景一样,它们还为教育者在一起思考创造了一种丰富的愿景。对个体、对课堂进行既有广度又有深度的描述需要时间和耐心,在这种描述过程中,个人不是被理解为一些不变的品质,而是理解为在过程中、在发展中的。这样,不仅运用教育者的个人经历来理解现象,而且"还寻找因果联系,追问事情发生的原由"[40],也就把现象与描述者在真实世界中的经历联系起来,能够使描述者置身于被描述者的立场上审视现象,能够从一个新的视角观察自己,从一个不同的位置察看别人,实际上拓展了人们思考和行动的可能性,提供了新的可利用资源,也扩大了描述的框架,以描述者心中所拥有的"整体性"和"复杂性"的愿景来描述个体。一个心中对事情应该是什么样子有一幅图景的人,愿意花更多的时间来描绘这幅美丽的画卷。同时，也拓展了描述者作为思考者、独立解决问题者、一个能够与儿童和成人长时间交往的人的愿景。

一旦我们密切观察一个孩子、一件作品、一个问题时，这些东西便变得清晰起来，之前看不见的东西得以彰显。然而，一段时间的持续观察、对一个共同问题的探究、一个个体的不间断描述只能建立在彼此信任、诚恳和相互依赖的基础之上。只有这样的氛围，只有这样的情境，才能在他人与我们之间构成一个共同依偎的场所，我们的话语与对话者的话语才能共鸣，这些思考与语言才能嵌入一种共同的描述之中。因为，一种思想只有在其与其他的、外来的思想相遇并碰撞时才能揭示其深度。还因为，面对非人性的经济环境和压抑的现实制度，我们需要新观念、新话语、新理想和新视野来支持我们的日常教学生活，来维系儿童的身心健康，以保持儿童对某一领域最原始的兴趣和爱好，从而产生为突破某一学科领域的研究而不惜一切的巨大热情和永恒追求。因为，任何一个民族的希望都在于拥有仰望天空的人。

于是，一切"描述"，从其本源性来考虑，就是倾听一个故事、揭示一个现象、预言一个未来。"描述"要把握一种意义，是对现象背后意义的揭示与启迪，所揭示的现象不是抽象的、公式化的，而是情境的、鲜活的。我们正是通过一节课、一个场景、一个瞬间、一篇习作以及师生真实的声音背后隐藏的道理，孕育的教育价值，反映学生的生活状态，通过一个个鲜活的人物与生动的场景展现学生的生存境遇。现象所显现出来的意义不在世界、生活之外，而就在世界、生活之中。因为，我们只有生活在当下世界之中，才能体会到活的意义，只有体验到现时生活的美好，才能理解人自身的价值。不为外在的名利束缚，不受自然、技术的奴役，而是自然、世界的描述者、守护者，因人的存在而使自然世界、物质技术得以存在，并为人类所用，造福于人。

研究主要采取哲学反思、文献分析以及现象学描述等方法研究教育之于学生幸福应有的作为，分别对个体权利是学生幸福的基点、生活目标是学生幸福的动力、生活态度是学生幸福的保障等观点进行了系统的论述。通过学科课程与综合实践活动课程的完整案例呈现学生体验幸福的教育路径。在写作过程中笔者不断与文本、人物与事实进行对话，在人与人、人与历史、人与文化之间的对话、沟通过程中诠释意义。实际上是对"现实"一次又一次地重新解说，从不同角度对研究现象进行意义性解释，试图呼唤读者的理解与共鸣。

(三) 概念厘清

言说学生幸福，总要涉及幸福、幸福感、幸福观等概念，这些概念既相似又彼此区别，我们力图寻找一些关键特征以明晰这些概念的差异，了解它们的区别。

1. 幸福

本文中谈及的幸福不只是一个确切的概念定义，也不仅仅涉及体验、知识抑或能力。笔者认为幸福是一个开放性、活动性的存在，随着时代的发展，幸福的内涵会不断涌现而丰富多彩的，它不仅作为一个实体的概念形式，更是人的一种存在状态与生活方式，既涉及理性的活动又涉及非理性的活动。因此本文以幸福意味着什么，幸福有何意蕴的方式言说学生的幸福，不在于表明“幸福包含着什么”而在于“怎样去获得幸福”的论证，不致力于寻求一种普适性的观念而意在探索幸福的意蕴，体悟幸福所内蕴的精神诉求。其目的在于探明“学生幸福到底意味着什么”，“什么是学生幸福的现实意蕴”，进而实施有针对性的教育以达成学生的幸福。因为，学生的幸福既取决于自身，更取决于学校、家庭与社会，也影响并决定着每所学校、每个家庭与整个社会的福祉。

2. 幸福感

幸福感是一个心理学的名词，“目前多数心理学家从人的主观精神层面去探讨幸福，而把这种人主观感受得到的幸福感称之为主观幸福感”[41]。这样，主观幸福感就成为一种以个体的主观判断为标准界定的，即认为“幸福是评价者根据自己的标准对其生活质量进行的综合评价”[42]。在使用过程中主观幸福感通常被简化为幸福感，这说明我们一般所讲的“幸福感”实际上就是一种主观对幸福的评价。幸福与幸福感有时是一致的，但更多的时候却又有着差异与区别，幸福感具有很大的相对性与暂时性。极为常见的现象是人处在幸福中，但是并不一定感受到幸福，正所谓“痛并幸福着”。相反，人有幸福感，却并不在幸福中，比如吸毒。

3. 幸福观

幸福并不空洞而具有丰富的含义，每种含义都凝聚着诸多学科、众多学者智慧的结晶，汇集在一起而形成独树一帜的、相对系统的幸福观。因而，幸福观是各个不同学科领域，众多学者沿着某一思维向度对幸福问题展开系统、深入探讨的结果，体现出对各种幸福生活的存在样态理性的归因，抽象并提升的过程，所以，对于幸福观的言说旨在通过研究、追问来引发有关“幸福是什么”的观念体系，试图获得一种“法定”、公认的幸福认识，并以此为依据来指点人们的生活。

第一章　探寻学生幸福的历史渊源

关于幸福存在各种见解、观点与主张，对这些见解的呈现、梳理并重新认识，是本文论述的逻辑起点。为此，解读不同文化传统所蕴涵个体幸福的时代烙印，追寻中西方幸福观的历史足迹，从历史文化的视域展现幸福原有的含义而作为论证与重新认识的基础。

第一节　东西文化与个体幸福：幸福观的宏观脉络

一、中西文化传统中审视个体幸福的可能与限度

人是教育的产物，更是文化的化身。各个历史时期文化发展中呈现出的特征都会不同程度地在个体身上打上烙印，也势必以对个体的教化来印证。挖掘不同地域、历史时期人们对幸福的理解并关注文化传统在人的自然生命基础上赋予人的文化内涵以及对人的规约和改造，分析文化的不同表现形态与个体幸福的关连性，试图从文化传统的视角，对个体幸福予以整体而深层的理解提供背景支撑。此外，文化对人们的制约如同政治经济对人的制约一样，并不以个体或群体的意志选择为转移，也不以个体自身的幸福来度量。

（一）文化传统影响个体幸福观

每个民族都有构成本民族精神内聚力的文化传统，它稳定、恒久地支配着人们的行为、思想而内化为群体特有的处事心态、思维方式乃至行为方式，也积淀

成特定人群各自的幸福理解与人生追求。而个体或群体作为文化的生命机制，在保存积淀文化、传递文化的同时也在选择与创造着文化，改造着传统。

文化传统对个体幸福观的影响，大致可以体现在这样几个方面：第一，不同的文化信条教养出个体特定的心理倾向，并通过这种文化的整体力量规训着人们的处事态度，约束着个体与群体的行为习惯而固化为人们正视生活中任何境遇的心态。第二，固有的文化传统涵养出价值取向的差异而成就不同的人格品性，并以其独特的精神特质、气度与性情追寻各自环境中适合的幸福之路。文化传统既体现在文本化的知识体系之中，也蕴藏在经验化、生活化的文化要素里，更渗透在时代背景与社会变迁的文化场域中，"总体上反映着时代的文化动向，承载着对人发展的真、善、美的精神诉求"[1]，而浸润在文化传统中的人们不仅养成认同的人生哲学，传承着既有的文化传统，更在反思与批判中赋予文化以新的寓意，变革传统以时代色彩。比如我国儒家"仁、义、礼、智、信"等文化品性涵养出中国人忠厚老实、纯朴憨笃的人格魅力就是安宁于现世的生活，无限忍耐勤勉于艰难的环境中寻求幸福的最好脚注。第三，惯常的生活模式与地域束缚规范出独特的思维定势与生活习性，连同空间距离的限制汇聚成一片奇特的土壤，孕育出完全不同的思维模式，或者尘封了与外在世界自由交往的欲望而失去开放的眼界，形成故步自封的思维方式；或者沿袭西方传统的观念在征服外在中求幸福，从容自在于陌生中寻快乐。第四，心态、个性与思维方式复合出个体的处世方式，承载着每个民族所信奉的幸福涵义，孕育着每个个体所向往的幸福追求。

（二）我国文化传统及其幸福观的总体特征

中华文明拥有上下五千年的历史积淀，从历史发展过程中对中华民族的主体精神和基本价值观念影响而言，"注重实际"、"人伦关系"的儒家文化处于主导地位，尊崇"兼爱非攻论"、"尚贤尚同论"等对儒家思想的畸形变异著称的墨家文化不可忽视，而提倡"不法其敌"、"刑多赏少"、"壹务"论的法家文化，则被视为中国传统思想的一个极为重要的构成因素，以及"崇尚自然"、"无为而为"的道家文化起着重要的补充作用。大致呈现出儒、墨、法、道四家的辩难、争鸣过程中形成的中华文化传统格局。需要说明的是，由于总体上儒家文化的强势影响，文中所论述的中国文化传统主要体现的是儒家文化的立场，将儒家思想理解为我国文化传统的核心内涵来分析其总体特征与个体幸福的关系或许才能把握一些可能与限度。

什么是中华民族的民族精神或文化传统，古往今来并无统一的标准或表述。

国学大师张岱年先生从动态发展的眼光审视文化，关注传统，指出“文化是人类在处理人和世界关系中所采取的精神活动与实践活动的方式及其所创造出来的物质和精神成果的总和，是活动方式与活动成果的辩证统一”[2]。进而基于儒家文化的立场，透视中国几千年来文化传统的基本精神与价值取向，确立“天人合一、以人为本、刚健有为、以和为贵”[3]为中国文化传统的主要特征。也有学者从不同的角度概括出中国文化传统的五大特征，大致包括：[4]

1. 基于知识论的功利主义和价值论的反功利主义表征，视“天人合一”为中国文化的整体特征，其实质在于人文精神。
2. 从文化类型出发，认为几千年的“农业—宗法社会”所孕育的是伦理型文化，强调：

   其一，道德准则成为维系社会秩序的精神支柱并成为各类观念的出发点和归宿；

   其二，“孝的文化”为中国文化一大特色；

   其三，传统的再生力强，延续性长；

   其四，由“多元化”到“大一统”；

   其五，修齐治平的入世思想构成社会主导心理；

   其六，重政务，轻自然，斥技艺；

   其七，朴素的整体观念，直觉体悟思维方式；

   其八，长于理性而短于理智。
3. 从价值系统进行分析，认为中国文化的特征在于偏重“义”与“德”，看轻“利”与“力”，突出刚健自强之类个人修养的思维模式。
4. 着重从行为方式进行考察，把“礼”的模式看作中国文化的一大特征，渗透到生活方式、伦理规范、社会制度的一体化。指出“隐士”的风格与意境形成的“隐士文化”绝非欧美人所能认识与理解的。
5. 从中西方文化比较的角度而言，指出中国文化较之西方所缺乏的精神要素：其一，向上而向外之超越精神；其二，对客观知识探求的理性精神；其三，尊重个体自由意志的精神；其四，学术上门类化的多端发展精神。[5]或者更为明晰地表述为无神文化与有神文化、德性文化与智性文化、和谐文化与对抗文化之间的差异。而梁漱溟先生则郑重指出宗教问题实为中西文化的分水岭。尽管中国古代社会与古希腊罗马文明相距不远，但由于中国文化归根结蒂的特征在于理性早启

> 与文化早熟，加之长于理性而短于理智，却以非宗教的周孔教化为中心，逐渐转进于伦理本位而倾向于向内的人情之理，疏远相对于自然的向外事物，由此颠倒了个体生命与社会发展的“心随身来，身先而心后”的正常顺序，并呈现出“幼稚”、“早衰”、“不落实”、“消极”和“暧昧而不明爽”[6]的文化病态。

如上的种种罗列，尽管有些能够反映中华民族之精神特质，体现文化传统之根本差异，但作为总体的文化特征概括，仍可见其偏颇之处。也似乎无论怎样的概述都无法穷尽浩瀚的文化渊源，悠久的历史传统。这样，我们只能从对个体幸福的直接影响这一角度来着重探讨几个文化传统的特征，力图寻找这样的文化传统与个体幸福之间紧密的关联。

首先，中国文化肩负“将无道之天下化为有道之天下”的使命决定了必然选择“以仁为本”作为个体存在的价值取向，与此精神情怀相对应的是“天人合一”思维方式的引入。始终谋求人与自然、社会的和谐统一为理想境界，也就是说“天人合一”、“天德合一”、“知行合一”、“以和为贵”等观念都深深地影响着中国人的主体价值观。倡导人与自然的和谐共生，强调人对社会秩序的依附适应，崇尚人与人之间的和平共处。不过，在儒家文化传统中，“天人合一”是指伦理道德与宇宙自然、政治制度三者相互叠合，构成自然、社会、人伦道德三位一体的稳固系统。这样，人的主体性完全与伦理道德结合在一起，[7]人们并非去改造自然而是与自然融为一体，以“克己”、“内省”、“反求诸己”等道德修养获得社会的认可，尤为重要的是，在中国文化中，道德完善、修身养性并不是个人的私事而是社会完善的基础和起点，个体被赋予了社会意义，被架空到民族的高度，修身、齐家、治国、平天下强制化地表明了其意义指向。渐进地磨灭人的独立意志，削弱人的锐意进取，养成人的群体意识、顺从诚敬的心态，这种心态又衍生出人们“法古”、崇古和重权威的价值取向，也就是“唯书”、“唯上”、“师道尊严”的最好诠释。因为儒家文化建筑在道德本体论基础之上，也势必导致以道德的完善使人在社会生活、政治活动诸领域实现自己的主体价值，它使中国无论在古代、近代，还是现代都以“礼仪之邦”而享誉世界。然而，其负面的影响是由于专注于向内的道德完善而忽视向外的物质世界探求，进而直接影响了人们对自然世界的深刻认知，而阻碍了理智的成熟和科学教育的发展。在实际生活中，以伦理原则为尺度单向度地评价人的各种价值活动，导致了伦理道德注重整体关系的和谐而压抑个性的自由发展，其目的正是要将每个个体塑造成为群体中的和谐因子，并因对权威观念与主流文化的盲从而放弃应有的怀疑与批判。从一定程度上说，儒家群体价值观成为泯灭个性、压抑个体自由的沉重枷锁。

然而，我们也必须看到，中华文化经过长期的演变，已经形成一种特殊的思维方式和思想情感，积淀为一种独特的民族情怀和民族精神，这就是以广大人民的幸福和整个中华民族的利益为自己的价值追求。《周易》中有"天行健，君子以自强不息"，又有"穷则变、变则通、通则久"，是我们民族自强不息、不断进取的变革意识之写照。《大学》中有"苟日新，日日新，又日新"，是不断创新之民族精神的精练表达。孔子说"三军可夺帅也，匹夫不可夺志也"表达了中华民族的浩然正气，显示了我们民族不向恶势力低头的英勇气概。再如"民惟邦本，本固邦宁"（《尚书·五子之歌》）、"居安思危、思则有备，有备无患"（《左传·襄公十一年》）等等，都是中华民族治国方略的集粹；而"苟利国家，不求富贵"（《礼记·儒行》）、诸葛亮《后出师表》的"鞠躬尽瘁，死而后已"、陆游《病起书怀》的"位卑未敢忘忧国"等都是历代忧国之士的豪言壮语。从屈原的"路漫漫其修远兮，吾将上下而求索"，到范仲淹《岳阳楼记》中"先天下之忧而忧，后天下之乐而乐"，再到文天祥《过零丁洋》中的"人生自古谁无死，留取丹心照汗青"等，则表达了中华士人的崇高人格和理想追求。以上这些无不为民族精神增添光彩，使文化传统发扬光大。但是，也应看到我们民族既有融汇百川的气概，也有唯我独尊的心态；有变革求新的精神，也有因循守旧的习惯，有兼容并蓄的传统，也不排除"非我族类，其心必异"的狭隘襟怀。[8]

其次，中国文化传统总体的道德伦理型文化是以儒家教育为载体，并通过儒家教育传统传承延续下来而体现出其强大的生命力和独特的文化性格。可以说，"在人类文明史上，没有一个国家或者没有一种文化不重视教育"[9]，然而中国文化和民族发展进程中，教育地位的凸现却是经由儒家文化而得以论证和确立的。作为先秦儒家教育思想的集中代表，《学记》开宗明义指出，"建国君民，教学为先"，把教育摆在事关一个国家存亡的根本地位。所谓"国将兴，必贵师重傅；国将衰，必贱师而轻傅"，从尊师重傅的角度强调重视教育的意义。儒家重视教育的文化传统，几千年来，深刻地昭示出中国人对教育的情感和期望而持续不断地影响着人们对教育的评判与选择。况且，教育对中国人的意义和价值绝非狭隘的功利性目的所能诠释的：与个人而言，教育是一个人安身立命，被社会所认可从而实现自己的人生目的的途径；与家庭而言，具有殷泽后代、荣耀门庭的意义；与社会而言，具有保持社会秩序、稳定可持续发展的作用；与国家而言，则起到国泰民安、繁荣昌盛的功能。正是对教育的极度重视，自古以来中国人即使家境贫寒，不惜节衣缩食，也想方设法让子女读书识字；即便体弱多病，也不畏悬梁刺股，以力争“吃得苦中苦，方为人上人”的理想。从早期的“贤良方正”，到后来的“九品中正”，直到我国长达一千多年的科举选士制度无疑都将“学而优则仕”演绎得淋漓尽致。毕竟入仕为官者为少数，尽管功成名就实属不易，但读书有望改变自己和家族的社会地位的观念已化作中国人接受教育的强大动力与支撑，“宁愿熬受‘十年寒窗’的苦楚，埋头研读索然无味的经书，学做机械式的八股文章”[10]，甚至将一生的精力都投入到一次次难以预料和捉摸不定的考试准备之中。对教育如此的依赖与重视的情节，依然深深地扎根在今日中国之民众心里，仍旧残忍地体现在当今的教育过程之中。受制于强势的文化传统之束缚，降服于强制性的社会制度之规训，屈身于公式化的学校教化之中，个体渐进地淹没于伦理之中，臣服于制度之下，消失在模式化的教育过程里。长此以往无不造成个体自由精神意识的迷失与权利空间的萎缩，无不造就毫无个性与独立见解的顺民。因为“自由之主体且不立，自由其如何得立？在西洋近代初期，自由实贵于生命，乃不料在中国竟同无主之弃物”，以至于“中国文化最大之偏失，就在个人永不被发现这一点上。一个人简直没有站在自己立场说话的机会，多少情感要求被压抑，被抹杀”[11]。问题恰恰在于个人被忽视与轻视不但没有引起质疑和重视，反而得到意识形态指导下舆论的极力推崇，不惜牺牲“小我”顾全“大我”，即政府、社会和集体的利益被视为美德，久而久之便形成了自我压缩式的逆来顺受的文化人格，[12]极端与过度，无论来自强权还是善意，都势必导致个体的尊严丧失在自由思想之屠杀、独立精神之毁灭以及权利意识的消融之中。

再次，中国长期的农耕生活方式与一方水土养育一方人的土地束缚规范出人们安于现状、与世无争的中庸心态，再加上黄土高原的凝重，“父母在，不远游”的古训和自给自足的经济形态，都加重了人们心理上的平稳与思维的迟钝而惯常于在亲情的宽容中安于知足而常乐。体现在品性上则对于环境与冲突具有无限之忍耐力，“中国人于乱求治，则为以平天下为目的”[13]，完全不同于西方人于战争、冲突中求胜利蕴含的征服与超越精神。反映到教化上便是注重灌输而不利于创新，重在接受而不善于反思与批判。表现在人生观上便是寄希望于遥远的未来而忽视事件过程的艰辛的终极目标，殊不知，长期墨守成规的固化，过程的痛苦消磨掉的正是变革、创新的勇气与开拓进取的激情。

在这样一些文化传统的浸润下，人们对于幸福的求索长期以来表现出一系列的总体特征，对于这些特征的把握无疑得以探寻学生幸福的渊源，以及我国文化传统视域下个体幸福观的宏观脉络。

第一，崇尚大自然，追求人对自然环境的归附中体验幸福。以“天人合一”为渊源的中国文化传统以及我国以农耕为主体的自然经济状态使得人们极为重视与自然之间的关系，视大自然为人生重要的一部分，认为享受大自然是人生幸福至为夺目的一道风景。我们可以从历代文人的笔下感受到自然给予人们天然的滋养与关怀，如此长久地温暖着中国人的幸福之梦。孟浩然在《过故人庄》这首诗中描述了一个极为平常细小的“宴饮”场景，却用“绿树村边合，青山郭外斜”这样的诗句在这幅农家乐的画面中重重地涂抹一笔自然的风景。试想，在绿树环绕，青山横斜的自然环境下喝酒、聊天、吟诗，何尝不是人生幸福的美景。孟浩然又以“待到重阳日，还来就菊花”的诗句把这种幸福的余绪伸展至遥远的未来，让今天的我们仍然能够感受到那份沁人心扉的幸福情怀而体会无尽的人生回味和幸福憧憬。无论是陶渊明信手采菊时“悠然见南山”的自然关照，还是王维寄情山水田园“王孙自可留”的依恋，还有欧阳修“醉翁之意不在酒，在乎山水之间也”的内心写照，抑或是刘禹锡“苔痕上阶绿，草色入帘青”的陋室自赏。我们也仿佛听见孔夫子站在时间的那边，立在草木深处，告诫我们“多识于鸟兽草木之名”，以及欧阳修的“天容水色西湖好，云物俱鲜。……风清月白偏宜夜，一片琼田”之中才能体会“谁羡骖鸾，人在舟中便是仙”的幸福感受。如此种种“我们分明都可见出中国人对大自然的喜爱以及自然所赋予人们那份厚重的幸福感”[14]，源于对大自然的天然情怀与依恋，人们更侧重于心灵的感受而不是感官的刺激与满足，认为“林尽水源……土地平旷，屋舍俨然，有良田美池桑竹之属。阡陌交通，鸡犬相闻。其中往来种作，男女衣著，悉如外人。黄发垂髫，并怡然自乐。见渔人，乃大惊，问所从来。具答之。便要还家，设酒杀鸡作食”(《桃花源记》)中的淳朴民风，自给自足的田园生活滋润着古老帝国子民们纯朴的心性，滋养出笃爱自然、平和恬淡的性情。这样，中国人朴素的幸福观体现出的是一种舒缓而非急促、持续而非短暂、平和而非刺激的特征。

第二，强调个体对社会环境的依附与从属中享受幸福。我国总体的道德伦理型文化强调以人际关系为依托的情感交流，一方面将伦理权力化，另一方面也将权力伦理化，从而赋予了人际关系以人伦关系为基础，强制性地注入尊卑名分的规范，这样，个人不是一种自我价值的表现，而是在人伦关系中(君臣、父子、夫妻、兄弟、朋友五伦)处于对家族和社会从属性地彼此分立的各种义务和责任的纽带之中，在自我与他人不可分割的系统中实现自身价值，体验幸福。倾向于把个人看作多重身份即若干不同“义务范围”的总和：对国家的义务，对集体的义务，对父母的责任，对子女的责任，最后才是为自己的考虑。这种分散性、多重性的“义务”与“责任”，必然使得中国人的幸福观念带有集团的性质，很难为一己之幸福而漠视其他。在“独乐乐与人乐乐孰乐？”的疑问中，寻找“有难同当，有福同享”的幸福解答。为此，儒家不遗余力地张扬人格中的“大仁”与“大义”，致力于对人性中的物性的克服和扬弃，关键在于“克己、自律”的过程中挣脱和遗弃人的自然属性，实现由“小人”成为“成人”。何况所追求的完美人格并不是出于自身的内在要求，而是为了获得社会的认可，物性的扬弃就是为了获得其社会性，[15]由此“爱人”与“忍让”便是实现、维系这种状态的最佳手段，在“老吾老以及人之老，幼吾幼以及人之幼”的彼此关怀中体验群体的、整体的和谐与幸福。出于这种人格导向和社会大群体的幸福意识，个体的幸福则只能隶属于群体和国家的幸福之中，甚至为了集体、国家的利益，为了整体的大幸福不惜牺牲个体的小幸福，这就是“舍生取义”的境界。殊不知，这种大群体的集团幸福论很容易发展到畸形的政治幸福论，再加上前面提到的人际关系中尊卑名分的内涵，尊卑是个名分也就以权利的不平等为其内容，而所谓平等本身也无非涉及权利的平等。从多数人彼此对比看权利，则存在平等与不平等的问题；单从一个人自身来看权利，则只有自由与不自由的问题。[16]如果遵从集权统治与强权政治，大家都无法获得平等而个人也不得自由。这时，人的个性完全被湮灭，在理性的端点将人类的幸福与快乐扼杀殆尽。如果说科学对人的异化是将人变成机器，那么大群体的集团幸福往往容易把人变成政治的奴隶，[15]非但无法体验所谓的幸福，丧失的却是作为人最为珍贵的权利与自由。于是，梁漱溟先生给出这样的评说：

> 权利、自由这类观念，不但是中国人心目中从来所没有的，并且是至今看了不得其解的。……他对于西方人之要求自由，总怀两种态度：一种是淡漠得很，不懂要这个做什么；一种是吃惊得很，以为这岂不乱天下！[17]

第三，寄希望于教育获取人生幸福之路。正是源于中国民众对教育极其重视与期待的文化心理，致使教育直接关系到人们对幸福的理解与感悟，甚至一定程度上决定了诸多儿童及其家庭的幸福感受与真实的幸福体验。家长对孩童无限的期望，教育者对学生殷切的期待，长者对儿童真切的希冀都寄托在教育上，均维系于教育的成败，也反射出人们的幸福追求。我国历代文人无不关注教育对于人的价值意义，也由衷地表达了人们寄托教育获取幸福的情怀。从孔子“性相近也，习相远也”到《中庸》卷首的“天命之谓性，率性之谓道，修道之谓教”[18]以及孟子的“仁言，不如仁声之入人深也。善政，不如善教之得民也。善政民畏之，善教民爱之；善政得民财，善教得民心”（《孟子·尽心上》），无不强调教育之于个体的成长以及国家的发展具有巨大作用，深远的意义。孔子也对他理想中的君子、成人、士等“人才”提出很高的要求，不过在孔子看来，这些理想的“人才”只能通过后天教育的途径培养，即“君子博学于文，约之以礼，亦可以弗畔矣夫！”（《论语·雍也》）“君子食无求饱，居无求安，敏于事而慎于言，就有道而正焉，可谓好学也已”（《论语·学而》）。尽管孔子明确指出“有教无类”的教育主张，却也谨慎地表示“唯上知与下愚不移”，说明教育的功能并非无限，还要受到人们天赋素质的制约。从墨子的告诫“染於苍则苍，染於黄则黄，所入者变，其色亦变，五入必而已，则为五色矣。故染不可不慎也”（《墨子·所染》）中，我们也分明看出教育之于个体的决定意义，但似乎也说明教育的重要性还在于教化的终结并非产出相同的个体，也绝非造就的都是评价体系中的人才，鉴于个体背负着不同的“色彩”而成就或者幸福的人生或者罪恶的个体。从某种程度上说，教育不仅教会人们认识到自身的伟大，还教导人们认识自身的渺小，这样才能使人们挣脱自我的狭隘和局限。一个人应该感到世界上还有许多值得他为之生活的重要事情，学业的负担，考试的分数，入学的门槛等教育中的困惑并没有窒息这个吸引自己的世界，也不是人生的全部以及幸福的标尺。

第四，于艰辛的过程中期望幸福的结果。中国文化传统衍生出人们关注终极性的目标，倾向于视人生一切活动与苦乐之遭遇皆充满价值意义，那就是活动终结，过程之后预示着期望中幸福的到来。这种终极思维指向使人们常常忽视了事件过程的艰辛而将目光逼视了遥远的未来。基之于此，他们对生命过程常常持一种惊人的超然的态度，对待人生旅程中的一切苦难都能宽容对待，肯定人生中一切活动、磨难之精神价值，认为一切世俗的忧患、疾苦都不妨碍自身的精神生活与幸福追求，所谓“天将降大任于斯人也，必先苦其心志，劳其筋骨，饿其体肤，空乏其身，行拂乱其所为，所以动心忍性，增益其所不能”（《孟子·告子下》），皆生于忧患之环境，死于内心之安乐者也。[19]即使处于“鼎镬甘如饴，求之不可得”（《正气歌》）的境遇时也可以担天下之至苦而无怨，故曰“富贵不能淫，贫贱不能移，威武不能屈，此之谓大丈夫”（《孟子·滕文公下》），达到能贫贱忧患，亦能富贵安乐，能乐生亦能不畏死的人生境界。面对纷纭莫测的人生和瞬息万变的世态，人们以“穷则独善其身，达则兼善天下”（《孟子·尽心上》）的心态经营着各自的生活，守护着自身的幸福。正是这种有节制的调护和适度的约束使得中国人在任何时候都具有从容的心境，明达的心性，灵活自如地应对眼前的处境，这种张弛有度的调养既赋予了人们生生不息的精神涵养也开拓了极其宽阔的生存空间，为幸福开启了来去自由的方便通道。另一方面，无论儒家的“死生有命，富贵在天”还是道家的“知其不可奈何而安之若命”以求“安时而处顺”的幸福心态，都为人们熨平了心灵褶皱，这种“天意如此，何怨之有”的自然心态化作中国人应对人生的坚强力量，使其在任何境遇下都能坦然正视生活中的困顿与不平，也诠释着人们对于幸福的别样理解。既然一切皆天意还是顺从的好，这是一种逻辑上的合理延伸，也淡化了人与命运抗争的意识，削弱了人反抗困境的精神，而形成极为典型的“臣服型人格”。其实“顺其自然”是一种在痛苦思辨之后的无奈的折中选择，是进退维谷中的最佳出路，也是一种十足的中庸策略。既然谋求幸福之道，死亡对于人生总是一种或隐或显的压迫，中国文化正是在“向死而生”中适应并实现对“死”的坦然与坦荡，[20]在鄙视痛苦与不幸的勇气下向幸福回眸一笑，真可谓有正视死的勇气，还有什么生的苦难不能忍受呢？

（三）西方文化传统及其幸福观的总体特征

这里所介绍的“西方”，主要借鉴国内一些学者的观点而理解为与东方相对的文化形态，主要指以古代希腊、罗马文化和希伯莱文化为起源，经由中世纪基督教文化的统治并融进了阿拉伯文化，随着资本主义经济的发展，经历了文艺复兴、宗教改革、科学革命、启蒙运动等的文化冲突与交融，直到19世纪的工业社会，西方文化日趋成熟。[21]较之中国文化而言，对于西方文化的论述似乎更难以把握，因为其多元性的文化背景较我国之一元来源要复杂的多，按照唐君毅先生的看法，西方经历了多次的文化冲突而形成多元的文化来源，文化的多元又反过来导致西方不同民族文化之间接触冲突的文化史，实际利害关系驱使下的不同民族接触致使西方一直是与冲突相伴着的文化历程。长此以往，地域间历史地形成的一些思维方式与价值观念分歧的文化群体，诸如英美文化群与欧陆文化群等，却常作为西方文化两大派系进行对举和比较。不过，倘若以东方文化的立场来审视，还是可以解释西方文化之特殊精神所在，也可以明显地发现它们之间所存在的共性。

德国学者雅斯贝尔斯认为，西方文明源于他们始终坚持三个原则：第一个原则是坚定的理性主义。它以希腊的科学为基础，估计和测量经验资料，并达到对它们的技术掌握。第二个原则是个体自我的主体性，并且从一开始就同理性主义相关联。第三原则是对于世界是在时间中的有形实在的信念。个体自我与理性主义是这种确信的双重根源，非但承认其实在，还设法支配这种实在。[22]这三个原则不仅促进了西方的发展，加速了西方文明化的进程，更化作西方文化传统的典型特征。

具体看来，首先西方文化传统讲究人与自然的对立，重在认识和研究区别于人的自然，而认识、研究的最终目的即探求真理，以便用真理来指导自己改变、征服外在世界。西方传统执著于征服自然的过程实则已对西方人表现出来的动态做了规定，这样的特性使得西方人惯常于开拓，乐于在陌生的冒险中寻求刺激，他们的幸福观念包含着兴奋、刺激和成就感，注重人的独立自主和进取精神，这种传统导向使得西方文化总是处于永恒的冲动和超越之中。真理的探索基于严密的逻辑推理、精确的思维过程以及求真求实的态度旨趣使得西方文化传统中的价值判断总是与事实判断联系在一起，事物的美善总是与其真实性相联系的，在西方人开来，活动的意义首先是因为活动本身能带来直接的结果，或者因为喜欢活动而进行活动，即活动本身就是目的而绝非其他目的的中介。西方人过于看重事件本身，看重过程与眼前的心态，或许会使他们拘泥于事件过程而丧失了内心应有的平衡，不同程度地缺少了东方人超然的处世态度。

其次是强调个人主义。个人主义是西方文化传统的一个鲜明特征，就是以个人为中心来看待他人、社会和周围世界。古希腊苏格拉底首次喊出“照顾自己的心灵”、“认识自己”的口号，标志着人类自我意识的觉醒。文艺复兴时期，佩脱拉克提出人应当认识自己，否则绝对不能认识上帝。所谓的“认识自己”，便是对个性独立意识的强调。到了现代，尼采的酒神精神、超人、权力意志等概念均表达了“个人本能解放”这一思想。萨特更是宣称“存在先于本质”，认为只有对自己负责，方可对人类负责。[23]先哲们的这些思想和观点都在西方的文化中播下了“自由、权利、平等”的种子，他们认为每个人均可根据自己的意愿和能力主宰自己的命运，而不受任何外部力量，包括政府、教会、贵族阶层或其他任何机构权威的控制。一般说来，个人主义的发展经过了两个阶段，前一阶段强调个人自由和权利不受侵犯，其结果是权利意识的增强，每个人强调自我独立和被尊重，重视个人空间的存在和发展。后阶段关注每个人获得自由的同时应当不妨碍他人的权利，其结果是个人空间和公共空间的分离，在个人权利意识增长的同时，对公共秩序的遵守成为必要的准则，法制的健全也就顺理成章。在美国，你可以发现这两种个人主义的共同存在，一方面个人权利得到尊重，《独立宣言》和《权利法案》的通过是最好的例证；另一方面，美国也是一个法制健全、依法治国的国家，其人民法律意识浓厚，国家法典较为完备。[24]因此，要获得个人自由必然付出一定的代价，除了上述对公共秩序的遵守外，最重要的是每个人要自我奋斗，以自身的力量、同等的机会、公平的竞争获得个人的成功。在早期的立国文本《联邦党人文集》中就有一段著名的论述："一个人控制了你的衣食，也就控制了你的思想。"换句话说，如果一个人过于依赖他人，他不仅会丧失个人自由，同时也不为他的同伴和社会所尊重。因此西方人热衷于平等、积极地参与各种组织或活动，追求个人自由与机会的均等，终极目的在于维护个人的权利、尊严以实现自身的幸福。

再次是崇尚人的尊严。西方文化中孕育的尊严观念大致始于古希腊城邦时期，以康德提出"人是目的"将尊严绝对地赋予每一个个体的人，确定每个人都是一个有尊严的精神存在。智者的代表人物普罗塔哥拉"人是万物的尺度"的命题为人认识自身尊严指明了方向。苏格拉底强调人的尊严体现在服从善德和良序，并通过慷慨赴死的精神信念维护法律的尊严而实现自身的尊严与价值。亚里士多德明确指出："被剥夺了自己尊严的人都会感到极度的不快，一个在自己的东西被剥夺时即使被给予更多的原属别人的东西，他也不会乐意接受。"[25]文艺复兴时期，意大利的皮科·德拉·米兰多拉(Pico della Mirandola)则把选择最高的东西，以此为目标而竭尽全力，作为保持着尊严性的东西的人生课题。[26]皮科把自由看作人性的本质，认为遵从每个人的内心，从多种可能性中自由选择适合于自己的本性的事情中发现了人的尊严。从中我们可以看到，西方早在远古就把个人的尊严视为神圣不可侵犯的，并基于自由、权利、平等的角度寻求人性的解放与尊严的维护。

西方人深受这样文化传统的熏陶，其幸福观总体上相应地呈现出这样一些关键特征。

第一，于个体自由、权利的维护中守候幸福。西方以个人为中心导致整个社会信仰的核心是尊重人性和个人的自由，个人的权利和自由是社会所应首先关注的，社会机构、政府和国家存在的唯一根据是要对个人的幸福作出贡献。正如亚当·斯密的自由竞争理论就蕴涵着这样的信条："最符合一个人利益的就是让他有最大限度的自由和责任去选择他的目标和达到这个目标的手段，并付诸行动。"[27]因而无论言说现实的弊端还是揭露政府的黑暗以及情感的宣泄等表达的自由，还是个人的信仰自由，还有保证个人的地位和机会均等的创业自由，以及启动马达闯天下寻找他们梦幻中的理想王国的迁移自由都给予尊重和保障。鉴于自由的拥有，西方人认为个人的权利凌驾于制度之上，通过热心而疯狂地参加各种选举、社团活动表达自己的自由，维护自己的利益，把握自己的命运，守护各自的幸福。

第二，在自我实现中实现幸福。西方人的价值观主张一切价值衡量均以人为中心，即从人出发，肯定人之为人以及人之存在的价值和意义，强调人的个性解放和自我意识的觉醒。康德曾说："人能够具有'自我'的观念，这使人无限地提升到地球上一切其他有生命的存在物之上，因此，他是一个人。"[28]这种自我意识反映在个体之间则是个性的独立，反映在社会生活中就是要求对于个性及私人空间的尊重，认可个体的与众不同并有权选择自己的生活方式与发展道路，人是通过自己与他人的区别而认识自己的。因此，西方人认识的幸福就是以高度的自信，积极地进取，不拘泥于传统而大胆创新的个人奋斗实现自己的幸福追求。

第三，在活动过程之中体验幸福。西方人热衷于攀爬高山、体育运动或探险，乐于活动过程与事件本身，倾向于陌生的环境与领域中挑战自我，成就人生。积极心理学中活动理论认为：主观幸福感产生于活动本身而非活动目标的实现。比如爬山，重在"爬"的过程，真正爬到了山顶，也许会发现风景不过如此。也就是说，快乐来自于有价值的活动本身，当人们投入到一项难度与其能力相匹配的活动时，当人们全身心沉浸在活动之中，这本身就是一种难于言表的幸福。幸福存在于追求目标的过程之中，目标的实现是一种幸福，但对目标的追求过程是更大的幸福体验。在一定意义上说人是为了希望而活着，生活的意义在于创造，生命的价值在于追求，当一个目标实现或者破灭时，应该设立新的理想并在新的希望中孕育幸福。

(四) 确立中西文化传统对个体幸福的可能与限度

总体上概览了中西文化传统对个体幸福的影响，我们禁不住会问，究竟在哪一种传统下的个人或群体更幸福一些，或者说该如何审视在两种文化背景中个体幸福的可能性与限度。

首先，就中国传统而言，无论是宗庙的祭祀还是节日的社火，无论是图腾崇拜，抑或禁忌的遵从等人类有始而来的文化现象，都能见出人们抚慰对大自然的恐惧而转化的对神灵的敬畏，也能见出人们对美好生活的期许与企盼，以及对于幸福的执著与渴望，从而见证人们对自身幸福的理解。再有“天人合一”的文化传统之于中国人“命定论”的深刻影响，孟子以“莫之为而为者，天也；莫之致而致者，命也”的言论把一切都归之于“天命”，把人生的最终决定权交给天命。如此说来，“万物皆备于我矣。反身而诚，乐莫大焉。强恕而行，求仁莫近焉”(《孟子·尽心上》)。人只要反观于己，不断自我要求并陶醉在自己所虚构的精神世界里，便能体会最大的快乐。

而且，道家认为人生的幸福在于自知满足，老子告诫人们：“祸莫大于不知足，咎莫大于欲得。故，知足之足，常足矣。”如果不限制地追逐功名、利禄、财富，必将招致灾祸和不幸。这样，人本身的生死富贵等均由天命决定，因此，人活在世上，不必去作一些徒劳的奋斗，而应该安于命运的安排不予抱怨、反抗。这种主观唯心主义的精神“修养”传承的是道家所倡导的知足常乐、安于现状的幸福理想，也在相当大的程度上塑造了中国文化传统中安身立命、逆来顺受的人格特征。现实的结果是，通过知足后的无为带来的就是“故知天乐者，无天怨，无人非，无物累”(《庄子·天道》)。这是一种与现代竞争机制相悖的保守人生哲学；这种不戚戚于贫贱，不汲于富贵的人生态度，束缚人的思想，麻痹人的精神，使人屈服于环境，臣服于恶劣的境遇而不思进取，庸碌无为，知足不进导致的是不进则退。人要生存就必须奋斗，社会要发展也只有竞争，随遇而安永远不能改变现状，故步自封更不能开创新的天地，时代的指针指向 21 世纪的今天尤为注重在动态的实践开拓中实现人生的幸福。

此外，中国古代祸福相倚的辩证思想，指出福祸矛盾既相互对立也在对立中统一的思维方式，其可取之处不仅表明祸福双方可以相互转化以慰藉焦灼，还指出了这个转化所需的主客观条件，问题在于老子“无为”、“不争”的没落阶级意识以及得过且过的颓废心理，使得他不能充分地认识矛盾转化的条件，比如他说“祸兮福所倚，福兮祸所伏，孰知其极?”可见祸福在这里的转化是人们难以预料的，脱离了具体的条件就有可能最终导致不可知论。另外，中国古代还有一种否定矛盾斗争的绝对性的倾向，宣扬矛盾调和论，孔子的中庸思想就是和这一观点一脉相承的，“中庸”思想很大程度上抑制了我国国民性格，再加上“和为贵”、“忍为上”的温情面纱都潜移默化地铸造了“知足常乐”、“不为天下先”的国民性，也巧妙地掩盖了人吃人的残酷现实，还可能对行动迟缓、效率低下、庸夫懒惰起到支持与保护作用。

还有一点不容忽视，中国与西方民族相比没有统一的、内容和形式相对完备的宗教信仰，知识人士与普通百姓对于超自然的神灵，实际上持一种莫须有的态度，李泽厚先生说中国是“乐感文化”，也就是在现世人生中追求乐感的文化。各种较为成熟的宗教本质在于试图超越人生的有限性而追求永恒的幸福，然而中国人却看到人生短暂易逝，因此更加珍视现世的幸福生活，还根据自己的条件把“永恒”与“不朽”转化为各种各样的现世幸福和人生乐趣。章太炎所言“国民常性，所察在政事日用，所务在工商耕稼，志尽于有生，语绝于无验，人思自尊，而不欲守死事神，以为真宰”[29]，精辟地道出了中国人现世的、无宗教的文化精神。况且，中国人对超自然神灵的情感和供奉并非出于真诚的信仰，更多地出于利用和侥幸的功利目的，就是对于天和祖的崇拜祭祀，主要也是祈求福佑的意图。还认为可以通过伦理之善取得神的保佑，相信“在家孝父母，何必远烧香”“好人一生平安”等文化习语，使得中国古代的福佑观无法获得充分的客观形态，也就不可能完全用语言和思维来把握而具有明显的非理性的特点。

那么，人自身又处于怎样的文化处境之中呢？“中国文化虽然是建立在‘人’这个层次上的，却是世界上少见的不尊重人的文化。”观察文化对个体人的尊重与否，关键要通过个体的生存状况来考察，对中国人来说，“在横的层次上，‘个人’只是集体的一个可以更换的零件；在纵的层次上，‘个人’也只是‘生命的目的为了创造宇宙发起的生命’这个接力赛中的一个环节。……‘个人’本身并不存在其自己的目的”[30]。至于中国人的“天”，虽说是以自然命名，“却不是一个超越的概念，因此，中国人的‘天理’其实就是‘人理’，中国文化的‘存天理，灭人欲’，就是要求个体不要发扬自我而去符合世俗关系”[31]。在这种对天不敬畏，对他者不尊重的整体文化场域下渐渐丢失、湮灭的却是人之为人原本拥有的基于自由与权利基础上的尊严。

凡此种种，中国文化给我们的总体感觉便是，尽管如儒家所倡导的道德伦理型文化导向，关注人的道德修养，注重个体内心世界的精神价值，但其带给个体的负面影响也同样明显而难以逾越的，这些负累限制了人们的视野，束缚着人们的思想、言行以至于处世方式，从而构成个体追求幸福的文化阻力，长久以来规限并导引着人们追逐幸福的轨迹与步履。

其次，再看看西方的情况。西方的基督教文化是“个人”本位的，上帝不关心社会政治形势而仅仅关注每一个个体灵魂的状况何以得救，对个人的拯救为终极目的，却反而造成了尊重人的文化。因为，“它把每一个‘个体’都当作是按上帝的形象而创造的，因此是一个在地上的神物。在这个意义上，只有人的肉体是寄居在这个世俗中的，至于他的灵魂则只对超越界负责。因而，人的完整性得到了体现并受到了尊重。同时，这种个人本位的文化中，‘人’与‘神’的关系也是‘个体’自己决定的：它可以通过接近上帝而后‘得救’，也可以选择反向而令自己‘不得救’，他还被允许有选择自己得救的方式，如果他不想得救，别人也干预不了，每一个人都被认为是一个自由主体”[31]。正是西方根深蒂固的个体人格观念，集中表现在把人自己从其所承担的各种社会角色中独立出来，“自我”的形成乃是人不断将外在社会内化于自身的结果，一切社会实践活动积淀成人的内在、独立本质。19世纪以来，西方在强调“自我”的独立性的同时进一步强调它的独特性，指出“一个人只有从所有的社会角色中撤出，并且以‘自我’作为一个基础，对这些外砾(炼)的角色作出内省式的再考虑时，他的‘存在’才开始出现。如果他缺乏这道过程，他就成为了一个没有自己面目的‘无名人’”[32]。尽管西方也把“追求最大多数人的最大幸福”看作最高道德标准，不过这里所说的“最大多数人”是由若干个人组成的离散集合体，而不是形而上的权威象征，所谓“最大多数人的最大幸福”只能是个人幸福的集合，而不能成为损害和否定任何一个具体个人利益的化身，无形中个人的快乐和幸福仍然是人生的最高价值。于是，我们便看到西方文化传统对个体的尊重，给予个人充分的自由和权利，进而为人们追逐自身的幸福生活提供了充分的可能与空间。尤其在个人自由与权利的维护上，西方对人对己发自内心的“尊重”，不计外在条件的“平等”心态，完全不同于我国“唯权”、“唯上”地看待他人，轻视自己的文化心理，在主客观上都直接影响到个体对幸福的理解与追求幸福的方式。

但是近代以来，西方随着技术理性旨趣的肆意膨胀，以及科学力量不断强大带来征服自然快感的提升，这种文化趋势想必也带来不同程度的负面问题：

> 人创造了种种新的、更好的方法以征服自然，但他却陷入在这些方法的网罗中，并最终失去了赋予这些方法以意义的人自己。人征服了自然，却成了自己所创造的机器的奴隶。他具有关于物质的全部知识，但对于人的存在之最重要、最基本的问题——人是什么、人应该怎样生活、怎样才能创造性地释放和运用人所具有的巨大能量——却茫然无知。[33]

一直以来，西方人都以自豪的态度和乐观的精神看待自己的文化，他们自豪的是，人之自由和尊严的观念赋予西方人以取得巨大成就的能量和勇气，如今，却不得不承受着文明的附带性后果，也只能支付他们为自己的自由付出的代价。

况且，西方这种以理性为屏障和背景的自由，其本身就具有偏颇之处，即上帝一方面取消了一切人与人之间奴役的合法性，而另一方面却又使自己对人的奴役合法化。“很显然，这种‘自由’并不是对人的被奴役状态的全部解除，无论是理性（逻各斯），还是自然法，上帝，都是笼罩在人的主体性上空的阴影，都是将关注的重点放在外在客体而忽视了主体的存在价值。”[34]无论是建立在对客体追索基础上的理性自由，还是俯伏在上帝脚下之人们，其实都服从于代表真理的客体世界，过度关注于对异己力量的敬畏而无形之中陷入被奴役的精神枷锁。就个体而言，西方传统中认为自由只适用于人与人之间的关系，实际上把自由限定在人与人之间这个相当狭小的领域从而为奴役留下了大量的空间，这就导致了包括理性、上帝以及他物对人的奴役成为可能。不可否认这种心甘情愿地自觉接受物的奴役的精神造就了近代的物质文明，更成就了西方今天的繁荣。这种向外的自由观引导人们凭借工具理性去无止境地探索外在世界并开拓未知的领域，而与工具理性相对应的个体技术兴趣则是一种以控制为核心，以外在目的的实现为宗旨取向的，由此社会上什么物品畅销或紧缺，人们就立刻大量制造，哪个专业赚钱多便纷纷投身那个行业，哪个领域有利于快速的成功便迅速转向，这就陷入了外在奴役的迷途之中。一边人们希望借助理性的发挥来征服外在世界，提升自身的精神自由，一边又在不断地物质追求过程中丢失了主体内在的兴趣、个性与情感体验，沦为依附于外在物欲的精神状态之中。而且，“人的奴役将随着物质性的增长而增长，奴役就是物化”，而只有“向内在生存的返回，向主体性、个性、自由、精神的返回”才会有根本的解放。[35]尽管从表面上看物质财富（特别是金钱）给予人的自由远大于它对人的奴役，实质上自由并非仅指人对人的肉体奴役的解除，还涉及把人从欲望之下解放出来，从物的奴役下解脱出来，这是西方自由传统的缺失，也是西方文化之于个体幸福的局限性，更是个体不能体验真正幸福的根源。

总之，从上述中西方个体幸福的可能与限度的文化背景来看，首先，正如同总体的文化传统，不能简单地评价东方西方孰优孰劣一样，我们也不能类似的推断我国的个体抑或西方的人们更幸福一些，尽管总体上看来西方文化传统给予个体更多的自由、权利与尊严，但其在精神自由与个体发展的层面上，西方与东方一样存在着不足之处，而个体的幸福要求站立在自由、权利、平等的条件下的尊严守护，和谐地呈现相互的张力。不过可以肯定的是，两种文化传统赋予个体幸福以不同的人文关怀与价值标准，同时也带来了相似的文化偏颇，并导致了历史实践中人们不同程度的幸福缺失；其次，比较而言，我国文化传统中个体倾向于向内承担各种义务和责任的过程中感受幸福，而西方人关注于向外征服与拓展中实现幸福的追寻，并通过对外部世界的占有而强化幸福的感受，如果把前者称为伦理的幸福，则后者属于一种理性的幸福；再次，就个体幸福的现实而言，我国传统中的个体对于幸福的追求相对显得暧昧而遮遮掩掩，或者说神秘的、精神的因素多于现实的成分，更不直于言表而视为理想化的境界。西方文化中个体对于幸福的追索因其理性而外化，又与自由、权利、尊严等观念结合在一起，似乎更容易转化为现实的行动进而得以实现，加之自由、权利与尊严等概念本来就来自于西方传统，因而可以说，西方文化中个体获得幸福的可能空间要更大一些。

二、东西教育文化视域下个体幸福的本质

或许我们从考试方式上更易见出中西方教育文化的巨大差异，中国传统的考试方式大多是：

1. 成吉思汗的继承人窝阔台，公元哪一年死？建立哪四大汗国？最远打到哪里？

   答：窝阔台(1186—1241 年)，成吉思汗三子及其汗位继承人。窝阔台汗国是窝阔台氏族诸汗的领地，疆域包括原蒙古乃蛮部落的广阔土地和西辽国的部分领土，即额尔齐斯河上游和巴尔喀什湖以东地区。建都叶密立城。打到现在的匈牙利附近。

2. 甲午战争是哪一年爆发的？赔偿多少银两？签了什么条约？割让什么土地？

   答：甲午战争发生于 1894 年，于 1895 年签订《马关条约》，割让中国的辽东半岛，赔偿两万万银两给日本。

同样是两道这样历史背景的题目，美国和日本是怎么考学生的呢？学生又给出怎样的作答呢？

1. 美国世界史这道题是这样的：成吉思汗的继承人窝阔台，当初如果没有死，欧洲会发生什么变化？试从经济、政治、社会三方面分析？

   答：这位蒙古领导人如果当初没有死，那么可怕的黑死病就不会被带到欧洲去，后来才知道那个东西是老鼠身上的跳蚤引起的鼠疫。但是六百多年前，黑死病在欧洲猖獗的时候，谁晓得这个叫做鼠疫。如果没有黑死病，教堂的神父与修女就不会死亡。神父跟修女如果没有死亡，就不会怀疑上帝的存在。如果没有怀疑上帝的

存在，就不会有意大利佛罗伦萨的文艺复兴。如果没有文艺复兴，西班牙、南欧就不会强大，西班牙无敌舰队就不可能建立。如果西班牙不够强大，意大利不够强大，盎格鲁—撒克逊，会提早200年强大，日耳曼会控制中欧，奥匈帝国就不可能存在，历史将重新改写。

2. 日本给学生出的类似历史题：日本跟中国100年打一次仗，19世纪打了日清战争，20世纪打了一场日中战争，21世纪如果日本跟中国开火，你认为大概是什么时候？可能的远因和近因在哪里？如果日本赢了，是赢在什么地方？输了是输在什么条件上？分析之。

答：我们跟中国很可能在台湾回到中国以后，有一场激战。台湾如果回到中国，中国会把基隆与高雄封锁，台湾海峡就会变成中国的内海，我们的油轮就只能走右边，走基隆和高雄的右边。这样，会增加日本的运油成本。我们的石油从波斯湾出来跨过印度洋，穿过马六甲海峡，上中国南海，跨台湾海峡进东海，到日本海，这是石油生命线，中国政府如果把台湾海峡封锁起来，我们的货轮一定要从那里经过，我们的主力舰和驱逐舰就会出动，中国海军一看到日本出兵，马上就会上场，那就打！按照判断，公元2015年至2020年之间，这场战争可能爆发。所以，我们现在就要做对华抗战的准备。[36]

两道同样的历史选题，不同的文化传统，不同的教育引导带来截然不同的个体素质与思维方式，也带给我们不尽的思考与启迪。由此现象引发的思考便是，教育文化视域下个体幸福的实质如何呈现？这里，我们认为至少有三点是关键的。

第一，自由表达个人的观点、需要与情感的幸福。如前所述，教学过程中学生的表现不仅是教育问题，还与中西方不同文化传统密切相关。当审视教学中个体的生存状况时，首要的就是看其是否能够自由地表达自己对一个问题的看法，表述自己真实的学习需求以及思想情感。我国的教育文化往往惯常于死记硬背性的知识积累，希望学生确切地记住哪年哪月发生了什么事情，谁在什么地方什么时间做了一件什么样的事情等确定性的知识作为考核学生的依据，这种问题的答案往往是唯一的、确定性的、不容置疑的，得分与失分的概率都非常的高，完全依靠机械的重复与训练才能准确无误，才能获取分数。但同时个体的精神自由、个性化观点也都在这种长期的机械化操练中丧失殆尽。长期以来,答案的唯一与确定性限制的不仅是学生的思维还有思想与情感,个体的思维形成定势,势必束缚了思想的发展,也囚禁了个人真情实感的流露,个体无形之中陷入丧失自我的不幸桎梏。西方的教育文化则更多地注重学生的思维训练与分析问题的能力,由于问题的答案并非唯一而给予个体充分表达自己观点与想法的自由,学生不需揣摩标准答案而任思绪在知识的海洋里畅游,个体不经历反复的机械重复而拥有大量的自由学习时间去发挥各自的兴趣爱好,去参加各种社团、社区活动而成为一个合格的公民,绝不仅仅是一名医生、律师或者所谓的各种成功人士。置身西方宽松、自由的教育文化中的个体,在自由阐述个人的观点,及时提出自己的学习需求并得到适当的反馈与帮助,真实地宣泄自己的思想情感中体验学习的乐趣,享受受教育的幸福。

进而,具有表达个人的观点、需要与情感的自由的全部目的在于教师和学生开始产生并遵循自己的想法,如果可能的话,不依赖任何其他人的建议而在教学中生发出无数精彩的观念,使学校真正成为创生课程、建构知识的场所。“因为精彩观念的诞生乃是智力发展的本质,而给学生机会让其产生精彩观念,并因产生这些观念而感到高兴,这就是教学的本质。”[37]就学生来说,精彩观念的诞生意味着他的思维与想象力得到充分的施展,由此产生了对某个问题或事件的独特理解,这些观点对于外人而言未必新奇与认同,但由于是他本人的想法而富于独特的意义。就教师来说,精彩观念的诞生意味着他超越了教材的框定与束缚,真正领悟教材的精髓,理解学生的想法,师生突破文本化教材而相遇,并在此过程中生成新的课程,构建自己的知识。

此外,师生在教学过程中常常领略到各种各样的体验与感受,来自于生生交往的、师生互动的、理解课程文本的、探究大自然以及家庭和社会生活的林林总总的体验,他们通过课堂问答、课下交谈、文本描述以及意会暗示等途径交织在一起,经历碰撞、激荡与共鸣,使得教育真正成为人与人灵魂唤醒的过程,心与心彼此交融的历程,无疑汇聚成个体真实的幸福体验。

第二,自主选择学习资源与方式的幸福。每一个个体都具有自己独立的意愿与个性,也具有不同的思维方式与学习习惯。教学的基本前提就是承认个体的差异性,允许并提倡个性化的教与学。鼓励对学习资源(对师生而言更多地指课程资源)进行自主选择与建构,既体现个体间差异性的需要,也是对师生自主权利的尊重。谈及学习资源的选择,我国古代伴随着“王官之学散于百家”的历程打开了学术通向民间的通途，以孔子为发轫的儒家典籍长期为主要的教学内容，为迎合科举考试更是以一派之思为纲，一家之言为准。西欧中世纪宗教神学理论占据了学校教育的统治地位，跟随文艺复兴运动逐渐摆脱了宗教教学并拓宽了课程内容、扩大了学科范围。又鉴于我国长期受前苏联教育体制的影响，将学科课程人为地分为主科与副科之别，加之人文学科与数理学科的对峙，教师长久以来在教育理论与实践中作为课程传递者的角色定位，都是对个体选择权利的侵犯与剥夺。况且，“对年轻人来说，他们不仅要选择，而且也在学习选择，学习选择就意味着成长”[38]。毕竟成长永远是成长者自己的事情，他人的包办代替与强人所难都违背个体的意愿，也磨灭个体的个性，久而久之，个人的独特与独立都消融在从众与依赖之中而丧失自我，湮灭战胜困难的勇气与力量，何谈人之为人的幸福追求。

从教学方式看，“因材施教”和“长善救失”是中国自古倡导的两个行之有效的教学方法，朱熹在《论语集注》中评价孔子说“夫子教人各因其材”。《学记》也对“因材施教”的方法做了理论上的论述，提出“知其心然后能救其失”的观点。夸美纽斯认为游戏是组织愉快的幸福童年的教育手段以及未来生活的预备。卢梭倡导依据自然发展的内在规定教育儿童，还有布鲁纳的发现学习，杜威试图从“做中学”中得到精神的满足和宁静。凡此种种都充分地彰显了师生教和学的选择自由，进而适合并促进了个体的精神发展，在教育与受教的过程中体验自身的价值与成长的快乐。

第三，多元化评价教育过程的幸福。《学记》中这样论述教与学的关系“学然后知不足，教然后知困。知不足，然后能自反也。知困，然后能自强也”。这里把一教一学的关系，“知不足”而后“自反”到“知困”才能“自强”逻辑顺序呈现在我们面前。进一步考察学之不足与教之困又是如何得以甄别与评判的，布卢姆认为评价要让学生以较少的反抗去接受学校规定的学习任务，而孔子善于在“不扣则不鸣”的被动自悟中教化弟子。尽管中西方教学文化各异，但这里都体现出在个体自觉自愿状态下评价的相对公正与合理，多角度关注个体间差异性的必要与可能。美国学者加德纳指出人的智力是多元的，在他看来，智力是以能否解决实际生活中的问题并创造出社会所需要的有效产品的能力为核心，也以此作为衡量智力高低的标准。各科教学目标不但包括知识和技能，还涉及学习过程与方法，情感态度和价值观等非学业内容。后者既是学科培养的相关内容，也对学生学业的好坏有着至关重要的影响，更是关涉到个体的身心健康与幸福体验的重要因素。

采用多种途径，在非结构化的情景中评价教育过程的多元化评价。首先，建立多元化的主体评价体系，鼓励学生本人、同学、家长等参与到评价中来，既调动学生学习的积极性，也有益于学生的个性发展和潜能的挖掘。其次，废除“一张试卷”对学生进行警戒与鞭策、鉴定和选拔的固定化评定方法，灵活并综合地运用书面测试、口试、访谈、现场观察、制作、轶事记录等多种途径，以便真正全面地反映学生实际的学习和发展状况，也只有这样运用多种方法对不同目标、不同内容进行评价，才能收集到真实的、多方面的信息并加以分析与整理，达到科学、全面地评价的教育目的，实现评价建立在有利于促进学生主动、持续、健康成长的基础之上。

至少把握以上三点，我们便可以确立中西方个体幸福的教育实践形态，揭示教育文化视域下个体幸福的实质。然而，教育作为人类极其复杂的现象与活动，幸福又被视为极其琢磨不定的概念，鉴于此，我们在考察历史上哪个阶段、哪个国度的人们是否幸福时需要格外地谨慎与周全。

第二节　以德论福与以乐为福：我国古代幸福观

“乐土乐土，爰得我所”，“乐国乐国，爰得我直”，“乐郊乐郊，谁之永号”。(《诗经·魏风·硕鼠》)千百年来，人类追寻幸福的脚步一刻也未曾停止过，人们正是在寻求幸福的乐园中生生不息地跋涉着，至今我们仍能听到这遥远的呼唤。孔子说：人类曾经幸福过，在唐尧夏禹的时代。庄子也说：人类有过幸福，在“小国寡民”的人之初。基督劝慰我们：别急，慢慢熬着，天堂里有享不尽的幸福等着你。佛祖坚定地说：修好今生，来世你就享用不尽了。道教乐观地许诺：修成正果，羽化成仙，那就自由自在，永享清福了。[39]不管怎么说，幸福是存在的，就让我们把目光投向那遥远的过去，找寻远古的人们是如何理解幸福的。

源于中国典型的道德伦理型文化取向，先哲们对于人生幸福的深刻思考和广泛探讨，无不围绕着道德与幸福的关系，无论谈及幸福的内涵与外延，还是决定幸福的因素与争取幸福的途径，无一不与道德相关。再有，我国对于幸福的种种言说与其按照时间顺序不如沿循空间范围更为合适，因为，关于人生幸福的许多观点早在先秦，甚至春秋后期就已见端倪，后经各个时期、不同地域的人们加以发挥与拓展，而形成较为深入、系统的理论形态。鉴于这两个特点，我们从以德论福与以乐为福两个方面阐述并分析我国古代幸福观。

一、以德论福

我国古代甲骨文就出现了“福”字。“福”在甲骨文中是[illegible]或[illegible]等，[40]指两手奉尊于示前，意为两手捧着盛酒的器皿贡奉在祭台上。《说文解字注》中把祭祀用得一切物品看作“福”，并与“禄”、“祯”、“祥”、“祉”互文。由此看来，“福”字原是祭祀之意，表达了人们的愿望与祈求。在思想史上，幸福论有两种形式：(1)快乐论，认为快乐是人的最高幸福。(2)完全论，认为人的幸福在于发展人的理性，使人所具有的一切性能完全发挥出来，达到个人的完成。[41]《尚书·洪范》提出“五福，一曰寿，二曰福，三曰康宁，四曰攸好德，五曰考终命”。这里认为的幸福就是，一长寿，二富足，三康健平安，四爱好美德，五善终正寝。《洪范》把幸福看成是一个综合性的范畴，以五种要素衡量一个人是否幸福。《韩非子·解老篇》“全寿富贵之谓福”。《礼记·祭统》把幸福的内容延伸为“福者，备也。备者，百顺之名也。无所不顺者谓之备”。这些观点把寿命、富贵、财富等要素看成幸福的关键。到了汉代，恒谭在其《新论》一书中又提到“子孙众多”谓之福，对于重视宗法血缘的中华文化无疑是一个重要的补充。当然，福等同于幸福，在我国古代等级森严的社会制度下也自然是有幸福等级的，比如在殷周社会，只有王子才配作威、作福，享受玉食绸缎，臣子们无权受用这等的幸福，平民百姓就更没有这个福分了。春秋时代的诸侯大夫则认为“福莫大于享国有家，祸莫甚于亡家丧家”[42]。周天子更是详细地述说何之谓福：“夫有勋而不废，有绩而载，奉之以土田，扶之以彝器，旌之以车服，明之以文章，子孙不忘，所谓福也。”[42]而普通百姓连吃饱、穿暖、健康这些基本的生活幸福也难以实现。可见，诸王将相乃至于寻常人家各自的福分也犹如等级制度一样无法逾越。

正如墨子所言“我未尝闻天下之所求祈福于天子者也”(《墨子·天志上》)。古代中国的人们相信命运由超越人世间的帝、天和鬼神决定，并最终主宰人生之祸福。不过，墨子还是尖锐地批驳这种“福不可请，而祸不可避”的“执有命之言”，而把神秘的帝、天和鬼神视为有知觉、有感情、有思想的善良主宰，相对于绝对的命定论来说，这种思想降低了帝、天和鬼神的地位而无形之中抬高了人的主观能动性。何况，远在殷周时期就有“天作孽，犹可违；自作孽，不可逭”(《尚书·

太甲中》)的言论,西周时代又有“永言配命,自求多福”(《诗经·大雅·文王》)的诗句。到了春秋战国,这种个人可以不同程度地把握自己的命运,决定自身的祸福的思想更加突出与强化,进而断言神也要“依人而行”,“吉凶由人”以至于“祸福无门,唯人所召”[43]。都显现出随着社会的发展与人们文化水平的提高所表现出来的自我意识与自主观念的萌芽,但我国当时历史条件下的绝大多数人仍然局限于凭借自己的力量祭祀祈祷而祈望帝、天、鬼神的宠爱和保佑,可以说,从古代一直到近现代的中国人,都没有摆脱“上不负苍天并向上苍邀福”这种观念的影响。

在古代中国,人们把道德品行看作衡量一个人最重要的标尺,甚至视为人之安身立命的根本,更把操纵人之命运、祸福的天、帝、鬼神看作品行高尚、好善憎恶的化身,相信他们依据人的道德水准来决定人们的祸福旦夕。殷商时期有“天道福善祸淫”的说法,而《尚书·洪范》更是强调“予攸好德,汝则锡之福。……于其无好德,汝虽锡之福,其作汝用咎”。也就是说,赐福于那些道德品行好的人,如果错把福运赐给德性不良的人反而会降祸于自身。至少春秋时期的思想家就已经认识到,积德修德要比祈祷祭祀更为重要与关键。例如,曹刿论战时,当鲁庄公提到“牺牲玉帛,弗敢加也,必以信”时,曹刿十分不客气地驳斥道“小信未孚,神弗福也”(《春秋左氏传·庄公十年》)。只有谈到“小大之狱,虽不能察,必以情”时,他才说“忠之属也,可以一战”。曹刿认为例行公事地向上天祭祀只能算是“小信”,也无法得到神的保佑,只有忠于职守,[44]尽可能地为国为民效力,才能赢得上天的保佑体验幸福的境界。隋国的季梁也认为祭祀仅仅体现道德的形式与表象,作为君主只有在搞好生产、加强道德教育、安民乐业的基础上祭祀才能“民和而神降之福”。在我国古代,这种以德祈福的思想既符合特定历史条件下统治阶级的利益,也为广大民众所接受,尤其到了汉魏之后借助道教得以发扬光大,至此,在民间传说、故事童话、小说戏曲之中反复吟唱修德行善以求福的思想,它关注人事、人心乃至于道德修养对自身福与祸的影响,对道德教育的发展提供了有力的理论支撑,也为社会上扬善抑恶起了积极的促进作用。

然而,从墨子到荀子都已经认识到德与福的不一致性,东汉时期的王充更是批驳了这种天道福善祸淫,人道以德祈福的观点。王充指出福善祸淫的说法,某种程度上不过是圣贤编造出来劝慰人们为善的伎俩,虽说也有具备德行的人巧逢机遇,收获幸福,但并不能就此断定上天根据人的德行降祸福,并以“尧舜不赐年,桀纣不夭死”,秦穆公“有误乱之行,天赐之年”,晋文公“有德惠之操,天夺其命”等事例，引证了善福淫祸不可信、笃信鬼神报应的欺骗。同样是认为德与福不相一致，墨、儒、道三家得出的结论却大相径庭，正如上所述，墨家信奉福善祸淫、鬼神报应。儒家主张不论命运和福祸如何都要坚持并实现道义，必要时甚至舍生取义，以实践道义为最高的幸福境界。道家则呼吁放弃人力的作为，平静地面对、安于并享受命运中的一切安排，从任天顺命中求得真正的幸福。此外，尽管福与祸并不相一致，但也决不是完全对立的矛盾。在现实生活中，依据一定的主客观条件是可以相互依存与转化的，关键在于如何掌握、利用这些条件而使得祸转化为福。总之，古代中国以道家为主的思想家通过对生活的观察与思索，提出祸福相互依存并转化的辩证思想，对于今天的我们也具有深远的意义与深刻的启迪。

二、以乐为福

汉语语境中“乐”的概念与现代的幸福涵义更为接近，其内涵十分丰富，既指情感体验，也指超越情感的心灵上的美好感受，还涉及人格成长与人生意义的追寻。洪应明《菜根谭》云：“人心有个真境，非丝非竹而自恬愉，不烟不茗而自清芬。须念净境空，虑忘形释，才得以游衍其中。”孟子云：“君子有三乐，而王天下不与存焉。父母俱存，兄弟无故，一乐也。仰不愧于天，俯不怍于人，二乐也。得天下英才而教育之，三乐也。”孔子《论语・学而》云：“有朋自远方来，不亦乐乎。”著名的《岳阳楼记》更有“不以物喜，不以己悲”，才能达到“先天下之忧而忧，后天下之乐而乐”的境界。从中我们可以看出，“乐”可分为三个层次：其一，只把“乐”理解为快乐，为“乐”的基本内涵，对幸福的客观要求只求有一颗“人心”便可谓之“幸福”了。其二，属于“乐”的本原意义，“乐”就是幸福之义，指人类运用自己的智能力量使自己达到一种良好的心理状态，体现的是一种相对的幸福。其三，指所谓“绝对幸福”的状态，即“极乐”、“至乐”。对乐的把握和品味，区分物欲之乐和心情之乐、感性之乐和理性之乐、独乐和共乐、先天下之乐和后天下之乐，以及探讨“乐”对人身与人生的动力、作用，由此助成生活的种种情趣、种种方式，是儒家思想和中国文化的独有特征，也是中国人文精神的主要内涵。[45]从孔子的“知者乐水，仁者乐山；知者动，仁者静；知者乐，仁者寿”（《论语・雍也》），“知之者不如好之者，好之者不如乐之者”（《论语・雍也》）到“乐则行之，忧则违之”（《易・乾・文言》）再到“生于忧患而死于安乐”之类皆是。

在我国古文化中，儒家的幸福观后来在人们的思想领域一直占据主要地位，无论先秦的孔孟老庄，还是宋明的程朱陆王，虽然不否认幸福必须借助外在条件，与人的物质需要相联系，但都认为人要获得真正的幸福，就必须除去这些“物蔽”，反求诸己、克服欲望，在修养中达到“乐”的极致，通过“攸好德”的追求而获得良好的德性，因此儒家的幸福观既体现在物质财富，还强调精神、道德的幸福。他们在物质欲望中看到了“私立”的危害性，大声疾呼“君子喻于义、小人喻于利”，要“见得思义”(《论语·季氏》)，靠修身养性来达到至善的境地，获得极乐。孔子云：“君子坦荡荡，小人长戚戚。”“君子乐得其道，小人乐得其欲”都体现了幸福更在于心灵而不在于外物，关注内心的坦然，毕竟“岁寒，然后知松柏之后凋也”(《论语·子罕》)。儒家提出“我独乐不如与民同乐”，倡导“修身、齐家、治国、平天下”的思想以求得普天下人的共同幸福，与我们所倡导的为人类解放事业而奋斗的马克思主义幸福观极为相似。《论语》中有读书、温习之乐，有志趣相投的朋友之乐。《孟子》中有父母、兄弟之乐，不负苍天众生之乐，以及育人之乐。孟子关于幸福的重要思想就是主张“与民同乐”，把自己的幸福与人民大众的幸福联系起来，以奋斗去实现自己的人生价值，以道义去履行自己对家庭和社会应承担的义务，以体验“鞠躬尽瘁，死而后已”的幸福感受。此时，人的生命已超越了凡人的情感，达到了“高峰体验”的境界。体悟到自己与道合一、与天下同乐的“超越之乐”，这便是极乐了。这种高扬理性之乐的原则，认为人生的幸福在于心灵的平静和充实，超越外在的物质条件和环境，超越个人的得失和遭遇，先忧天下之忧，而后乐天下之乐，便是宋儒所孜孜以求的“孔颜乐处”。所谓“一箪食，一瓢饮，在陋巷，人不堪其忧，回也不改其乐”(《论语·雍也》)，所谓“饭疏食饮水，曲肱而枕之，乐亦在其中矣，不义而富且贵，于我如浮云”(《论语·述而》)，所谓“以出世的精神，干入世的事业”(朱光潜)，都成为我国古文化中理想人格的化身。而在这方面说的最为深入浅出的，大概要推孔子的“发愤忘食，乐以忘忧，不知老之将至云尔”为极致了，此境界中，可谓进入了“高峰体验”[46]。因此，以“乐”论“福”是我国古文化的一个重要特色，从个人生存到社会制度的各个方面都强调幸福的重要性，“福”的含义在个人幸福、制度合理性以及社会实践形式中都承担着重要的角色。幸福既是一种生活方式，又是一种心灵体验，同时也是一种对生命的理解和领悟。

第三节 从感性主义到科学主义:西方幸福观的变迁

当我们阅读荷马史诗《伊利昂记》和《奥德修记》时,当我们欣赏赫希阿德叙事诗《工作与时日》以及领略古希腊早期的抒情诗和寓言故事时,都能感受到西方人对幸福生活的美好希望和无限憧憬,也能见出他们对于幸福的初步理解与原始主张。西方人也很早就开始了对于幸福的思考,西方关于幸福的研究可以梳理出一条清晰的时间线索,虽说步履也迂回曲折,但总体来说还是可以随着时间的变迁探寻西方人追随幸福的足迹。

一、古希腊罗马时期:对幸福思考的全面展开

这一时期,西方伦理学家们对于幸福的探讨主要集中在幸福与人生之关系。他们依据各自不同的哲学观点,形成了不同的幸福观,主要体现在感性主义幸福观和理性主义幸福观两大派系上。

感性主义幸福观的主要代表人物有梭伦(前638—前559年)、德谟克利特(约前460—前370年)和伊壁鸠鲁(前341—前270年)。西方最早对幸福问题做出系统回答的是古希腊七圣贤之一的梭伦,他在撒狄会见吕底亚国王克洛伊索斯时阐述了他的幸福观点,概括起来有以下几个方面:一是拥有中等财富;二是身体不伤残,没有疾病;三是一生顺利,心情愉快;四是有好的儿孙;五是能够善终,光彩而安乐地死去。[47]他认为人应当拥有财富,但绝不能为了财富而丢弃道德。一个"有中等财产"又具有高尚道德的人,会是最幸福的人。他主张用全面的观点看待幸福,一切事物都在变化之中,幸福也只是一个过程,只一味地追求眼前的幸福而不作长远的打算,不可能得到完整的幸福。此后,梭伦提出了关于幸福与财富、幸福与德性、幸福与命运等一系列问题被后来的伦理学家深入地探讨。

德谟克利特的幸福观是在其自然主义的哲学基础上提出来的,是西方伦理思想史上最早的伦理自然主义的代表。德谟克利特认为,人的本性是追求幸福。对人而言,人们总是尽可能地避免痛苦而寻求一种愉快的生活状态。因而,"快乐和不适构成了那'应该做或不应该做的事'的标准"[48],也决定了有利与有害之间的界限。这里,德谟克利特首先把对快乐和幸福的追求看作其幸福观的基本

前提，接着把伦理学上的“应该”或“不应该”的行为标准也确定为快乐与不适，这样道德行为的标准就是看其是否带来快乐，快乐之事就是应该之事，不适之事也就是不应该之事了。况且，快乐和不适还成为衡量一件事或一个行为有利还是有害的界限。然而，他又进一步强调，幸福并不取决于一个人占有多少畜群和黄金，它居于我们的灵魂之中，人与动物的根本性区别就在于对超越生存必需的追求。德谟克利特虽然把快乐和幸福看作人生的目的，但是，他并没有局限于物质享乐和感官满足的幸福上，而是强调精神快乐之于人生的重要性，认为人与动物的区别正是在于精神、灵魂上的追求。此外，德谟克利特提出“节制”和“适度”的行为准则，他告诫我们，无休止地追求物质欲望与感官快乐只会妨碍人们对精神或灵魂快乐的追求，“结果不仅不能获得幸福，反而会遭受不幸”[49]。

伊壁鸠鲁是感性主义幸福观中最具代表性的人物。他认为：“……快乐是幸福生活的开始和目的。因为我们认为幸福生活是我们天生的最高的善，我们的一切取舍都从快乐出发：我们的最终目的乃是得到快乐，而以感触快乐为标准来判断一切的善。”[50]他把口腹的快乐看作是一切善的根源，甚至强调感受智慧与文化之乐也缘于此。并认为快乐就是“身体的无痛苦和灵魂的无纷扰”[51]。伊壁鸠鲁提出，感性知觉是判断善恶和行为选择的准绳，人生目的的选择也必须依据直接的感性经验，据此，把快乐看作是幸福生活的开始和目的，为了这个目的，人们才力求避免痛苦和恐惧，快乐就是人生最高的善。在美德与幸福的关系上，伊壁鸠鲁指出：“一个人除非审慎地、正大光明地、正当地活着，就不可能愉快地活着。”[52]他认为凡是被判定为好的行为，都是遵从理性正当地完成的。这也说明对于个体而言遵从理性而不走运，比不遵从理性而走运还要幸福。以至于“当幸福在时，我们便拥有一切，而当幸福不在时，我们便尽力来谋得它”[53]。我们看到，一方面，伊壁鸠鲁把人的幸福建立在快乐的体验上，重视人的基本的物质享受和感官满足；另一方面，他又把“精神快乐和幸福置于一个较为重要的位置上，并对审慎和明智这种理性能力的发展给予高度称赞和评价，坚信这是人获得灵魂健康、精神快乐的保证”[54]。他同时强调在追求幸福的过程中行动的重要性，并体验谋求幸福的幸福过程。

可见，感性主义幸福观强调幸福的主要源泉来自感性，认为人的幸福生活在于感性欲望的满足与快乐体验，而这些满足与快乐本身就是道德的。他们都把趋乐避苦看作人的本性，认为幸福就是避免感官的痛苦而谋求感官的快乐。

理性主义幸福观的主要代表人物有苏格拉底（前469—前399年）、柏拉图

(前427—前347年)和亚里士多德(前384—前322年)。西方哲学思想中理性主义是重要学派之一。理性主义崇尚理性的力量,高扬人的道德品性,在幸福观上,关注人类内在的精神追求和完满,不重视甚至摒弃物质上的享受和满足,强调人类的精神幸福。苏格拉底被誉为古希腊著名的"雄辩家",始终把道德哲学研究作为自己的神圣使命,可以说,苏格拉底开启了真正意义上的伦理学序幕。苏格拉底认为"善"是人生的最高目的,人为了达到"善",必须具备明察事物的本性和原因的知识,才能得到真正的快乐,才能拥有美德并体验幸福,强调知识在人的幸福中的地位和作用。谈到种种实现至善的手段时,苏格拉底将人在生活行为中表现的所有优良品质,如正义、自制、智慧、勇敢、友爱、虔诚等都称为"美德",他的"美德"是与他的"知识论"相连的,其中"知识"主要是指认识自己本性的能力,所以苏格拉底的"美德即知识",首先提出的就是"认识你自己",所谓"认识你自己"就是注重智慧,认识到人理性心灵中先天存在的普遍的道德观念。由此看来,苏格拉底的幸福观沿着"知识—美德—幸福"的思路,即是:知识是前提条件,美德是达到幸福的途径,而幸福(善)是知识和美德的目的。

柏拉图继承和发展了其师苏格拉底的思想体系,提出了著名的"理念论"作为其道德思想和幸福观的理论根基。柏拉图所说的"理念"是指一种具有本原的、永恒不变的、独立存在的、非物质的实体。柏拉图认为快乐和幸福是两回事,快乐属于感性的范畴,一个人如果要获得真正的幸福,就必须首先克制自己的情欲和感官享受,用智慧和德行去追求美德和至善。由于肉体和感官的快乐是暂时的,而"至善"是最高的、普遍的、绝对的善,只有"至善"才能永恒,人只能依靠理性能力才能认识"至善",从而达到"至善"的境界,这才是我们需要终生追求的目的。后人在谈论爱情问题时常提及的"柏拉图式的爱情",即是一种超越肉欲和情欲的纯感情的爱情,在今天看来,尽管有点绝对化,还是有其借鉴意义的。

亚里士多德在苏格拉底和柏拉图之后,他的理论活动使古希腊罗马伦理学达到了顶峰。他继承并发展了苏格拉底和柏拉图的伦理思想,提出了独具特色的伦理幸福观,即"把幸福确定为生活得好和做得好"[55]。首先,他认为"只有以自身为目的的善才是最高的善,才是终极目的。这种最高善和目的在城邦生活中就是幸福"[56]。亚里士多德的幸福目的论是内在的目的论。内在目的论认为事物的存在有自身的内在合理性,它的存在是为自己的存在,它自身就是目的,事物的目的存在于事物自身内部而不假外求。没有人会思考到底要不要幸福,而是大家都关心如何才能实现幸福。当我们设定自己的人生目标(如幸福)时,我们所关心的只是，如何以及用什么手段可以达到幸福。生活的终极目标就是获得幸福，而幸福就是人的心灵遵循德性的活动。[57]如此说来，人生最高的目标也就是过着一种有德性的生活。幸福是亚里士多德为人生设定的共同目标，幸福又是灵魂符合德性的活动，幸福在于灵魂（生命）功能趋向于完善的过程。生命是特定的，人的特性则为理性能力所规定，理性功能的发挥决定了人要过共同体的生活，这种活动存在于共同体的生活之中，所以，幸福需要外在的善，友爱则是所有给我们以快乐的外在善中的最大的善。如果说其他外在善只是我们过一种幸福生活的单纯的手段的话，那么友爱本身就是共同生活的价值之所在，因此，友爱是作为幸福目的之一部分而被需要的。正因为"幸福就应当算作因其自身而不是因某种其他事物而值得欲求的、合德性的实现活动"[58]。对德性的讨论需要深入到对人与人之关系的德性探讨。在亚里士多德看来，公正和友爱是所有美德中最重要的两项。公正是社会首要的德性，即为德性的总汇；友爱则是将人与人密切联系起来的德性，只有公正并不足以成就完满的人生，友爱超出普遍性公正而具有突出、独特、高尚特征的德性，才是德性完善的最高级形式，因而友爱比德性更为重要。亚里士多德认为理性作为人的独特性决定了思辨是最大的幸福，思辨的对象是可认知对象中最美好的理智的对象，从事思辨活动本身就是理性的，而理性是人身上最崇高、最尊贵的成分，其尊贵超越其他一切事物。既然思辨的生活遵循理性的生活，思辨实现了人性中最尊贵的成分，那么它不仅是最高贵、最快乐的活动，也是最幸福的活动。思辨真理是超出其他任何事情而最持续不断的活动，思辨自成目的性，它本身就是目的，唯有思辨生活可以使我们不朽，使我们走向神明。从事思辨活动的哲学家光凭自己就能思辨真理，而且愈辩愈有智慧，因而从事思辨活动的人最为自足。我们之所以劳心劳力，是为了获得闲暇，也就是说，思辨必须基于闲暇。

其次，亚里士多德的"人是理性的动物"这一命题的提出及由此阐发的理性精神，将对人的德性的追问定格在理性的框架内，奠定了整个西方理性主义的基础。在古希腊，理性最早的含义包括主客两个方面：客观方面最初的含义是"言说"，具体的含义是指逻辑地言说，即语言逻辑。在此基础上，其含义才能反复地演变，具有了一种使世界和人的存在成为可能的"客观性"规律、规则（或形式），即客观理性。这里，理性以自己为自己的追求对象，以满足自己为目标，理性高于一切，理性是万事万物的根据，即理性也指世界的本体。主观方面体现在与人们的现实生活密切相关的"空间"、"秩序"上，是指人的一种认识能力，即主观理性。人类认识世界的生活，也就是有秩序的生活，有秩序的生活意味着生活在同一空间下的人们应该理性地对待自己和他人。无论客观理性还是主观理性，都是人的理性，也就是人的灵魂的觉醒，此乃人之为人的独特功能。亚里士多德正是在这样的意义上把理性与德性联系起来，揭示了德性（幸福）的理性实质。“亚里士多德哲学中的理性首先是指高级的人类能力，即高于感性的理智的能力，超越感性事物之上进行概念、判断、推理的能力和有效工具。”[59]理性以自己为追求目的的“思维的思维”，“是自己意识自身的自我意识，作为主观能动性与客观规范性相结合的‘目的因’，以及包含‘目的因’的最高目的，这里的最高目的就是上帝。上帝是神圣化的理性，它按照一定目的理性、有序、能动地推动着世界万物，使之趋向自己”[60]。理性因具有权衡、平衡、期望和判断的功能，而作用于支配、控制和协调所有人类行为的诸因素。总之，亚里士多德所推崇的理性既是世界的本体，也是人的最高本质，而理性能力则是人的最高能力。

最后，亚里士多德伦理德性的核心是中道。他所指的中道即是适度。亚里士多德把品质、情感与能力列为人的灵魂属性的三个种类，然后考察德性属于三者之中哪一个。情感与感受情感的能力因其具有先天性、不可选择性而断定为不是德性，但他并不否认自然禀赋在道德品质形成中的一定作用，认为德性就是在天赋的自然潜能基础上，通过朝好的方向引导、训练、实践而渐渐形成的稳固的习性，就此他把德性界定为后天训练造成的对先天能力的一种持久态度。由于情感（即快乐与痛苦的种种变形）对人的影响很大，自幼快乐与痛苦的经历伴随我们感到值得追求与否的一切东西而深深嵌入人的生命之中，感情本身没有什么害处，关键是处理方式。如果善于处理快乐与痛苦，适当地发泄自身的情感也就体现为一种美德了。确切地说德性就是情感与行为上的中道（避免邪恶、错误即情感与行为上的不足与过头）。从量上讲，“中道”即指在（无限）可分的量中取相对于我们的适中量。中道是相对于“我们的”，这适中不是抽象普遍的数学中点，而是因人而异的恰到好处。就快乐和痛苦的德性而言，中道实际上是理性与欲望相协调的身心平衡状态，德性意味着在人的心灵里建立了稳定和谐的秩序，[61]故人在此时常常能够感受到幸福。从质上讲，“如果在应当的时间，涉及应当的对象，对应当的人，根据应当的情况，为应当的目的，以应当的方式来感受这些情感，那就既是适度的又是最好的，这是美德的特征”[62]。

我们需要明确的是中道并非中间，既不是在过与不及两极之间，也不同于数学中不同数量之间求取平均的中间数字。所谓中道，完全是相对于我们来取决的适中，这是一种由理性智慧决定的，而且具有实践智慧者所决定行动的原理依据。中道更不体现为平庸，所谓中道并不等于平庸，也绝不容许道德生活中的平庸表现，德性一词的本义就是卓越，更是一种极致。因为，就某一种具体情境而言，正确的行为和情感方式除了那个确定的“适度”之外，其他的都是“过”或“不及”，除了那个确定的“幸”之外，其他的状况都是“不幸”。中道德性既是相对的又是绝对性的。中道具有相对性，要受时间、地点、条件等等的限制，因人因环境的差异而有所不同。或者说“并不是每项实践与感情都有适度（中道）的状态”[63]。这里，亚里士多德一定程度上认识到了事物发展变化的相对性和条件性。然而，他认为对于恶的、不正当的情感和行为，它们的恶性质又是绝对的。可见，在亚里士多德那里，中道德性不仅具有相对性，同时具有绝对性，是相对性和绝对性的统一。

亚里士多德伦理德性的核心是中道，这里的中道即为适度。至于如何实现那个“适度”呢？他认为要靠实践智慧。实践智慧的任务，就是在具体情境中做出适度的选择，表现出适度的品质，从而确定实践事物的真理。他认为：“一个有教养的人的特点，就是在每种事物中只寻求那种题材的本性所容有的确切性。”[64]“对于每个行为者，他所要做的，就是在当下情境中发现适度之处，把握与自身相牵连的当下世界的真实情况，从而在令世界得以如其所是地被揭示的同时，也令自身得以如其所是地被揭示。”[64]在这个意义上，行为者凭借实践智慧这一理智美德所发现的“适度之处”，就是当下情境的真理。实践智慧就是能够卓越把握其“适度之处”的理智能力，即能够确定一个具体情境中的中道。

我们在前面的分析中，介绍了古希腊梭伦、德谟克利特和伊壁鸠鲁及苏格拉底、柏拉图和亚里士多德的幸福观。他们关心人类的现实命运，尊重人的生存权利，相信人是可以选择各自的生活道路并追求幸福的生活。从总体上说，古希腊伦理学是乐观向上的，充满着积极、进取的道德修养与人文情怀。古希腊哲人们坚信，通过自身的努力人们是可以获得幸福的。

二、欧洲中世纪：基督教色彩的幸福观

随着古希腊罗马城邦国家的崩溃，古希腊的人文情怀和伦理传统日趋衰落，宗教势力日益强大，代表宗教势力的基督教思想家们以来世主义或出世主义取代古希腊伦理传统中的现世主义，使得以人自身为中心的幸福观变为以上帝为中心的幸福观，古希腊积极、进取的幸福观被基督教厌世、消极的幸福观所代替。中世纪基督教幸福观的主要代表人物有奥古斯丁（354—430年）和托马斯·阿奎

那(1225—1274年)。奥古斯丁的幸福观从反省自身的生活经历中形成的。他对自身的经历和灵魂作了深刻的反省和审视,认识到人类把物欲和情欲作为幸福来享受的原由,提出了原罪说,源于人类祖先亚当与夏娃在伊甸园受了蛇的引诱偷吃了鉴别善恶之树上的禁果,对上帝犯下了罪恶,作为亚当和夏娃的后代,人类便世代相传继承了祖先的原罪,具有罪恶的本性。奥古斯丁认识到,对于这种原罪,任何人都不能靠自己解救自己,只能依附上帝,向上帝忏悔,以祈祷上帝的"恩赐"并得到"宽恕"。也就是说,只能靠神圣的律法(上帝的律法)而行,人们才具有道德价值,才能获得幸福。奥古斯丁从自己的忏悔经历中悟到,应该向人们宣传基督教的幸福观,使人们从皈依上帝、信仰上帝中享受神恩的"赐福"。奥古斯丁全然否定了知识在追求幸福过程中的重要性,在他眼里,知识等同于信仰,仿佛一个人只要信仰上帝,便拥有了知识,并且他不希望人们具备能分析上帝、认识上帝的真正知识,这种愚昧的观点正是统治者所期望的。奥古斯丁把幸福界定为对上帝的信仰,同时提出了衡量一个人是否信仰上帝的七个主要品德,这就是:"信仰、仁爱、希望、节制、审慎、公正和坚毅。信仰,就是一种智慧(即使不具备实在的知识),坚信上帝能够把人类从苦难中拯救出来的信念;仁爱,就是既爱上帝,也爱上帝创造出来的整个人类;希望则是对上帝和未来天堂幸福的期盼;节制体现在与自己内心的恶习即对物欲和情欲的不断追逐作斗争;审慎表现为必须对善、恶作出鉴别,奥古斯丁把公正看作每一个人应各尽其责,既要使肉体归顺于灵魂,又要使灵魂归顺于上帝;坚毅则指要忍受生活中的种种不幸。"[65]在奥古斯丁看来,这七条品德不仅是信仰上帝的道德要求,也是人们走向幸福之路的行为规范。这里,奥古斯丁告诫人们不要沉溺于物欲和情欲、不要为虚浮的名誉而奔波的忠告是值得我们沉思的。但他否认尘世间的幸福追求,鼓动人们去寻求虚幻的天堂幸福,充分暴露了奥古斯丁幸福观的消极和厌世情绪,其欺骗性和虚伪性也就显而易见了。

另一位影响较大的基督教思想家是被中世纪的思想界称为"圣哲"的托马斯·阿奎那,他的幸福观是古希腊理性主义幸福论与中世纪基督教幸福论的综合与调和。首先,他提出天堂幸福是人生的最终目的。世俗的事物显然不是"一切欲望的终极目的",也不是"最完善的道德境界"和"善的顶峰",因而也不能使人们幸福。于是可以断定,"除上帝之外任何东西都不能使人幸福并满足他的一切愿望"[66]。唯有上帝才能满足存在于人类心中的欲望并使人获得真正的幸福。这样,阿奎那就把人类的幸福完全寄托在上帝身上,而"人们在尘世的幸福生活，就其目的而论，是导向我们有希望在天堂中享受的幸福生活"[67]。虽然阿奎那承认尘世的幸福生活，但在他眼里只是达到天堂幸福生活的手段和阶梯，天堂幸福才是人生的最终目的。其次，阿奎那提出尘世幸福与天堂幸福两种幸福概念，以及与其相匹配的尘世德性和神学德性来证明两种幸福的可信性。尘世德性并非人的天赋，而是通过后天的教育和实践获得的，是达到尘世幸福的必要途径。阿奎那更看重神学德性，他认为神学德性是通向天堂幸福的必然途径。神学德性是上帝恩赐的，是每个人的天赋德性，它超越了人的本性而分享了神性的一种德性。进一步分析神学德性，"阿奎那把信心、希望和仁爱看作从人性转化为神性的过程中所必备的德性条件：由信心完成人向超自然幸福理想的信仰与转化，由希望完成人向超自然目的的信仰与转化，并经仁爱的指导，使人类达到终极的目的——天堂幸福"[68]。最后，阿奎那探讨了个人幸福与社会幸福之间的关系。他认为，个人作为社会整体的一部分，不能离开社会而生存，况且，单是个体不能供给自己所需的一切东西，需要得到社会的支持和供给。虽然每个个人的私人利益各不相同，公共幸福却是社会团结的根本，因此，要治理好一个国家，首先必须关心公共幸福。个人幸福与公共幸福不仅有量的不同，还有形式上的区别，因而，公共幸福既不是个人幸福的简单相加，也不是同质的个人幸福的简单合成。虽然个人幸福与公共幸福在数量上和本质上都不相同，阿奎那还是认为不仅个人的幸福应置于公共幸福之下，而且如家庭这样的小团体幸福也应当服从整个社会的公共幸福。在坚持公共幸福为首要前提的条件下，个人幸福同时也应得到满足。尽管他强调公共幸福的重要，但是，他所说的公共幸福指的是封建统治者所谓的国家利益，而不是全体公民的实际利益。所以，"他认为最好的政体是由一个人执政的政体，而且这个人所实施的政治行为能够引导被统治者最终获得幸福。由此可见，阿奎那把实现公共幸福的最终希望寄托在某个比其他人更有天赋的人身上，实际上导致了人统治人、人奴役人的结论。况且，他所推崇的那个超凡的统治者就是上帝的化身，他以上帝一人统治整个宇宙为前提，推出了最好的政体是一人执政的政体的结论"[69]，也明显地体现了阿奎那宗教特征的幸福观。

自13世纪起，欧洲出现了文艺复兴思潮，思想家们开始强调人的自由意志，认为人类自身可以获得幸福，试图挣脱宗教的枷锁，向禁欲主义的幸福观宣战。他们主张，世间的一切物质享受我们都应该获得，随着感性主义、理性主义幸福观的复兴与发展，都为后来西方近代的幸福观提供了思想上的准备。

三、近代西方世界:幸福研究的繁荣时期

始于17世纪中期,以英国资产阶级工业革命为分水岭,西方社会步入近代时期。由于工业化大生产和资本主义的蓬勃发展,人们迫切渴望与追求幸福生活,重新审视物质利益与道德要求、个人与他人及社会的关系等问题,这一时期,涌现出一大批研究幸福问题的伦理学家,他们的研究使得人类对于幸福的思考获得了空前的发展。17世纪西方幸福观的主要代表人物有培根(1561—1626年)、斯宾诺莎(1632—1677年)、沙甫茨伯利(1671—1713年)等。培根认为,来自真理的善能够使人获得幸福,所以,"知识可以改变人的心灵,人的理性趋于知识的引导,才能辨别善恶,从善去恶,或得幸福。培根还提出了'全体福利说',他认为,人们存在仁爱之心,便具有爱他人的倾向,因而人人都会关心社会的幸福"[70]。不过,培根所倡导的"全体福利"是以个人幸福为基础的,这就与后来的功利主义幸福观一致。斯宾诺莎以人性自保理论为伦理学的出发点,把德性放在重要的位置上。他指出:"万事万物的本性都是为了保持自己的存在"[71],人也应该"在寻求自己的利益的基础上,以理性为指导,而行动、生活、保持自我的存在(此三者的意义相同)"[72]。所以个人的幸福需要理性的指导,并遵从本性生活。"幸福不是德性的酬报,而是德性自身。"[73]斯宾诺莎承认物质上的幸福,却又指出,物质幸福仅在正当、合理的限度内才构成幸福的条件,那些被财富、荣誉和感官快乐等外因诱惑而追逐感性享受的人们,不可能获得真正的灵魂的满足。同时,斯宾诺莎认为"实现个人幸福的最佳途径、最好办法不是每个人各行其事,而是把个人利益、他人利益和社会利益结合起来,在利他的同时利己"[74],是把个人幸福、他人幸福与公共福利统一起来的过程。沙甫茨伯利也提出了情感主义的幸福观,他指出人类天然具有一种爱好他人和公众利益的意向,善与福是一致的,人类的幸福就在于行善,人们在行善中体验幸福,享受幸福。

到了18世纪,赫起逊(1694—1747年)、爱尔维修(1715—1771年)、霍尔巴赫(1723—1789年)、康德(1724—1804年)等西方伦理学家们继续探讨17世纪伦理学家们曾经探讨的关于幸福的几个重要问题,并且使之深化与发展。赫起逊继承了沙甫茨伯利关于道德起源情感的观点,提出用来计算道德性质的数学公式是:德行=善的量×享受的人数。从中计算出来的能够产生最大多数人的最大幸福的行为,就是最好的行为;反之,则是最坏的行为。爱尔维修幸福论的前提是趋乐避苦。他认为快乐可以带来幸福:每个人都体验到的、转瞬即逝的是感官快乐,预期快乐则带给人们更多、更长久的幸福。他提出了拥有中等财富有

利于人们获得幸福，由于个体的社会性，通过与他人、社会的交往才能满足个人的需求，以及用法律来保证个人利益和社会利益的观点。霍尔巴赫注重以人为本体，人的行为作用与他们所处的社会环境和谐一致时，人们体验到现实生活的幸福。他认为要想获得幸福必须具备身体健康、物质满足以及高尚的精神这样三个条件。霍尔巴赫认为个人幸福与社会幸福是相互联系的，强调人人都有权享受幸福，并把能否给人带来幸福作为有无道德的标准。康德的幸福观是在批判感性主义快乐论幸福观的基础上确立的。他认为人的本质不是感性，而是理性，物质享受、财富聚敛、感官快乐等并非幸福的要素或标准，善良意志才是幸福的条件。在康德看来，道德的标准不是行为的目的和效果，而只能是行为的意图（动机），任何一个行为首先必须符合道德动机，遵照道德律令，才是通向幸福的通道。况且，善良意志本身就具有价值，就是人所追求的最高幸福。康德用“至善论”调和德行与幸福的关系，他提出三个著名假设，试图通过自由意志，依赖于来世生活和彼岸世界，把尘世间相对立和矛盾的幸福与德行调和统一起来。首先假设灵魂不朽，设想人格和灵魂不会随着生命而消失，而是无限地延续下去，寄尘世生活未能获得的幸福于来世因拥有德行而得以实现，达到至善的境界。其次，假设上帝的存在。康德认为，假设上帝的存在，我们就有了道德实践的最高仲裁者，人类社会逐步转化为由上帝主宰的德福一致的道德世界。再次，寄托德性和幸福统一于来世和彼岸的世界。

17、18世纪逐渐显露的功利主义思想，被19世纪西方幸福观的主要代表人物边沁（1748—1832年）、密尔（1806—1873年）以理论体系的形式确立下来。边沁是英国哲学家和伦理学家。他于1786年访问牛津大学时，首次提出后来成为他终生推崇和宣传的“最大多数人的最大幸福”这一伦理信条，也成为功利主义幸福观的经典表述。边沁继承了爱尔维修的人性论，认为“趋乐避苦”是人们共同的伦理追求。他提出了计算和评估人幸福的7种量度：“1. 强度，即人感受快乐的强烈程度；2. 持久性，即人感受快乐的时间长短；3. 确实程度，即人感受的快乐是否确实存在；4. 远近程度，即人的快乐感受是眼前的现实，还是遥远的希望；5. 继生性，即快乐或痛苦产生以后随之产生同类感受的机会；6. 纯度，即产生痛苦或快乐的感受是否引起相反的感受；7. 范围，即感受苦乐影响的人数有多少。依照这种计算方法，人们可以计算出最持久、最确实、最切近、最广泛、最纯粹和合算的快乐，从而去追求这种最大的幸福。”[75]需要指出的是，边沁这里的计算方法实际上忽略了幸福的质量。那么，如何实现“最大多数人的最大幸福”呢？

他从个人、社会和政府三个方面来回答的:“其一,如果一件事物趋于增大某个人的快乐的总和,或者,趋于减少他的痛苦的总和,那么,它就增进那个人的利益和幸福,或者有补于那个人的利益和幸福。这是符合功利原则的。其二,如果有一种行为,其增多社会幸福的趋向大于其任何减少社会幸福的趋向,那么,这个行为是符合功利原则的。其三,如果有一种政府设施,其增多社会幸福的趋向大于其任何减少社会幸福的趋向,那么,这也是符合功利原则的。”[76]从中我们看到,无论个人,还是社会以及政府的行为,功利原则的核心都是尽可能获得更多的幸福,并尽可能地减少痛苦。

密尔的功利主义幸福观是对边沁“最大多数人的最大幸福”观点的发展和修正。密尔认为幸福不仅在于对金钱、名望、权势的追求,更在于对道德、健康、音乐以及个体自由发展的崇尚。“他把幸福概念分为两类,一类是因它自身是可欲望的而成为幸福的一部分;一类是因它是达到幸福的手段而被看作是幸福的一个元素,如金钱、权势、德性等。”[77]他还认为人有感性快乐和精神快乐之分,并强调因满足物质欲望而获得的感性快乐比因精神满足而获得的快乐要低级,倡导人们选择精神幸福,甚至不惜为此放弃低级享受。虽然,密尔主张人人都有追求幸福的权利,在幸福面前人人平等,社会有保障这种权利实现的责任,但在个人幸福与公共幸福的关系上,他更为强调公共幸福的重要性,必要时不惜牺牲个人幸福以换取公共幸福。他认为功利主义的“最大幸福原则”是指绝大多数人的幸福,而不只是个人幸福。对于个体获得幸福不仅要求一个健康的体魄,具备一定的良好品质,如节制、坚强和谨慎等,密尔还认为美德是幸福的一部分,是人们追求幸福的手段与促进幸福的重要条件,此外,还应建立一个公正和平等的社会保障体系。

四、现代西方社会:弥漫着悲观情调的幸福观及其超越

自 19 世纪中叶以来西方伦理学称作现代西方伦理学,源于 19 世纪德国哲学家叔本华(1788—1860 年)的悲观主义情结,现代西方伦理学弥漫着强烈的悲观色彩。在叔本华的哲学体系中,意志是世界及人的本质所在,意志决定并推动着整个世界。他以意志和表象的理论为哲学基础,并将其运用于人本身,从而得出人生本质是痛苦和无聊的结论,面对这一状况,叔本华剖析了各种各样的人生态度。在叔本华看来,利己主义是人生的开端,而同情伦理是展开,人生的最高境界则是禁欲的神秘主义。这一体系中,核心是痛苦、无聊的人生本质,而对生命意志的否定则是必然的结论。在叔本华的笔下,人生是如此地无奈,或者说,

意志对于人竟是如此地恶谑，我们刚刚从前门击溃痛苦的进犯，未及喘息，无聊又悄悄地从后门袭入；我们不是与各种形态的痛苦搏斗，就是想方设法驱逐无聊，无时无刻不在挣扎、不在痛苦之中，而生活的劳碌、乏困和努力通常只是将空虚遮蔽于人们的帷幕。总而言之，从意志到欲望，从欲望到幻灭，从幻灭到痛苦和虚无，构成了叔本华悲观主义伦理学的主线。

人类跨入20世纪，随着科学技术的迅猛发展，人们获得了前所未有的物质享受与生活便利。由物质丰富所带来的一系列社会问题却导致了人们精神的空虚和灵魂的匮乏。尤其是在两次世界大战之后，人们对人生的意义以及自身能否获得幸福持怀疑的态度，出现了道德危机。于是，存在主义幸福观和新托马斯主义幸福观等伦理学理论应运而生。存在主义幸福论者认为人生就是痛苦，充满着恐惧。人的生活不仅没有目的，而且也没有任何意义，更没有幸福可言，走向死亡才是人生的真实存在。因此，学习、体验人生就是学习、感受死亡的过程。新托马斯主义幸福观是中世纪基督教幸福观在现代社会的重现，新托马斯主义的代表人物之一是法国哲学家马里坦，他是中世纪托马斯·阿奎那思想的诠释者。这里的“新”就体现在这是阿奎那基督教伦理观在新的社会历史条件下的复活和发展。在马里坦看来，我们要讨论的幸福不是理性或哲学探讨的问题，而是涉及基督教信仰的永恒的、绝对的幸福和满足。马里坦认为，永恒幸福的实质就是占有最高实在的善，那就是信仰上帝。只有信仰上帝能够给人们带来最大的快乐，所以，把信仰上帝作为一切活动的最终目的和归宿。我们无法否认，人天生就爱自己，但是，“幸福的实质不在于自爱，而在于爱上帝超过爱自己，超过爱我们自己的幸福，人类现在的苦难和盲目，唯有以‘神为中心’的人道主义才能拯救，依靠上帝、信仰上帝，使人的生活中心无限地超出现世、超出尘世的历史与局限，人类才能解脱”[78]，享受神恩的永恒幸福。

我们认为，现代西方幸福观以悲观的态度看待现实中的问题，实际上是在逃避生活的挑战，回避现实中的问题。只有相信人类自身解决这些问题的能力，以积极的态度面对人生中的种种问题，才能获得幸福的人生。这里，马克思(1818—1883)对于幸福的思考以及马克思主义幸福观是对现代西方悲观情调幸福观的超越。马克思首先认为：“必须推翻那些使人成为受屈辱、被奴役、被遗弃和被蔑视的东西的一切关系”，必须“实现人民的现实的幸福”。[79]马克思珍视人和人的幸福，指出人人都有发展自身力量和才能的愿望，都有不断丰富和充实自身的理想。满足人们最起码的物质需要，往往成为人们发展自己、丰富和充实自身所不可或缺的条件。“对于一个忍饥挨饿的人来说并不存在人的食物形式……忧心忡忡的穷人甚至对最美丽的景色都没有什么感觉。”[80]单纯的物质资料本身并不是幸福的源泉，在谈到什么样的人才是世界上最幸福的人，马克思在题为《青年选择职业时的考虑》中有极为精辟的阐述：“我们在选择职业时所应遵循的主要方针，是人类的幸福和我们的自我完善。”“人们只是为了同时代的人的完善、为了他们的幸福而工作，他自己才能达到完善。”[81]并且，劳动“给每一个人提供全面发展和表现自己全部的即体力和脑力的能力的机会”，劳动“不再是奴役人的手段，而成了解放人的手段”。因此劳动“就从一种负担变成一种快乐”。[82]由此，马克思主义幸福观的科学内涵体现在人的幸福和人的本质的统一，物质生活和精神生活的统一，个人幸福和社会幸福的统一，劳动和创造的统一。

从人的需要、快乐、财富以及社会制度等方面分析马克思主义幸福观的相关因素。马克思认为个体自身的实现，在一定意义上就“表现为内在的必然性，表现为需要”[83]。“作为一种内驱力，人的欲望是一团生命的活火。这生命的活火追逐着幸福。”[84]幸福和欲望、需要须臾不离，物质需要和欲望的满足是人们获得人生幸福的第一步。快乐是人对某种需要、欲望实现时的心理体验，快乐是幸福的伴随现象，是幸福的表征与主观形式。财富是实现幸福的外在条件，它在幸福中的地位取决于主体不同的体悟，当人类生活发展到一定水平时，财富和幸福之间必然出现背离现象。人类“种种不幸的根源，一部分在于社会制度，一部分在于个人的心理素质。当然，后者本身在很大程度上就是前者的产物”[85]。因此，人类要获得幸福，必须有适合于幸福生存的社会制度。人类生存的更好在任何时候和任何情况下都是社会的目的本身，社会应为适应人类生存的更好而不断发展变化以更好地满足人类生存的更好的需要，也就是更充分体现社会本身的目的。“制度的实质在于通过成文化、准则化、程序化，规范而引导人们的行为和管理，人在制度安排和制度建设中具有决定性的作用，人是社会的主人，更是制度的主人。”[86]

我们从马克思主义幸福观的思路出发，探讨获得幸福生活的基本途径。马克思主义认为，决定于社会存在的幸福内容以及人们的幸福观，是以同社会经济形态相适应的生产方式为条件的。为了谋求绝大多数人以至全人类的幸福，只有通过无产阶级革命，彻底推翻剥削阶级的统治，彻底铲除私有制，彻底变革社会经济制度，实现人的解放和人类的幸福。到了共产主义条件下，人们将有可能通过全面的发展丰富和完善人的本质，在最大限度内获得个体乃至全人类的幸福。马克思立足于社会物质生产和人们的社会存在这个历史唯物主义的基本前提，具体而深刻地阐述了如果人的物质，精神活动及其产物变成异己的力量转过来支配、统治人本身，“则人所具有的正常的人性和本质被压抑、扭曲，甚至否定，‘为物役使’那么无乐而言，只有做到‘重己役物’，消除异化才能拥有真正的幸福”[87]。马克思进一步指出：“如果我们选择了最能为人类福利而劳动的职业，我们就不会为它的重负所压倒，因为这是为全人类所作的牺牲；那时我们感到的将不是一点点自私而可怜的欢乐，我们的幸福将属于千万人，我们的事业并不显赫一时，但将永远存在。”[81]马克思认为人生的价值和意义就在于为全人类的解放和幸福而奋斗，人类幸福的归宿就是为全人类谋幸福和为共产主义事业而奋斗的过程和实践，“伟大的人生目标不仅充实我们的生活，也将为我们化除现实人生的烦恼，为战胜人生征途中的种种痛苦提供动力，树立以苦为乐的生活态度，为全人类的幸福而奋斗、奉献自己的一切的人是最为幸福的人”[88]。关于道德与理想，强调德性有助于人们形成正确的财富观，更好地处理财富与幸福的关系，提升人们的幸福体验能力，促进并实现财富和幸福的和谐共生。幸福的实质在于理想境界与现实境界的统一，在于达到目的与不断提出新的目的的统一。进而马克思主义者宣称，“充满着为社会现实与理想相统一而进行伟大斗争的时代，才是真正幸福的时代”[89]。

第四节　文化与历史的交融：思考学生幸福的逻辑起点

综观各个历史时期中西方不同的文化传统与幸福观的演变历程，我们发现东西方文化传统的差异直接影响人们对于幸福的理解，形成形态各异的幸福追求与幸福观的宏观脉络。教育是一种文化现象，各个历史时期文化发展中呈现出的特征都会不同程度地反映在教育上，一种文化观念常常印证一种教育观，况且，文化正是借助于教育而达成人的社会化及价值意识的构建。以文化的视角透视东西方教育思想变革之于个体幸福的影响，进而在文化与历史的基础上确立思考学生幸福的逻辑起点。

可以说，我国与西方的文化呈现出不同的传统与幸福意蕴，而思考学生幸福的前提需要再次回到教育文化史对于个体幸福的理解上来，以便找寻历史上中西方关于学生幸福的根基与起点。《论语》以“学而时习之，不亦说乎”开篇，首章凸现的“说”、“乐”二字，显现了以儒学为核心的中国教育文化的精神就是此世间的快乐，就是通过学习知识技能并亲身实践而学会为人处事，在有益于他人、社会与自己的过程中收获学习的快乐与成长的幸福。当论及学习的方法与受教的态度时指出“学而不思则罔，思而不学则殆”，以及“由，诲女，知之乎？知之为知之，不知为不知，是知也”。既体现了认识论中“感性无知性则盲，知性无感性则空”的思想，也揭示了个体受教过程必须认识自己的有限性，才可能有所突破与超越的深刻含义，这里呈现的不只是高深的道理，更是学习的态度与生活的修养，它并不构成社会性公德，而只关乎个体的终极关怀。[90]由此在“攻乎异端，斯害也已”的宽容与大度中认可个体选择的自由和权利，承认并允许多元价值观的存在，才能在“民吾同胞，物吾与焉”的关注下成就每个生命个体(包括动物世界)平等的生存权利与幸福追求，进而维系整个社会的安定与幸福。进入20世纪80年代，出于对愈演愈烈的“应试教育”的不满，我国各地都有学校开展以“愉快教育”为宗旨的教改实验，致力于“让孩子们都有幸福的童年，美好的心灵”的办学理念，并逐步形成“要使每个学生有幸福的童年”这一鲜明的主题，不仅关注于儿童的幸福童年，更期望愉快的童年生活长留在孩子们的记忆之中。如此说来，从古至今，我国的文化从未停止过对于幸福的探寻，我们的教育从未忽视过学生的幸福，也曾经给予个体关于自由、权利与平等的终极关怀。

古希腊是西方文明孕育与发展的源头，也萌生了西方最早的教育思想。古希腊在智者派创始人普罗泰戈拉的“人是万物的尺度”的宣言中，开始了“认识你自己”的反思，确立了世界上一切价值判断的主体是人而不是神的理念。后经苏格拉底的“未经省察的生活是不值得过的”断言进一步揭示了人的主动精神的根源，唤醒学习者理性反思的意识。柏拉图沿着美德与知识的关系继续思考，指出教育乃是转向理念世界的一种“心灵转向”过程，关注儿童的身心和谐与自由。到了亚里士多德，则旗帜鲜明地提出“效法自然”的教育法则，主张根据儿童不同年龄阶段的特征展开教学，注重德、智、体各方面的和谐发展，不仅开启了西方教育史上自然教育的先河，仍是今天以至未来世界教育的理想与追求。此外，亚里士多德关于“善作为活动的目的”、“幸福作为最高的善”，以及有智慧并过着沉思生活的人最幸福等观点都融入他的教育思想之中，明确将求知与人生幸福联系起来。倡导以自由学科为基本内容的自由教育促进儿童的各种高级能力和理性的发展，理性的运用和发挥即是“心灵合于完全德行的活动”。在活动中，理性通过对激情和欲望进行调解而实现人之为人的存在目的，这就是善行，也就是幸福。在亚里士多德看来，人只有在对理性世界的追求中才能实现自己的最高本质，达到一种至善至美的理性自由的境界，即幸福。如果说古希腊三哲所面对的是一种具有人文情怀的“自由人”，文艺复兴则高举人文主义的大旗，肯定和赞扬人的价值和尊严，解放人的个性，发展人的能力。在教育上，演化为以“人”为中心的人文主义教育，关注儿童的自身价值与自由发展，使教育真正回归到“人人都享受的权利”这一本原上。

具体来说，夸美纽斯把儿童比作“上帝的种子”，视为“无价之宝”，告诫人们要像尊敬上帝那样去尊敬儿童。倡导教育适应自然的原则，认为游戏是组织愉快的幸福童年的教育手段、未来生活的预备。卢梭在他的“人性善”和“社会恶”的思想基础上，探讨了自由、平等主义的教育思想，提出自然发展的儿童教育观。18 世纪法国的启蒙运动是由文艺复兴以来自然科学从文化上直接孕育的，呼吁人生而自由、平等，一切人皆有追求生存、幸福的权利，这种对人的解放与人的尊严的肯定正是启蒙思想的精髓所在。[91]基于此，卢梭将儿童看作是独立于成人的个体，确立童年的理念与价值，让儿童享有与之身心发展相适应的童年生活，并为日后的发展奠定基础，无疑是最具人性的儿童观。20 世纪是人类社会快速发展和巨大变化的世纪，这一时期工业化进程中逐渐暴露出来的旧教育体制、内容、方法及其理论依据和现代社会要求的新型教育之间的冲突与碰撞，成为美国进步教育运动的客观必然，教育改革势在必行。杜威明确表态“自然要求儿童在成人以前还是儿童。……儿童时期有它的思维、观察和感知的方式”[92]。儿童是儿童，不是小大人。尊重儿童时期就是尊重生长的需要和时机，儿童有享受他儿童时期的幸福的权利。因为自由与平等从属于民主的范畴，“民主主义的问题是个人尊严与价值的道德问题”[93]。教育的自由意味着遵从理智的自由，运用科学的方法，走向一种美好的社会生活。这里的平等意味着对于每个个体的特殊性与差异性的尊重，意味着个性的充分发展，简言之，每个人既享有平等的机会来满足各自的需求，也应该有机会贡献他可能贡献的任何东西。杜威倡导“从做中学”，意味着从直接的环境中所获得的知识、经验以及通过训练得来的应付环境的能力，才真正有益于儿童的学习与成长，有助于儿童适应环境而成为独立和幸福生活的人。无论英国教育家怀特海所提出的教育应当追求学生的幸福，学生的幸福涉及“自身目的”的内在需要的满足，又一次谈及自由教育一直强调的个体自主精神，并表明所谓“受教育的人”就是能够追求自身幸福并带给他人幸福的人，还是美国斯坦福大学诺丁斯教授所提出“幸福应当成为教育的目的”的命题，并分析了幸福与教育的内在一致性，确立良好的教育增进个人与公共的幸福，这里，诺丁斯更多地关注如何培养追求幸福的人，以至于让学生享受学校生活，即探寻“学校与课堂中的幸福”。这样看来，从远古到现今，西方人一直在寻觅幸福的足迹，西方各国的教育者一直在思考儿童幸福的问题，并且始终把自由、权利与平等看作个体幸福的必要因素，始终把基于自由、权利与平等基础上的个体尊严视为教育的使命与学生的幸福。

基于对东西方教育文化的历史考察，我们意识到，我国抑或西方自古以来对于幸福的言说与期许，既表达了人们对儿童幸福的渴望，也体现出有碍儿童幸福的传统教育的影响仍然十分强大，这无疑在强化中西方教育变革的同时，使得人们对于幸福的自觉认识再次受到蒙蔽，从而对学生幸福具有了更加复杂、漫长的期待。但另一方面，我们已经看到，通过古今中外历代学者的探索为儿童呈现了新的希望，不管是儒家的“乐感文化”，还是“愉快教育”，还有古希腊三圣的人文情怀，夸美纽斯适应自然的原则，以及卢梭的自然发展儿童观，杜威对于儿童权利、自由与平等的主张，以及诺丁斯关注培养幸福的人的主张，似乎都印证了这样的结论，那就是关于人的问题拒绝决定论或简化论的观点，坚持认为儿童虽然并不享有完全的幸福但是教育在某种程度上仍然可以有所作为，并以此作为思考学生幸福的逻辑起点。

第二章　解读学生幸福的现实意蕴

人类对幸福的追逐穿越时空，跨越地域，不变的是其深刻的理解与深远的蕴涵。作为既成历史的幸福渊源，只能借助文献、实物以及观念的存留去解读与审视，这样或许会因为“中间者”的歪曲以及研究者自身理解的偏颇而难以看清它的全貌与深层含义。由此，基于现实的多维度透视或许可以为学生的幸福提供坚实的基础与有力的支撑，进而给出现实意义上的学生幸福之真谛。

第一节　拥有尊严：学生幸福的现实意蕴

一、学生幸福的多维度透视

幸福是个深刻而复杂的多元概念，既表现为生活中难以避免的痛苦或者快乐的心理体验，也涉及道德与幸福辩证统一的伦理界定，还在“我是谁？我在做什么？我为什么要做？”这样的哲学反思中追问着，不仅思考个体幸福的心理学基础，也探寻尊严与权利之于学生幸福的理论支撑，不仅关注物质层面，更追求精神的愉悦与满足。下面主要从伦理学、哲学、心理学的视角透视尊严、权利以及目标与态度之于学生幸福的理论依据，以期为学生幸福的现状剖析以及精神建构奠定理论基础。

（一）尊严的守护：学生幸福的伦理学支撑

伦理学主要关注一种关于价值的思考，而人之为人就在于有追求比个体生命更高价值的需求，正是因为那些“从永恒角度”得以理解的价值才使得个体生命具有超越生理生命的意义。人在本质上是共同体的存在，基于诸多需要、兴趣、利益、责任和义务等基础上共同实践与生活的过程，随着生活与实践的不断深入而形成相对独立、自觉、理性的自我价值，这种价值具有使人之所以为人的普遍性质，即人性。正是在人性的基础上，产生了人的尊严的观念。“因为在伦理上谈论人及其生活问题，这就不得不思考关于人的生存(涉及生命、生活、生存的方式)的尊严，在这个意义上，所谓人的尊严，其实是当作人及其生存的尊严来思考的。”[1]也就是说，在本质上人及其生存这个事实本身包含着尊严的含义，“而人及其生存的尊严又是其他东西所不能决定的基础的基础”[2]，这样，人的尊严可以称为现代伦理学的一个基础，并作为自由、平等、权利与幸福等诸多伦理价值评价的基准。个体的人毕竟生活于社会之中，这就需要社会为人们的生活着想，而生活着的人们一直在追寻着各自的幸福，因而每个社会都必须为幸福创造条件，所以，幸福问题是全部伦理学问题的开端，而人及其生存的尊严则是幸福的根基与涵义。

在西方，按照斯特潘尼亚思的勾画，人的尊严观念经历了三个历史阶段：从古希腊开始到康德，这一阶段为尊严理念的哲学—神学时期。斯多葛派、西塞罗、阿奎那、皮科以及康德等人，都对“尊严”进行了富有价值的哲学阐述。到了19世纪中叶，尊严观念进入了所谓的政治时期。在拉特尔、普鲁东的眼里，尊严理念构成了指引工人运动为赢得合乎人之尊严的生活条件而奋斗的一面旗帜。从20世纪中叶开始，尊严理念进到了其关键的法律建构期。基于对德国纳粹灭绝人性的残酷暴行的深刻反省以及亚非拉中小国家反对西方殖民主义、种族主义的民族解放运动的政治需求，人的尊严与人权两个概念同时进入《联合国宪章》及《世界人权宣言》，以此为标志，尊严作为人类的一种重要价值开始固化为一项为国际社会以及全球文化所普遍认同的法律原则，[3]同时也成为一种普遍流行的国际性的伦理词汇。

在我们的生活中处处可见价值真理。一首乐曲之所以不是噪音，就因为有着优美的旋律；一项法律制度之所以有效，就因为代表正义、公正且普遍适用；一名教师之所以受人尊敬，就因为具有独特的教师职业道德；一个人之所以不只是具有生理现象的存在，就在于有着做人的尊严。关于尊严，我们在孟子“人必自悔然后人悔之，家必自毁然后人毁之，国必自伐然后人伐之”的告诫中，在苏格拉底“不要使对肉体和财富的顾虑优先于灵魂的最大可能的实现，而且不要更加热心地致力于此”的劝告中，抑或在释迦牟尼“人如果知道爱自己的人，就能很好地保护自己”、“唯有自己是自己的主人，他人怎么会是(自己的)主人呢？很好地调节自己，就获得了难得的主人”、“只有战胜唯一的自己才是实际上最大的胜利者”的教诲中，还有亚里士多德“一个人的尊严并非在获得荣誉时，而在于本身真正值得这荣誉”的言说，以及文艺复兴时期，皮科·德拉·米兰多拉在人能从道德和智慧上选择自己的生活方式，并以此为目标形成自己本身的自由中来理解“人的尊严”。[4]在21世纪的今天，人类进入了全球化时代，这个全球化首先体现在由生产、金融以及科技全球化形成的经济全球化。在经济全球化进程中，人们在获取极大丰富的物质财富的同时，也不得不面临诸如能源、环境、生态、恐怖、毒品、金融、网络等国际性问题，这些问题单靠一个国家的政府无法解决，必须寻求多极均衡，多元共生的价值理解。因为，在这样一个彼此牵连、荣辱共生的全球化状态下，重要的并非个人的财富积累，而是自我修养；并非战争与冲突，而是理解与合作；并非拓宽疆土，而是人类尊严的守护。

人是生活而不仅仅是生存，也就是说人不单要活着而且要追求生命的价值，探寻生活的意义。人对自己生活意义、生命价值的思考与追求，是人为自己的奋斗寻找精神支撑，是人的高级精神需要，确认自己在社会上的价值以及与他人的意义。“追求幸福是个人的事情，但人的存在总是在人类中存在，人的存在是依存性的，是一种与他人共在状态。他人的存在不但永远是无选择的给定条件，而且是每个人所必需的存在/生活条件，进一步说，他人还是任何人获得幸福的必要条件，当然他人同时也是破坏任何人幸福的原因。”[5]因此，“除非得到他人的帮助，否则幸福终究是不可能的——幸福属于自己，但却是来自他人的礼物”[6]，从这一意义上说，没有比给予他人幸福更具道德光辉的了。所以，一个人要得到某件东西，他就必须有所付出；一个人要享有某些权利，他就必须承担某些责任和义务；一个人要受到尊重，他就必须拥有人及其生存的尊严，如此等等。

人活着是为了实现各种可能的幸福生活。幸福不仅仅是来自某种行为的结果或者动机，而更多是来自具有自成目的性的行为本身。幸福生活与有意义的生活是同一的，诸如正义和权利等问题如果不以幸福或生活意义问题为前提，则是无意义的，甚至不存在。“伦理学的根本观念只能在一种由存在论所引出的目的论形式中来表述，或者说，伦理学所必需做的事情是发现关于幸福生活的真理，而不是推荐给人们某种意识形态。任何一种意识形态，无论是宗教还是规范体系，都是反道德的。”[7]我们可以说为了幸福而追求其他一切东西，却不可以说追求幸福是为了其他任何目的。所以,追求幸福乃人之本性。幸福不可能是用来达到其他快乐、其他善的手段,从这一意义上说只有幸福是绝对的目的善,是至善。当一个人处于艰难困苦的境遇、面临巨大的灾难时,能够顽强地活着并坚持自己的理想,源于寄希望于未来,相信明天会更好,幸福终会降临。可见对未来幸福的憧憬是人生中不可或缺的,是人生的动力,人的精神支柱,也是人及其生存所应有的尊严。

不论什么社会,不论什么人,只有低级需要得到最低限度的满足,他的高级需要才可能产生,这是个体追求幸福的先后规律。快乐和幸福的久暂规律则与其等级的高低成正比:快乐越低级,其心理体验就越短暂;快乐和幸福越高级,其心理体验就越持久。[8]任何一种需要的满足,对于人生存的价值和发展的价值都是不一样的:物质需要、生理需要对于个体生存的价值无疑是最大的,而自我实现的需要对于一个人的发展价值是最大的,所体验到的幸福也是自足的精神上的。因为,自我实现是一个人的创造潜能之实现,而创造潜能之实现是个体发展的最高境界。人的欲望得到满足时,他之所以愉快、振奋、高兴,是因为欲望的满足包含着对人的价值的肯定和人对自我价值的认可。[9]这种肯定不仅来自公众对他人生价值的认定,更为重要的是来自个体深刻的肯定性的自我评价幸福感,所以幸福更多地来自创造性生活。生存作为一个自然过程,无所谓幸福与不幸,假如一个人的某个行为本身是自成目的的,并且这一行为在操作上是创造性的,在效果上是给予性的,那么这一行为必定使他获得幸福。[10]因为,首先,幸福是拥有健全生活的经验,是全部生活行为所追求的持续性状态。也就是说幸福寓于每个人追求各种可能生活的过程之中,寓于自己的创造性行为之中。其次,幸福是一种行为的活动过程本身就能够产生的感受。

一个人要获得任何的幸福都不可能一蹴而就,都需要时间奋斗才能实现,而求得幸福的努力过程又是由若干小目的或预期的阶段性结果组成的,可以说个体是由过程幸福走向结果幸福的。人与社会是统一的,只有融入社会,在社会中充分实现自我价值,在对社会、他人的尽职尽责过程中实现人生的意义,此时的幸福可谓道德幸福。道德与个体幸福的关系主要体现在道德规范、德性与个体的矛盾统一上:从道德规范对人的调节关系来看,道德规范是人幸福的必要条件。对于人类社会而言,有道德规范,虽然不存在必然的幸福,但没有道德规范,对于社会中的大多数成员来说,则必然是不幸福的,至少不存在长久的幸福;从道德规范对人的制约作用来看,没有道德规范对人的欲望加以制约,人类本身的欲望就会泛滥或者陷入欲望的苦海不能自拔。这说明道德规范对于个体追求幸福本身具有规范与导向的作用和功能。[11]人既是政治的产物，也是社会性存在，因此，人的德性还表现为公正和友爱，个体需要在社会中把握自己的德性幸福，而友爱作为人与人之间相互吸引的品德，是德性幸福的必要组成部分。这也说明，只有使一行动本身成为幸福的，才会有真正值得追求的幸福，“不仅结果需要是好的，而且通向结果的行动本身也必须是幸福的，否则不可能有完整意义上的‘连续性的’幸福，这就是问题之所在”[12]。真正的快乐往往与亲身的探索过程有关，人的价值与尊严更是在有利于他人、社会的实践活动中得以彰显，幸福就更是如此。如若站在宇宙的高度觉解人生，认识到人不仅是社会的一分子而且是宇宙的一分子，精神不再受限于自我的世界，能在更广阔的精神世界里翱翔，他所享受的幸福也就不再仅限于现实的世界，他能享受绝对的自由和绝对的幸福。这里提出了一个超道德的天地境界，使幸福不仅限于社会道德层面，而有了超社会的精神层面，[13]对幸福有了更高一层的阐释。

幸福，就其形式、样态来说，是主观的心理体验，具有主观性；就其内容、内在本性来说，是个体精神需求的满足，存在发展的完满，因而是客观的，具有不以人的意志而转移的客观性。所以，幸福既具有主观性又具有客观性，是主观与客观的统一。[14]可以说，幸福至少具有两个根本特征：终极性。这是从幸福的过程性来说的，幸福本身就是个行为过程而不是一个美好的结局。意义性。这是说追求幸福的行为本身就可直接给人一种幸福感，而对结果的追求仅是一种“苦尽甘来”的心情，此种结果是为“利益”而非“幸福”。幸福首先是一种主观体验，主观性是幸福不争的前提。“任何与幸福有关的价值体验，如权利、自由、平等、自主等最终都要由具有生命感受性的个人来承担。如果个人幸福是社会终极价值之一，那么，任何以所谓集体幸福为由而对个人幸福单方面的剥夺，均缺乏正当而充分的理由。集体或团队的‘有机主义’，常常是个人幸福遭侵蚀的主要原因。”[15]任何一个社会，任何一种严肃的伦理观都必须在人与人的关系中考虑幸福的理性，兼顾个人幸福与社会整体的幸福。如果说德性的实质是理性，幸福就是灵魂符合德性的活动。从另一个角度看，如果过度崇扬公共幸福，国家利益，“扬公”、“去私”、“明理”、“去欲”脱离于个人幸福的面目出现，把追求幸福同重公义而轻私利相联系，为整个社会规定了一种道德理想，把个人幸福从属于社会幸福，成为民族强大的凝聚力、生命力的源泉方面，具有积极的意义。我们也要看到，如果过度地推崇所谓国家的利益高于一切，扼杀个人的正当权利、幸福欲望与追求，从而把个人幸福同社会整体福祉对立起来，则有着极大的消极影响。因为任何一种偏激与对立丧失的正是美好的人性与真实的生活，践踏的正是人及其生存的尊严。

尊严并不是一个有待于追求的理想或者目标，而是一种根植于人的内心和本能的需求，表现为每个人的本质性特征，或许人们并非时时刻刻都能感受到它的存在并体会到它的涵义，然而当人及其生存的尊严受到侵害与威胁时，人们便迫切探寻它的内涵及其价值。尊严这一概念是历史与文化的产物，“其法律化来源于人们对纳粹以及殖民主义者野蛮暴行的深刻反省”[16]，通过反省使人们认识到绝对不能对自己的同类为所欲为，绝对不应该肆意地践踏他人的尊严。因为谁不渴望和平与美好，谁又不期待幸福与文明。我们能够将尊严表述为一种幸福的体验，说明人类暂时告别了野蛮的历史，主动放弃了优胜劣汰、弱肉强食的自然选择，走向人性，走向共生，走向文明与幸福。不难看出，尊严观念在伦理学中占据着特殊的地位，因为它体现出一种核心的道德价值与人文关怀，蕴涵着个体的尊严与幸福关联着整个社会乃至于全人类的福祉。

（二）权利的提出：学生幸福的哲学根基

哲学作为人类的智慧之学，自产生之日起就一直在反思着“我是谁？我在做什么？以及为什么要做？”这样一些人类的基本问题。哲学更多地关注生命的本源，生活的意义，从心灵中发掘幸福的源泉，从需要中开垦人从事一切活动的驱动力。从这个意义上而言哲学是提高生命境界的一种生存方式，哲学就是一种生活方式，一种教育的形式，引导我们从物的、功利化的生存方式中超越出来，走向“诗意地栖居在大地之上”的境遇之中，找到心灵安顿之所在。哲学启发并扩展人的主体性存在，提升人的主体意识，上升到对人之为人的根本问题的关注。今天，我们正是要在现实周遭之中，在面对历史与永恒的过程中，显现我们之为人、为独立个体存在的价值与尊严。这样，我们既能感受到科学技术带给我们的方便，又能享受到哲学带给我们精神上的生命超越，生活在意义的发现、精神的富足、幸福的追寻之中。

理性的人类不仅仅满足于生存，更重要的是学会思考人生。在我们思考人生的发展趋势和道路时，需要把握与认识这样一个辩证的、意义普遍的规律，即每个自主的人都要经历由认识自我到实现自我再到超越自我的辩证运动过程，“这个辩证过程中，人不断发展与完善自我，获得人生的意义，提升做人的价值并体验人生的快乐与幸福。一部人类的发展史就是这样一部对幸福的追求史，通过对幸福的追求而不断探究人的存在意义、存在方式、存在内容的反思史”[17]，也从一个特定侧面反映了人类自身的文明进化历程，揭示了人类自我批判、自我提升、趋向圆满的求索历程。

一旦社会经济有所发展，文化教育不断进步，人们渴望摆脱统治与压迫并试图消除各种不平等以确保权利平等的要求逐渐呈现，这种要求一旦提出就得以迅速扩大并逐步获得超出个别国家范围的普遍认可，也自然地把自由与平等视为个体权利的基本涵义。可以说，各个不同的历史时期，不同的社会制度赋予个体不同的权利，这些权利是受制于不同的经济与文化条件下的历史范畴，也是社会经济结构以及由经济结构所制约的社会文化发展的产物。权利，既包括人所固有的、不可剥夺与让渡的基本人权，也包括作为公民的身份权，还融政治、经济、文化、社会权利于一体。因为“只有在创造了使人可以享有其政治、经济、社会及文化权利，正如享有其基本人权和公民权利一样的条件情况下，才能实现自由人类享有免于恐惧和匮乏的思想自由”[18]。人的尊严与独特之处就在于能够思想，就在于拥有自由思想的权利，在像他所能够那样的思想中履行自己的义务，在权利与义务的行使中守护自己的尊严，在人的尊严与价值的尊重之上追求自身的幸福与社会的发展。至于平等，卢梭则认为人类存在两种不平等：

> 第一种，我把它叫作自然的或生理上的不平等，因为它是基于自然，由年龄、健康、体力以及智慧或心灵的性质的不同而产生的；第二种可以称为精神上的或政治上的不平等，因为它是起因于一种契约，由于人们的同意而设定的，或者至少是它的存在为大家所认可的。这种不平等包括某一些人由于损害别人而得以享受的各种特权，譬如：比别人更富足、更光荣、更有权势，或者甚至叫别人服从他们。[19]

这两种不平等实际上透射出的是权利的本原缺失，事实上反映的是“人生而平等”的偏颇。透过自然意义上的人所先天具有的不平等而致使部分权利的丧失，不过是作为生理现象的人的实用性外在价值的减损，就像一件商品在与其他物品交换时的价格不对等一样。不过，人超越于一切价格之上的价值就在于具有道德实践理性的人格，这样品性的人并不仅仅是达成自身以及其他人目的的手段，而应当被看作目的本身，也就是说，人拥有一种凌驾于自然与生理之上的绝对的内在价值，即尊严。借此迫使所有有理性的世间存在者在平等的基础上评价自己的价值，在价值对等的条件下行使自己的权利，追求自身的幸福。这种权利源自于自身内在价值的实现，弥补甚至超越了先天的缺陷与不足，这种权利根植于人的尊严的彰显，成就一个肩负着理性赋予他义务的人，这种权利致力于自身的幸福追求，并在追求过程中体验幸福的意蕴。另外一种不平等，也不是权利捍卫的天然屏障。“社会秩序乃是为其他一切权利提供了基础的一项神圣权利。然而这项权利决不是出于自然，而是建立在约定之上的。”[20]这说明，社会契约并没有破坏自然的平等，相反人与人之间身体上自然的不平等却是以道德与法律上的平等来弥补的。只有合法的权力才是人们必须服从的权利，父母在一定时期内对儿女也只有养育的权利，并没有束缚的合法性。即使在奴隶制度下，纵使在战争年代里，作为奴隶主或者征服者都没有剥夺他人生命的权利，也不具有侵占他人幸福的合法性。因为，集体正是在保证每个人自己合法享有财富，使享有变成为一种真正的权利的基础上接受个人的财富的。因为社会契约正是通过一种形式的结合而得以借助全部共同的力量来保卫和保障每个结合者的个体权利，使得每一个与全体相联合的个人既能够实现其自身的幸福，又得以促进他人以及社会的福祉。这种契约使得每个结合者及其自身的权利首先转让给整个集体，“再从任何一个结合者那里获得自己本身所渡让给他的同样的权利，所以人们就得到了自己所丧失的一切东西的等价或者更大的力量来保全自己的所有。这样，人类由于社会契约而丧失的，乃是他的天然的自由以及对于他所企图的和所能得到的一切东西的那种无限的权利；而他所获得的，乃是社会的自由以及对于他所享有的一切东西的所有权”[21]。

从观念上看，可以把权利分为道德与法律两个范畴。就人应当具有的权利而言它首先具有道德价值，这里的“应有”体现的是一种价值观念，是对人自身的一种肯定，对人的尊严和价值的确认和维护。同时，权利又意味着法律效用，“法律权利主要指法律关系主体依法享有某种权能或利益，它表现为权利人可以为一定行为或不为一定行为，也表现为要求义务人为一定行为或不为一定行为”[22]。权利与义务相互依存、制约，在一定条件下可以互相转化，任何权利都对应着一定的义务，正是依靠义务的履行来行使自己的权利的，权利的可能与限度无法逾越义务的内容与范围。或许“世界上没有比父权的温和与专制政治的残暴更相径庭的了，因为父权的行使与其说是为了命令者的利益，毋宁说是为了服从者的利益。依照自然法，父亲只是在他的子女还需要他的扶助的时候，他才是子女的主人。过了这个时期，他们便处于同等的地位了，子女完全脱离父亲而独立，对父亲只有尊敬的义务而没有服从的义务，因为报恩只是一种应尽的义务，而不是一种可以强求的权利”[23]。不管父母或者权威政府表现出如何的关爱与仁慈，只要代替个人决定与他有关的事宜，就体现出最残酷的专制特征与权利剥夺。这说明权利意识必须得到认可才具有合理合法性，个体如果只从自身的角度单方面地表达权利欲求并不意味着获得了控制他人的权利资格。权利意识并不等于权利资格，因为资格的认定需要参照系，需要符合人们认可的道德或者法律的考量，也必须成为一个社会性的事件。人毕竟生活在社会之中，“权利要求的有效也就需要放到社会关系中思考，在权利与义务的对视中寻求认定”，在道德与法律的限制下衡量限度，否则，人很可能陷入唯我主义的漩涡。所以说，“除了以自我利益和欲求的表达为权利认定的前提外”，还必须接受组成社会生活的那些道德和法律规范的审视，当自我的利益和欲求经受住了道德的检验，那么这种利益和欲求就转变成道德权利，[24]当法律认定这种欲求是合法的，那么这些利益和欲求获得了法律资格，转变为法定权利。从这一意义上看，拥有一项权利就意味着有提出某种要求的资格，意味着享有一种正当的诉求，意味着人的价值与尊严得以尊重和维护，个体的幸福追求也获得了前提性的保障。

在个人追求自己的幸福过程中，他的权限必须控制在自己的幸福追求不与他人追求幸福的权利相冲突，或者以任何方式对集体与社会产生危害。每个人都有追求幸福的权利，人与人联合起来组成集体与国家，要求国家通过强制性的法律保留自我决定的权利，保证人们对他们自己的幸福追求不会对他人产生危害并受到他人的妨碍，目的还是实现自己的幸福并通过个体的幸福达到全社会的福祉。

柏拉图曾经说过，哲学根源于惊异。“惊异是人类爱智慧的基本素质和前提。它不但是人的一种淳朴的心灵和未泯的童心，更重要的是它可穿透一切熟视无睹、司空见惯的教育现象，将人们从对教育问题漠然与迟钝的状态中唤醒，从关怀人类终极幸福的意义上”[25]审视教育、关注儿童。当人们以惊异和科学怀疑的眼光关注教育现象和教育现实时，“教育价值的疑问”和“教育意义的困惑”随之产生。对此人们应以“入世”与“出世”两种姿态，从对人类幸福和人生意义的“终极关怀”的视角，感受、观察、体验、理解教师和学生在教育生活中的境遇与状况，以及现实教育对社会文明和人生幸福的意义，进而追问：什么是教育？什么是良好的教育？教育的真谛是什么？现实教育符合人类对幸福的追求吗？等一系列问题。从这一意义上说，教育以一种问知的方式敞开个体人生通向未知与无限的大门，伴随个体寻求生命突围的冲动，让人从无知走向有知，从小我走向大我，从有限走向无限，从当下走向未来，从个人走向世界，扩展个体的生存状态，提高个体的生命质量而实现个体的幸福追求。

哲学是人学，教育是育人，两者研究的焦点都是人、人生及其意义。柏拉图说教育的最高形式是哲学；而哲学是对智慧最高、最重要的或最完整事物即德性和幸福的追求。这样，哲学致力于不断开启个体人生通向德性和幸福的心灵之窗，也是其使命的本源追求。哲学的基本问题是否同时也是教育哲学的基本问题？哲学的基本领域如存在论、知识论、方法论等等，是否同时也是教育哲学的基本领域？我们认为，教育哲学所考虑的"人的问题"至少包含三个基本主题："其一，人与自我。具体包括：人的'身体'及其对本能、本性与精神生活的追求；人究竟如何满足自己的本能与本性？人究竟如何维护自己的独立精神、行动能力与创造冲动？等'身体哲学'的视野。其二，人与他人。具体包括：人与人之间的竞争与自由；人与人的差别与平等；人与人之间的敌视与关爱；人与人之间的统治与民主等'政治哲学'的视野。其三，人与自然。具体包括：人对自然的破坏以及自然对人的报复；人对自然敬畏以及自然对人的回报等'生态哲学'的视野。"[26]可以说，如果教育哲学关注人的身体(及其本性与本能)；如果教育哲学关注了人的权利(自由、平等、关爱与民主)；如果教育哲学关注了人的生存环境等问题，教育就有了一个美好的开端，个体的幸福就有了切实的保障与可能。

从个体存在的意义而言，人是幸福的享受者，个体有生理的需要，即身体健康和物质生活的保障，也有心理的需要，期待尊重和爱的浸润，渴望心灵的自由与空间以及自我梦想的追求与实现。自然人之生命之所以有意义与价值，是因为人人都有求生的欲望，并在生命的历程中能够追求到幸福。而人的生命是如何获得意义和价值的，又是如何以此意义和价值为基础而向国家、社会和他人争取自由的权利、平等的权利、生命权利和财产权利等自然权利，不仅因为这些个体权利既是人类的理性，代表了最基本的社会公平、正义、道德和良心，也是个体通过拥有并维护这些权利进而维护整个人类的安全和幸福的基础。

(三) 目标与态度的产生：学生幸福的心理学基础

下面具体从马斯洛的需要层次理论与积极心理学两个方面论述学生幸福的心理学基础，确立生活目标与生活态度作为学生幸福的心理学依据。

1. 马斯洛需要层次理论

以马斯洛、罗杰斯为代表的美国人本主义心理学是19世纪五六十年代形成的一个心理学学派。人本主义心理学家认为单靠财富、繁荣、技术进步等等是不可能带给人类真正的幸福的，开始思考在现代化生活条件下如何将人们的幸福最大化，认为心理学应该深入人的内心世界，关注人的独特性、主体性和整体性，研究人的主观体验，人的价值、尊严等问题，再一次将心理学的研究视野拉回到人本身，试图恢复人的尊严，凸现人的自身价值。

马斯洛认为个人是一个一体化的有机整体，任何受到触动与刺激的部分都以完整的人的感受来体现，或者说，并不存在某一部分或者器官的需要，而只能是这个人的需要。当某一部分的缺失与饥渴得到填补和满足时，也是整个人获得了满足感。如果我们观察日常生活中个人有意识的欲望时，则会发现这些欲望通常是个体达到某些目的的手段而非目的本身的需要，例如一个小学生突然一段时间学习十分刻苦，原来，他渴望在接下来的考试中取得好成绩而获得一面小红旗，因为他的好朋友都得到了小红旗，唯独他还没有，所以他也需要一个小红旗以维护自尊心以及得到别人的爱和尊重。这里，刻苦学习成了获取小红旗而满足自尊心的手段而非学习目的本身。这一段时间他的幸福寄托在这面小红旗上，自尊心也以红旗的赢得而暂时地存留。由此，“当我们分析一个有意识的欲望时，需要追究其最终的目标，或者说动机的研究在某种程度上必须是人类的终极目的、欲望或需要的研究”[27]。然而，对于某一特定的欲望来说，两种不同的文化有可能提供完全不同的方法来满足，这样，“人类的基本或最终欲望并不完全像他们有意识的日常欲望那样各不相同。也就是说，目标本身远比通向这些目标的道路更具有普遍性”[28]，道路毕竟不同程度上受到文化的局部影响。

作为整体的人是一种不断需求的动物，人们的需求以相对的或递进的方式外显，似乎从来不会感到满足，基本的目标或需要是任何动机生活分类所唯一依据的坚固的根本性基础，并且相对保持不变。马斯洛根据人的内部存在着生活与心理需要的不同层次，提出著名的五层次需要学说：

生理需要（包括食物、住所、医疗条件、活动、刺激、兴奋以及性生活）

安全需要（在生活中要求秩序与稳定，减少不确定性）

归属与爱的需要（追求与他人建立友情，在团体里求得一席之地，希望被人理解和接受）

尊重的需要（包括自尊、来自他人的尊重以及权力欲等）

自我实现的需要（人的成长、发展和充分利用潜力的心理需要）[29]

有些生理需要对于个人来说占有绝对的优势，如果一个同时缺乏食物、安全、爱和尊重的人，食物的需要最有可能成为他的主要动机，仅仅食物就会使他感到绝对的幸福而不再有其他奢望了，这时，爱、自由、尊重等都不及填饱肚子来的幸福更为真实。而有些需要则表现为相对的独立，通过包括在任何生理需要之内以及其行为的完成而起到疏导其他种种需要的作用。“在动机理论中，需要与匮乏同等重要，因为它将机体从相对更强于生理需要的控制下解放出来，从而允许更社会化的目标出现”[30]，进而由纯粹物质层面的幸福过渡到精神层面的幸福。

可以说，我们的整个机体就是一个寻求安全的机制，当安全受到威胁时，几乎一切需要（包括生理需要）都不那么重要了，可以安全地活着就是幸福的全部意义。儿童对于威胁或危险以及各种各样身体上不适的反应较之成人都要强烈的多，哪怕是身体上的一点点不适也会影响到他们看待整个世界的方式。当儿童突然受到惊吓、干扰，或者被粗暴地对待，或者失去亲人的养护，以及出现供养不足和身体疼痛等状况时，“他们会感觉整个世界突然从阳光灿烂变成暗无天日，仿佛顷刻间任何可怕的事情都可能发生”，过去曾经是美好、稳定的东西都变得难以置信了。“儿童的安全需要还表现在他喜欢一种安稳的程序或节奏。”[31]对于他们来说，一个可以预见的有秩序的世界才是幸福的居所。例如，来自父母家庭或者学校、社会中的不公平，邪恶或者欺骗等会给孩子带来焦虑和不安全感，与其说这种不幸福的感受来自于不公平、邪恶本身，不如说这样的处境使得世界在儿童眼中变得不可靠、不安全、不可预见。从中我们可以归纳出，每个个体（儿童或者成人）都需要一个安全、确定、有组织、有秩序、有法制的世界，这才是他们可以依靠与依赖的家园，即使出现什么情况或者处于任何境遇也会有强大的国家来守护人们的幸福而不至于陷入危难之中。

归属和爱的需要产生于生理和安全需要都得到了很好的满足之后，这时，个体强烈地渴望与人们建立一种充满深情的人际关系，希望在家庭、团体以至于社会中具有自己的地位，并努力使得这一层次的需要得以实现。然而，随着现代社会工业化程度的不断提高导致人们频繁地迁移与更换居住环境，或者为了职能部门的某种需要，或者为了更好的发展前途，或者为了更为舒适的居住条件，迫使儿童与自己的兄弟姐妹、亲朋好友、街坊邻里分离，不得不离开温情脉脉的老屋而置身于钢筋水泥中的冷漠，不得不放弃怜惜的小狗而开启没有人性的电动汽车，只能告别天然的荷花池而漫步在人造的游乐园。如此种种，使得儿童过早地体会到一名过客，初来乍到、没有根基的滋味。这种归属感的迷茫，根基的缺失，人心中最为柔软部分被忽视，心灵最深处得不到慰藉，直接导致孤独与疏离感的产生，致使他们人格的异化。毕竟知识的增加掩盖不了人们情感的苍白与单薄，心灵内涵的稀薄势必导致人心的扭曲与人性的丧失，作为一个整体的人任何一个部分的隐痛都将以整体的力量释放。人之为人正在于其深刻、内在的社会性情感，生命间相互尊重与同情，彼此关爱与温情，人性的尊严、慈善与不忍等等，都需要从制度到大环境，从时代气息到个人精神，从家庭伦理到社会心理救助以及社群生活的良性空间中构筑。唯其如此，才是一个有血有肉、有知识有涵养、有追求有依托的丰富而幸福的人。

生活中几乎所有的人都有自尊、自重以及来自他人的尊重的需要和欲望。这种需要可以分为两类：其一，对于实力、成就、适当、优势、胜任，面对世界时的自信、独立和自由等欲望。其二，对于名誉或威信（来自他人对自己尊敬或尊重）的欲望。对于地位、声望、荣誉、支配、公认、注意、重要性、高贵或赞赏等的欲望。[32]自尊需要对于个体来说是导致情感的自信与自卑的分水岭，也是身心健康与神经创伤的根源，自尊需要的满足使得个体充满自信，觉得自身的价值、能力、力量等得到了他人与社会的认可，进而更加积极努力地投入到工作与学习之中，并享受工作与学习带来的成就感与幸福感。一旦这些需要受到阻碍，无法满足，则会怀疑、轻视自己，认为自身弱小而无能的自卑心理会导致丧失基本的生活信心与勇气，严重者试图寻求其他途径的补偿或者产生神经病态现象。不过，自尊的危险性在于，满足于来自外在的名声、声望以及无根据的他人的看法与奉承中。最为稳定和健康的自尊只能建立于个体真实的能力以及对于任务的真正适合与胜任基础之上，这里，依靠的是单纯的力量与责任感所取得的实际成就，凭借人的真实自我所赢得的尊重与信任，所体会到的幸福也是内在与长久的。

"自我实现"这一术语是戈尔德斯坦首创的，马斯洛把它归入人对于自我发挥和完成（Self-fulfillment）的欲望，也就是一种使他的潜力得以实现的倾向。这种倾向可以说成是一个人越来越成为独特的那个人，成为他所能够成为的一切。自我实现需要的实现依赖于前面所说的生理、安全、爱和自尊需要的满足，越是高级的需要越需要涉及更复杂的生活，需要有更大的舞台，较长的过程，更多的手段和分段的目标，以及众多的从属和预备步骤。这些前提性的步骤遭遇任何威胁，受到任何剥夺和阻碍都会对高一级的需要构成间接的威胁与干扰。那么，自我实现意味着什么呢？就实际的行为、步骤来看，趋向自我实现的人大致沿循这样八条路径：

第一，自我实现意味着充分地、活跃地、无我地体验生活，全神贯注，忘怀一切。

第二，让我们把生活设想为一系列选择过程，一次接着一次的选择。可能有趋向防御、趋向安全、趋向畏缩的运动；但另一方面，也有成长的选择。

第三，谈论自我实现的意思是说有一个自我要被实现出来。能够倾听内在冲动的呼唤，让自我显现出来。

第四，当有怀疑时，要诚实地说出来而不要隐瞒。

第五，我们迄今所说的都是不带自我意识的体验，是作出成长选择而不是畏惧选择，是倾听冲动的声音，是成为诚实的和承担责任的。

第六，自我实现不只是一种结局状态，而且是在任何时刻、在任何程度上实现个人潜能的过程。

第七，高峰体验是自我实现的暂短时刻。

第八，弄清一个人的底细，他是哪种人，他喜欢什么，不喜欢什么，什么对于他是好的，什么是不好的，他正走向何处，以及他的使命是什么——向一个人自身展示他自己——这意味着心理病理的揭露。[33]

从中我们可以看出，自我实现的人致力于具有内在价值的事业，并把这种内在价值看作自身价值的体现和化身，也把内在价值的显现看作自身成长的过程，而不是通向工作之外的目的的手段，也就是说，自我实现的人最终追求的是价值意义而不是职业本身。当职业的内在价值与自我的存在价值交织在一起，“意味着自我扩展到世界所包含的各个方面，从而，自我与非我（外部世界、他人）之间的分离就被超越了”[34]。价值与自我的一体化使得他因自己向着真理、公正、正义以及美和美德靠近而欣喜，而由衷地赞美、尊重自己，在这种自我欣赏与鼓励中体验自我实现的幸福。

分析了五种层次的需要之后，马斯洛把生理需要、安全需要、爱与归属的需要以及尊重的需要纳入人的基本需要行列，并把它们称为“缺失性需要”。这些需要或价值之间是相互关联的，在人的发展过程中，这些需要具有一定的层级结构，在强度和优势方面遵循一定的顺序。所以这些需要都可以被看作是趋向总的自我实现的各个不同阶段，每一种基本需要的满足都会引发“更高”的需要，支配下一个意识阶段的开始，[35]当下的需要只不过是需要层级结构中的一个驿站，既是终点，又是趋向下一个目标的起点。这些基本的需要得到适当的满足之后，个体被自我实现的趋向所激发，不断朝实现自己的潜能、智能和天资的趋向激发，这样就由“缺失性需要”转变为“成长性需要”。对这一需要的追求，便从基本需要的范畴中分离出来进入到成长性动机或超越性动机的范畴，也就是自我实现的需要。如此说来，每个人并不仅仅享受基本需要满足带给人的舒适和愉快，人们以孜孜不倦的追求和有目的的努力朝着更有意义的目标而艰苦奋斗，这些目标把个人与更远大的人生目的联系了起来，只有使自己与自身需要以外更广泛的东西联系起来，生活才会有长久的意义，尽管或许这些目标并不一定能够最终达到，人类某些奋斗的特点正是在于其目标是不可能实现的，然而，从一个阶段到另一个阶段成长过程本身就在绝对意义上是一种内在的报偿和很大的快乐，是那种绝对的、自我肯定的幸福。也在某种程度上说明每个人都在人生的不同阶段有着不同的需求或目标，每一阶段目标的实现都是下一个目标的起点，个体正是在一个一个目标的追逐过程中体验成长的快乐与人生的幸福，个人的尊严与价值也在自我实现过程中得到充分的彰显。所以，人生目标之于个体幸福有着内在与直接的关联。

2. 积极心理学理论

积极心理学（Positive Psychology）是 20 世纪末兴起的一大心理学发展趋向，[36]美国当代著名心理学家赛里格曼（M. Seligman）是积极心理学运动的发起人和主要推动者。1998 年 1 月在墨西哥尤卡坦半岛（Yucatan）的艾库玛尔（Akumal），赛里格曼力邀著名心理学家西卡森特米哈伊（M. Csikszentmihalyi）和弗勒（R. Fowler）等人共同商讨积极心理学有关事项，首次明确了积极心理学的主要内容、研究方法和基本结构等问题。确定了积极心理学研究的三个主要领域：积极情感体验、积极人格、积极的社会组织系统，[37]并对积极心理学的未来发展提出了一些建设性的措施。2000 年，赛里格曼和西卡森特米哈伊联名在《美国心理学家》杂志发表了《积极心理学导论》（第 55 卷第 1 期）一文，文章在总结了散落在早期心理学领域中有关积极心理研究成果的基础上，倡导该领域的研究应该向更深入、更宽阔的方向发展，提出积极心理学的研究模式。他们宣称：“当代心理学正处在一个新的历史转折时期，心理学家扮演着极为重要的角色和新的使命，那就是如何促进个人与社会的发展，帮助人们走向幸福，使儿童健康成长，使家庭幸福美满，员工心情舒畅，使公众称心如意。”[38]同年 3 月的《美国心理学家》杂志也开辟了关于“积极心理学”专栏，研究成果分别涉及积极心理学关注的不同课题，如快乐、乐观、情绪与健康、主观幸福感、防御机制、自我决定理论、心理资源、智慧、文化、天才与创造力等。到了 2002 年，正式出版了《积极心理学手册》[39]，它标志着积极心理学发展的一个里程碑事件，手册提供一个学科领域或一种学术运动的规范，它的发表意味着该学术领域正式成立了。后经一系列的宣传，随着诸如《真实的幸福》(*Authentic Happiness*)[40]、《教出乐观的孩子》(*The optimistic child*)[41]、《活出最乐观的自己》(*Learned Optimism*)[42]、《欣欣向荣——积极心理学与生活美满》(*Flourishing: Positive Psychology and The Life Well-Lived*)[43]、《人类积极力量的心理学》(*A Psychology of Human Strengths*)[44]等专著的出版，积极心理学作为一股独立的力量步入世界心理学的舞台，并建立起了自己的研究体系。

积极心理学旨在强调心理学要恢复研究人类积极力量和积极品质，关注人类的健康幸福与和谐发展为主要内容，为众多的普通人过上幸福生活而提供技术支持。在积极心理学视野中，积极意指每个人所具有的实际的和潜在的能力。希顿(K. M. Sheldon)和劳拉·金(Laura King)认为"积极心理学是致力于研究人的发展潜力和美德等积极品质的一门科学"[45]。这一定义揭示了积极心理学的本质特点，换句话说，积极心理学就是利用心理学目前已经比较完善和有效的实验方法与测量手段来研究人类力量和美德等积极方面的一个心理学思潮。[46]积极心理学研究的对象是平均水平的普通人(也就是通常所说的正常人)，它是用一种更加开放、欣赏性的眼光去看待和理解人类的潜能、动机和能力(甚至人类的问题或缺点)。相对于过去的心理学而言，积极心理学中的"积极"主要包含四层含义：第一是针对前期集中于心理问题研究的消极心理学的反思与批判。第二是强调用积极的方式对心理问题做出适当的解释，并从中获得积极意义。第三是将注意力从关注防御和修复损伤转向人们的生活质量，提升人类生存品质的积极方面。第四是将研究视野投注到能真正改变人们生活状态，帮助普通民众在现代化生活条件下如何将自己的幸福最大化。积极心理学主要挖掘人的优点和存在价值，关注人的普通心理机能，肯定人性中积极的方面，提倡对个体实施更有效、更积极的干预，并以此促进个人、家庭与社会的良性发展。

积极心理学理论主要围绕"一个中心三个支撑点"，即以幸福感为中心，积极体验、积极人格和积极的社会组织系统为三个支撑点来进行相关研究。作为积极心理学的核心命题幸福感，涉及主观幸福感(Subjective well-being)、心理幸福感(Psychological well-being)以及社会幸福感(Social well-being)等评价指标，既侧重个体快乐的心理体验，也强调人的积极心理功能的实现，还关注个体与他人、团体、社会之间的关系，将人置身于社会大环境之中，从更为广阔的社会背景里探索人的生存状态，这样，幸福感超越了狭隘的个人体验与自我实现，处于流动的社会实践之中而为人类的心理健康进行最为合理、全面的评估。

三个研究支撑点是相互关联的，首先，积极体验是基础，只有通过不断增进个体的积极体验，个体才有可能获得良好的发展并形成积极人格。在积极的人格中，乐观这一积极特质引起较多的关注，关键在于乐观是后天形成的一种人格特质，尽管不同的人身上存在着不同的表现方式，但大部分人都可以通过学习而习得，即“习得性乐观”，乐观的人总能以积极的心态面对生活中的种种挑战。任何时候生活总是两面的，问题在于我们怎样去审视它，看到生活中光明的一面还是阴暗面很大程度上取决于人们对生活的态度。加拿大作家金克莱·伍德更是认为：“幸福并非来自生命的过程，而是来自你对生活的态度。”拉封丹指出：“上帝只帮助自信者。”因为快乐的心情就像一股永不枯竭的清泉，使人的灵魂得以宁静，使人以旺盛的精力、百倍的信心投入到各种工作之中，勇于并敢于面对生活中遇到的各种难题与困境，那富有的心灵充满着创造的活力，焕发出发自内心的理性与诚实的勇气去面对种种的境遇与挑战，这种乐观、豁达的态度不仅是快乐和幸福的源泉，也是美好人生的强大捍卫者。可以说，积极乐观的生活态度是真正的幸福之源。其次，“积极的社会组织系统为个体积极体验的获得和积极人格的形成提供外部保障条件。积极心理学相信，人是可以改变的，而这种改变除了受一定的基因条件影响之外，更多地受外在的社会文化条件的影响，因此，创造一个有利于个体产生积极品质或有利于个体积极品质成长的外部环境就显得尤为重要与必要”[47]。事实上，就心理学本身来说，目前还没有能力做到对个体进行基因改变，只能对个体成长的外部环境施加影响，通过环境的改变来影响个体的成长和发展。

积极心理学的崛起打破了一个多世纪以来，心理学过于关注“障碍、问题、失败”等消极心理方面，把注意力转移到人的潜能、动机、乐观、希望、幸福等积极品质上来，致力于“如何获得幸福”以发展人的潜能，提升个体主观幸福感为目标，明确积极乐观的态度是个体幸福的源泉，肯定生活态度之于个体幸福的必然联系，掀起了一场“幸福革命”。积极心理学认为，人们要求的不仅仅是“结束痛苦”而是“更幸福”，要求以积极的价值观来解读人的心理，激发人们内在的积极力量和优秀品质，帮助个体最大限度地挖掘自己的潜力并获得美好生活。它消解了传统主流心理学过于偏重问题的片面性，[48]恢复了心理学本来应有的发展功能与幸福使命。不仅关乎个人的幸福，也关注广泛的人类福祉，并以寻求人类的人文和终极关怀为宗旨。

二、学生幸福的现实意蕴

幸福不仅是一个伦理学、哲学、心理学、教育学问题，更是一切人文学科都会涉及的综合性问题。正如赵汀阳先生所说的“人文知识的基本问题不是真理问题，而是幸福问题”[49]。回顾幸福话题的学术探究历程，不同学科的研究都是从各自的背景出发提出幸福的立论依据，表明支撑幸福的根基与基础，从不同视角拓展对幸福问题的理解，丰富着人们认识幸福的视野。人们对幸福的总体认识就是在这些互补、交融、交合的过程中得到深化与提升，形成丰富与动态的幸福研究趋势。对于幸福的言说就像观赏风景一样，从什么样的视角出发就能领略到什么样的景观，形成什么样的视野。幸福究竟是一个概念、一种体验、一种关系、一个实际存在物还是一门学问？它的澄清是我们言说幸福的立论前提和认识起点，构成我们探索幸福的原点问题，影响着我们思考幸福的路线，干预着我们诠释幸福的涵义。鉴于此，我们先从“什么是幸福”这一经典概念谈起。

（一）什么是幸福

“幸福”，是一个人言人殊的老话题，各个不同的历史时期从学术研究到世俗生活，都有十分丰富而又不同的看法。幸福情感作为人所独有的积极情感，不仅是心理感受的，也是深蕴理性内涵的。英语中幸福一词多使用 Happiness，意为：1. good fortune，good luck（好运气、幸运）； 2. a state of well-being characterized by relative permanence，by dominantly agreeable emotion ranging in value from mere contentment to deep and intense joy in living，and by a natural desire for its continuation（一种持续时间较长的包括对生活的满足到感到生活的巨大乐趣并自然而然地希望持续久远的愉快心情）；3. a pleasurable or enjoyable experience（愉快的或有趣的经历、体验）。[50]杜威认为愉快可以通过偶然的接触和刺激而发生；在充满痛苦的世界上，不应鄙视这种愉快。但幸福与快乐是另外一种东西。它们通过一种达到我们生命深处的满足而产生——它是使我们整个生命适应生存环境的一种调节物。弗兰克·梯利（Frank Thilly）认为幸福，或持久的幸福，不在于已经获得成功，而在于正在向获得成功的道路迈进。[51] Happiness 源自形容词 Happy，意为 feeling or expressing pleasure，contentment，satisfaction，etc. 其含义为：1. 愉快、满意、满足等感受；2.（言语、思想、行为等）恰如其分的、令人满意的；3. 指代祝愿用语 joy，意为快乐的；4. 表现的、快乐的、幸福的，这里的幸福尤指美满的婚姻、欢喜的场面、愉快的回忆、幸福的孩子以及书等的圆满结尾。[52]

在心理学研究中，科学、规范化的术语使用的是合成词Well-being，这个词是个名词，意为：1. the state or condition of being well; 2. a moral or physical welfare.[53]指良好的生存状态、有身体（精神）健康的感觉。在心理学研究中标准的术语是Subjective Well-belling（SWB）和Psychological Well-being（PWB），前者是指主观心理感受，译为“主观幸福感”；后者世界卫生组织译为“心理良好状态”。Well-being的含义与Happy不同，前者强调的是一种生存状态，而Happy更为关注的是一种主观感受。关于幸福本质及其本源的研究是心理学以幸福为对象的研究领域中的一个重要组成部分，从实质上说就要对如何达到幸福作出合理的解释。研究发现各种可能影响幸福的变量与幸福之间起中介性作用的是个人目标，幸福的影响因素主要来自个体内部的目标，也就是说，当个体在追求对其自身有重要性的目标，并感到有能力实现这个目标时，就会感受到幸福。在拉丁语中幸福概念的表达是beatitudo，基本含义是至福；在德语中是selgkeit，意思是极乐；亚里士多德用“eudaimonia”（希腊文）表示幸福，“eudaimonia”是个哲学概念，从一开始就孕育着与人及人类社会同生共长的权利意识与义务范围，确立人既维护自己的利益、自由与尊严，又要过一种有秩序的社会生活为本原的需要。本文中所界定的幸福既指积极、健康的心理感受，也指美好、乐观的生存态度，还涉及德福一致的人生追求。

幸福是人的需要得到满足时所产生的一种愉悦状态，或者简单地说，就是一种愉悦感。[54]幸福是人在一定社会经济关系和历史环境中，在创造物质生活条件和精神生活条件的实践中，对一生具有重要意义的需要、欲望、目的得到实现的心理体验。[55]幸福不是追求就能得到，它必须因缘际会……是一个人全心全意投入并把自己置之度外时，意外获得的副产品。[56]主观幸福感产生于活动本身而非活动目标的实现。快乐来自于有价值的活动本身，当人们投入到一项活动中，且活动难度与其能力相匹配时，就会产生一种“幸福流”的感觉。也就是说，幸福在于追求理想的过程之中。[57]幸福生活不是一种固定的状态，而是一个方向，一种过程。幸福生活的核心是通过真正的自由选择来创造自己，把自己从外部的和内在的强制力中解放出来。当你过着这样的生活时，你的各方面潜能都得到了充分的发挥，能够完全地向着自己敞开心扉，按照自己的意志行事，体验内心的力量与真实的幸福。[58]亚里士多德认为沉思的生活是最幸福的，最高的幸福存在于理性的运用，因为理性是人的本质，并把幸福确定为生活得好和做得好。[59]这种沉思的生活显然不是一般人能经常体验到的，相比之下，卢梭所言说的幸福较为平民化：

> 假如有这样一种境界，心灵无须瞻前顾后，就能找到它可以寄托、可以凝聚它全部力量的牢固的基础。时间对它来说已不起作用，现在这一时刻可以永远持续下去，既不显示出它的绵延，又不留下任何更替的痕迹；心中既无匮乏之感也不享受之感，既不觉苦也不觉乐，既无所求也无所惧，而只感到自己的存在，同时单凭这个感觉就足以充实我们的心灵。只要这种境界持续下去，处于这种境界的人就可以自称为幸福。这不是一种人们从生活乐趣中取得的不完全的、可怜的、相对的幸福，而是一种在心灵中不会留下空虚之感的充分的、完全的、圆满的幸福。[60]

此外，认为幸福是一种能力，培养人获得幸福的能力是实现教育幸福的重要手段。幸福是一种使人生活的更好的能力，“包括对自己、对世界欣赏的能力，待人处事的成就能力和超越自我、他人的能力”[61]。幸福的能力有广狭两种含义：前者指“主体必须具有健康向上的人生观、价值观，具有品味人生意义的价值性条件”；后者涉及人“对幸福的感受力、创造力”。[62]更进一步说，幸福能力是指人发现、创造幸福和享用幸福的能力。就幸福的特性而言，认为幸福具有终极性、自足性、完满性，幸福的获得只能诉诸人之德性的实现，幸福本身就是灵魂德性的实现。幸福还具有超越性，幸福就是内在尺度对外在境遇的超越，就是不断地持久地自我超越，在超越自我、超越生命之后的意义感与价值感。幸福更具有统一性，认为幸福是认知与情感、生理与心理、个性与社会性的统一，[63]是快乐与意义、主观与客观、享受与发展的统一，试图将影响幸福的诸因素整合起来形成一种相对整体、辩证的认识。笔者认为幸福是无法量化或测量的，幸福完全是一种存在感，一种自足的、充满时间体验的状态。幸福并没有明显的标志，要认识它，就得到幸福的人的内心中去寻求。但心满意足的情绪是可以从眼神、口吻、举止、步伐中看出来的，它仿佛还能感染捕捉到这种情绪的人。当你看到孩子们聚精会神地聆听老师的教诲，当你看到一张张心花怒放的笑脸，当你看到一个个冥思苦想的神情，当你看到他们面红耳赤地争论，当你发现他们无所顾忌地在泥土里翻滚……流露出那纯真无邪、天真烂漫的喜悦时，难道还有什么比这更甘美的享受吗？

关于幸福的内涵至少表现在以下三个方面：第一，幸福具有终极性。亚里士多德就曾经指出:“既然目的是多样的,而其中有一些是我们为了其他目的而选择的,例如钱财、长笛,总而言之是工具,那么显然,并非所有目的都是最后的目的。只有最高的善才是某种最后的东西……总而言之,只有那种永远因自身而被选择,而绝不为他物的目的,才是绝对最后的。看起来,只有幸福才有资格做绝对最后的,我们永远只是为了它本身而选取它,而绝不是因为其他别的什么。”[64]幸福是最后的目的,这只是终极性的表现之一,实际上幸福之所以能够成为最终极的目的,乃在于其是“最高的善”,而最高的善即人性的完成或实现。人做了自己认为人应该为之的合目的性的事才会有幸福感,即一个人得到了幸福与其实现了人之为人的本质实质上是一回事。所以终极性即是价值性或价值的终极性。第二,幸福具有动力性。人之所以能在生活中克服千难万险,最根本的在于人有其精神动力或精神支柱。幸福与快乐相比,都具有动机色彩,但前者对人的推动更恒久,力度更强。原因在于快乐与生物性需要的满足相联系,而幸福与对权利、自由、平等与尊严等价值追求的超越性需要的满足相联系。幸福即人本质的实现,追求幸福是信徒对神的渴望,是政治信仰者为社会理想的献身,也是日常生活中免于计较或超越物质牺牲的痛苦而付出的种种饱含自由意志的努力。第三,幸福具有意义性。快乐是物质需要的满足,因而稍纵即逝,且具有“消费性”,即满足过程与快乐过程同始终。而幸福则不然,个体感到幸福也就是意识到个体践行了为人的使命。所以行动之前有憧憬的幸福,行动之中有崇高的感觉,行动之后有永远的欣慰,幸福感的获得即是意义感的获得,所以一个人拥有幸福即拥有了生命的意义。又由于幸福与世界的终极相融通,个体会有拥有一切的充实。[65]由此观之,所谓意义性乃是幸福具有动机性的原因,而所谓意义性又是指人生的终极意义。所以,终极性、动机性、意义性都证明幸福问题与对于幸福的追求是人生的意义所在。

总而观之,不同时期的学者都从各自的学术背景出发得出“什么是幸福”的论断,无论是将幸福视为体验、能力,还是一种过程等,都只揭示出了幸福的“局部真理”,都是对“幸福”词汇的一种注释,难以描绘出幸福的整体图景。可以说,对事物的认识就是理解各种观点的“共存、共生、互补、相倚”的关系,就是对其各种认识视界的“交融”与“交汇”过程,对幸福的理解就在对这些认识所进行的吸收、汇合和重构基础上始终处于开放性的生成之中,时刻向生活中的每一个人征集幸福的答案,人们对幸福的理解都是非结论性的,都处在走向更加幸福的途中。对幸福的解读没有人可以垄断,幸福问题涉及的主要是个人的生活态度,每个人按照自己对幸福的理解去安排与选择生活，只要不触犯法律，没有人可以专横地命令他应该或者不应该怎样生活，对于幸福的解读实质上涉及的是价值取向，“人们的任何价值取向都有一个是否正当与合理的问题，并不是人们在价值方面的任何取向都能获得无条件或‘自足’的合理性辩护。一个人的幸福不能建立在对他人的伤害与他人痛苦的基础上，个人对幸福的追求也不能与社会历史发展的客观必然性悖逆，这应是不争的基础和前提”[66]。据此，幸福成为一个活动性的存在，历史性的理解过程，它的表现样态丰富多彩，内涵开放而动态，这样，幸福不仅仅作为一个实体的概念而存在，更是隐现在生活中的一种倾向或者意味。这就使得幸福只是人们对于“美好生活”的一种意味，一种意蕴，探讨幸福的方式就从“概念”走向“意味”，以“幸福意味着什么”、“幸福有何意蕴”的方式言说幸福。从表面上看，幸福的多元意蕴来自不同学科领域的多维度、多视角、多境遇的解读。实际上，幸福的多重意蕴就根植于人们形形色色的生活之中。幸福寓于生活之中，生活之中的人们锲而不舍地追逐着幸福，生活的多元意义“绽放”的过程就是幸福的多元意蕴孕生的过程。为此，对幸福意蕴的探讨必须由表及里、由末入本，[67]而回归人及其生存尊严的彰显这一更为根本的主题上来。幸福的“意蕴”存在于人们对美好生活的希冀和企盼里，隐含在人们追逐幸福的过程之中。只有真正热爱生活的人才能领略到幸福的意蕴，它是一种难以言表，难于名状的感觉，是美好生活的底色。我们所界定的幸福既是一种理性的活动又具有非理性的特征，既关注个体的感受也契合社会的要求，既表现为人的一种存在状态又是一种生活方式，既涉及人的生存境遇也关乎未来的发展。

（二）何谓幸福的人

那么，何谓幸福的人呢？也许我们很难给予一个周全的描述，但可以肯定地说：如果一个人从来没有感受过人性光辉的沐浴，从来没有走进过一个丰富而美好的精神世界；如果一个人从来没有读到过一本令他（她）激动不已、百读不厌的读物，从来没有苦苦地思索过某一个问题；如果一个人从来没有一个令他（她）乐此不疲、废寝忘食的活动领域，从来没有过一次刻骨铭心的经历和体验；如果一个人从来没有对自然界的多样与和谐产生过深深的敬畏，从来没有对人类创造的灿烂文化发出过由衷的赞叹……[68]那么，他（她）就没有体验过真正的、完整的幸福。因为，幸福并无统一的定义，幸福只是一种对人生的感悟，对生活的体验，对生命的热爱，对美好事物的咀嚼，全凭个人的感受而已。也许，幸福就是你默默苦读的艰辛，幸福就是你遭遇失败后的思索，幸福就是你拿到入学通知书时的喜悦……

对人的认识本质上就是对人的哲学反省，只有首先反思作为个体的自己，才有可能反思作为人的自身。通过把自己显露给有可能相遇的一切人而使自己置身于同类与环境之中，基于反思自己所揭示出来的东西来建构作为人的自身的内核和骨架。如果说上帝创造了一切，而人类则能了解一切，尽管人有时脆弱的不需要武器，或者一口气、一壶水、一碗米就足以致他于死地了，然而，纵使人被毁灭了，却仍然比致他于死命的东西高贵的多，因为作为关系主体和价值主体的人是一根能够思想的苇草，所以人被赋予了独特的价值，“并且由此给他以自身的尊严以及从他获得本质之神圣图像，而没有任何其他创造物是为了它自己而被发现的”[69]。“人类世界的首要特征就是某事发生在此存在与另一存在之间”，因而要回答人是什么，只能由对人和他对一切存在之关系的本质联系的角度来考虑，而决非纯粹功能性地系于一个民族、一个社会、一个家庭、一个职业、一种伙伴关系中。“人类实存的基本事实既不是个体本身也不是集体本身，而是人与人。”[70]不过前提性的条件是这个人成为单独者，成为拥有自我的真实的人，才能够对其自身以及他人的生命具有完全的关系，“这种关系包含、经受而且超越所有人与人有问题的情形，伟大的关系只存在于实在的人之间”[71]。人在这种关系中反思自身，体验他人，实践社会，人是在社会实践的过程中生成自我、塑造自我的，同样是在人与人的实践基础上形成人的幸福感与追求幸福的能力的，并随着人的实践活动的发展而发展，人生正是通过在实践中超越自身的有限本质而拥有绝对的意义。

个体作为人的本然特性具有无限的丰富性、多样性和多向性，其发展水平、发展向度受遗传、家庭、教育、文化、环境等多种因素的制约，因而每个人未来发展的程度与维度存在相当大的差异。人是自己的作者，每个人依自身的能力选择适合的职业，而实现自己的价值。在判断一种职业时，我们只能说，某种职业更适合某人的未来发展，更有利于某人的幸福生活，而不能断言某种职业好或者不好。职业的价值无所谓高，也无所谓低，职业的类型也无绝对的优或者绝对的劣。社会实践活动的丰富性和社会样式形态的复杂性，要求职业的类型也是多种多样的。不同类型的人只有在与其相应的职业中才能够发挥巨大的效力。只要一个人清醒地认识到自己所拥有的潜在能力，只要一个人知晓了自身的生活意义并且感到了个人潜力具有现实的机会时，能够产生一种积极的态度和肯定性的情感，去自觉自愿地承担能力所及的社会责任并且拥有一种强大的精神动力，以至在极端恶劣的环境下，也会克尽职守自己的岗位，也会积极主动地完成自己的使命，那么，不论他是一名将军、一名战士、一个世界冠军或一位平凡的清洁工人……他都会是一个幸福的人，并为他人及社会的幸福而幸福的人。因为上天也许并没有给我们足够的资质、机遇和家世让我们成为抢眼的明星；模范、英雄、荣誉是由他人设置和评定的，因而是有限的，不可能属于每一个人。但生命是每一个人都拥有的，每个人都可以设计自己的明天，追求对自己现状的超越和完善，做好自己力所能及的事业，也未尝不是一段幸福的人生。

青年马克思曾经在《青年选择职业时的思考》一文指出："那些为共同目标劳动因而使自己变得更加高尚的人，历史承认他是伟人；那些为最大多数人带来幸福的人，经验赞扬他们为最幸福的人。"[72] 因而马克思把人类的幸福和自我完善视为职业选择所应遵循的主要原则。也就是说，个体的职业选择以及职业道德的修养都是与人类的幸福和自我完善亦即个人的幸福密切相关的。人作为有理性的族类存在物，在逻辑上完全有理由沿循理性的引导，为了自己民族的整体利益而放弃和牺牲自己的幸福的。在历史事实上，为了国家、民族乃至全人类总体的福祉而主动自愿放弃自己的幸福，牺牲自己生命的人并不鲜见，那些在历史上被人们赞誉的伟大人物或多或少地都归属于这类。[73] 对于那些高尚的牺牲者来说，他们并没有得到安逸和享受，他们的整个人生无非是辛劳和困苦，他们的生活称不上快乐或者幸福，甚至更多的时候充斥着危险、恐怖与残酷。他们凭借全部的本能与本性释放出无限的热情与能量，化作无私的精神与巨大的勇气去面对各种困难与挑战。当他们实现了所要达到的目的，他们就像脱离果实的空壳一样凋谢零落了，或者生命已经逝去，或者身心伤痕累累，或者已被世人遗忘……事实上，他们之所以被称之为伟大，并不在于他们曾经是一个幸福的人，而在于为了他人和民族的幸福而放弃与牺牲了他自身的快乐和幸福。

现实中的个体，如果以客观的态度安身立命，具有良好的知识结构和必需的生存能力，凭借着这些知识和能力，生活于现实之中，幸福于生活之里。又凭借着它们使他成为他人生活和幸福的对象，他便获得了真实的幸福。能成为他人幸福的给予者，这自然是个体幸福的一大原因，然而索要幸福的人并非就是得到了幸福的人，广义地说，得到幸福的人却是给予幸福的人。不过，倘若像为了利息而放债那样，一个人在层层盘算之后才给予他人，这是无用的，因为有算计的给予不是真诚的，领受者也不会感到幸福。为此，个体只有摆脱职业感的束缚，只有抛弃一切世俗的、外在的各种顾忌，而不把职业当成谋生的手段，才能在工作中自由、创造性地发挥自己的全部才能和力量，才能沉浸在创造过程之中，才能无私地给予并享受给予的幸福，还有什么比给他人送去温暖，为社会创造财富，被世人肯定、认可更让人幸福的呢！

（三）学生幸福的意蕴

儿童清澈的双眼和纯净的心灵如同一块洁白的木棉，收尽一切看见的黑暗，吸入一切感受的悲欢。童年身世的坎坷、童年的生活境遇都会在一个人的一生留下印记，性格，性情，人格等打下烙印。日后可能成长为一个什么样的人，可能有怎样的作为，全系于童年生活打上的底色，均寄托于社会的支撑与磨砺，也依靠家庭的温暖与关爱，更寄希望于学校赋予的教育与锻炼。一个成长中的人需要这样的磨砺和锻炼，这会使人的脊梁不至弯曲，使人在艰难的跋涉中懂得生活的艰辛、丰富和珍贵，懂得成长之于人的真正含义。

个体有生理的需要，即身体健康和物质生活的保障。也有心理的需要，期待尊重和爱的浸润，渴望心灵的自由与空间以及自我梦想的追求与实现。自然人之生命之所以有意义与价值，正是因为人人都有求生的欲望，并在生命的历程中能够追求到幸福。而人的生命是如何获得意义和价值的，又是如何以此意义和价值为基础而向国家、社会和他人争取自由的权利、平等的权利、生命权利和财产权利等自然权利，不仅因为这些个体权利既是人类的理性，代表了最基本的社会公平、正义、道德和良心，也是个体通过拥有并维护这些权利进而维护自身以及整个人类的幸福和尊严的基础。这样，一定的物质基础，个体权利的拥有是学生幸福生活最为基本的条件，十几年、甚至几十年的教育生活是一个人整个人生的重要组成部分，教育生活是否有一定的质量，是否幸福，影响其整个人生的生活质量、幸福感受。因为有质量的教育才能培养出卓越的人才，毕竟我们需要有人仰望天空。正如一位哲人所说："一个民族有一些关注天空的人才有希望。"

现代社会所需要的人，不是僵化、刻板、唯命是从的，而是有着自己独到的见解，对他人的观点具有理性的质疑精神，思想开放，对未知世界充满兴趣，勇于并敢于开拓、能够追求自身幸福的人。因为学生日后所面对的个人、社会和整个人类的问题大多数是我们从未遭遇的新问题，既没有预定的方案也没有现成的方法，更无人辅导，只能寄希望于教育教学给予学生自我发展和自我创造的自由，给予学生锻炼自己理性的选择机会和多元目标，给予学生形成运用权利的能力，他们才能有机会真正地对自己负责，也可能对他们生活在其中的社会负责，从而与他人形成共同生活的道德责任的共契，而成为能够把握自己命运、捍卫自身尊严、掌握自己幸福的人。

我国儿童的童年是伴着“学生”的称谓度过的，是在“学习”的过程中成长的。因此，我们试图寻求教育的作为，如何通过教育使个体获得幸福进而促进全社会的幸福成为建构未来社会的发展方向。教育是一个培养人的事业，是一个通过培养人，让人类不断走向崇高，生活得更加美好的事业。因此，教育最重要的任务，是塑造美好的人性，培养健全的人格，使学生拥有美好的人生。美好的人性，应该从幸福的童年开始，把童年和童心还给孩子，这是对教育的基本要求。因为原本人世间每一件事物都是善良美丽的化身，一滴水珠、一棵野草、一片落叶、一朵浮云，还有那浩瀚的星空……在儿童的眼里，都是有生命力的，富有情感的，都是可以与他进行心灵交流的，都是可以带给孩子无限的想象与美好憧憬的。这样，我们首先或真正需要的，应该是对个人自主选择的宽容，对自发人性的关爱，对幸福作为一种自足的终极价值的尊重，对个人人格完整性的预设，对各类干涉和强迫的理由的质疑。

教育是为学生的生活、成长而存在，让学生在生活中准备生活是教育的根本特征。换句话说，教育就是帮助学习者过上一种幸福的生活，为了学习者的幸福生活而安身立命。幸福与教育之间存在着错综复杂的关联，一方面，教育是为学生未来的幸福生活做准备，要给个体提供日常生活所需的基本知识与技能，以满足个体置身现象世界的基本需要。与此同时，教育还需引导个体人格的完成与心智生活的完满，精神成人乃是教育的核心宗旨。[74]另一方面，只有学生正在接受的教育过程本身是幸福的，他们才可能感受到幸福，幸福对于全部教育活动的需求也是不言而喻的。从总体上讲，教育可以为满足人的发展的各种需要提供一定的条件，为人的可能幸福奠定一定的基础，教育更要培养人追求幸福的健康生命，培养人创造幸福、享受幸福的能力，并提升人的幸福境界，从而培养全面发展的人以增进人类的幸福。

同时，幸福是人生的追求，是生活的主题。一切的追求，至少一切健全的追求都是对于幸福的渴望。校园生活，是学生生命活动的重要组成部分，其质量如何，在很大程度上决定了学生的生命质量，同时也造就了个体的生命质量。因为，人怎样度过生命的日常方式，便决定人成为怎样的人。[75]学习是学生的核心生活，教育能否给他们幸福就成了他们整个生活是否幸福的主要标准，教育能否培养学生追求幸福的能力，也是关系到他们以后能否幸福地生活的非常重要的因素。因此，教育之于幸福不是外在的，而是教育本身的应有之义。教育作为学生生活的主要部分，是学生成长的必需，从某种程度上说，教育意味着培养学生感受生活、追寻幸福、创造幸福的能力。幸福作为一种自足的终极价值追求就体现在个体身心健康，理性地选择生活目标并在自主地追求或实现这一目标的过程中的精神成长。人的理性正在于不断地对现实生活作出反思，追寻现实存在的各种意义，并在意义追寻中不断超越现实的规定，走向自我实现的本质。幸福是一个动态的历史性范畴，无论是对于主体的自我感受，还是对于主体的实际生活境遇，幸福都不仅仅是存在于某一时刻的状态。幸福本质上展开于主体的价值创造及与之相关的自我实现的过程。

幸福是人生的终极追求，而幸福（由于其精神含量）又是一种必须通过教育去培养的能力。幸福的获得靠教育，那么，获取幸福的教育也必须是幸福的，更要贯穿于整个教育过程之中，目的与过程的内在统一，我们无法设想不幸的过程最终会结出幸福的果实。教育过程中有无数的体验和经历为学生的成长和发展做准备，每一段经历都考验着人生的下一步。当思考人生的方位和生命的价值时，教育的真义便受到质问，不要在对未来幸福的憧憬中错失了今天的幸福。幸福的教育教学生摆脱物质或现实的束缚，使自己从物欲的诱惑和名利的"召唤"中解脱出来，把生活提升到一个更高的境界；教学生去除精神观念的束缚，使自己从偏执与盲从中解脱出来，把人生提升到一个更美的境界；教学生如何在今天的幸福中继续明天的幸福追寻，以一种高尚、文明、合理的方式使学生的身心得到健康的发展，思想得到深刻的转变，从而造就出快乐、健全、理智、幸福的人。

在教育中，如果我们用心去营造一个充满真情与关爱的氛围，学生的幸福就有了切实的保障。没有任何真正的教育是可以建立在轻蔑与敌视之上的，也没有任何一种教育可以依靠惩罚与制裁来实现。只能寄希望于一切教育活动以每一个学生的心理、问题、困难、愿望、个性、创造力等为参照时，学生是幸福的；教育者以最纯朴、最敏锐、最强烈、最温柔、最真诚的情怀去对待每一位学生时，学生是幸福的；学生能够敞开封闭的心扉，以美的语言诗意地言说表达自己的疑问、好奇、不解、焦虑，表现自己的欢喜、快乐、兴奋、欣慰时，他们是幸福的；学生在成长中可能出现的这样或那样的问题被给予极大的宽容和最大的信赖时，他们是幸福的；学生在教学活动中学会合作、感受和谐的愉快、发现的惊奇、成长的快乐时，他们是幸福的；当学生体会高贵的眼泪中所蕴涵的同情与善良，当学生感悟雾霭虹霓下所隐藏的丑恶与阴暗，当学生了解世态风雷霹雳的挑战与考验，当学生认识人生的风风雨雨、生命之悲欢离合，从而增加必要的防御与抵抗能力时，他们将会是幸福的。觉察学生细微的进步与变化、给予学生不同的关注和期待，师生双方融合在同悲共欢的精神境界时，学生是幸福的、教师是幸福的、教育是幸福的。教育中的幸福只能建立在尊重与信任的基础上，建立在宽容与乐观的期待中，存在于人与人心灵距离最短的时刻，存在于无言的感动之中。让年轻一代在人性的光辉里，拥有一个幸福的人生，让我们为学生打开那扇云谲波诡的幸福之门。

学生的幸福来源于自我成长，并且这种成长必须是自主地成长。所谓自主成长是来自学生内部需要的成长，一种主体能动性的成长，即在自我否定中达到自我完善与自我发展。建立主体性的教学模式和教育环境，根据每个学生不同的遗传因素、天赋潜能、感性经验、认知能力以及性格、兴趣和爱好，发展学生不同的能力进而培养各具特色的健康人格，引领学生自主地传承人类文明、探索未知领域、完善个人品质，激起学生学习热情和动力去主动学习、主动成长，在真实的成长中收获幸福。

学生的幸福蓝图最终要靠学生自己去描绘、去体验。我们只要把种子撒在地上，让他(她)自己去发展，去成长，经风雨，历磨难，给予他们充分选择的时间和空间。我们只是在他们寻找幸福的时候，给他们点亮蜡烛、擦拭汗水、相信他们能够在“成长中成长”，在“幸福中幸福”，并在寻找幸福的过程中学会为自己喝彩，以消融内心的火山与冰雪；学会为别人鼓掌，以化解人世间诸多的积怨与仇恨。因为一个心理没有阳光的人是不可能给予他人温暖的，一个自身不幸福的人也没有使他人幸福的能力。

每一个花朵都有盛开的理由，尊重每个个体的权利与追求，让学生有尊严地生活，则是教育无法回避的责任，则是学生幸福的现实意蕴。这种尊严乃是体现在由生命需要走向生命品质的教育关怀，这种尊严乃是在面对自我、他人、社会、历史与未来，面临疾病、死亡、灾难、痛苦、挫折等人生境遇之时表现出来的坦然与乐观。通过教育使儿童获得正当的权利意识，树立适当的生活目标并拥有良好的生活态度，从而走向有尊严的生活，进而能够体验当下的幸福并有能力追求未来的幸福生活。

学生的幸福以陪伴、呵护、丰富学生心灵为旨归，教师终日与学生相伴，则是学生健全人格重要的塑造者和建设者，以教育学生为天职而对学生的幸福有更天然、更真切的理解和感悟，而对学生的幸福投入更多的热情，和儿童一起体验来自教育的欢乐和感动。教师不仅会拥有一条与学生沟通的最直接的心灵路径，还会收获一份抚慰自己精神世界的温暖和幸福。学校对学生幸福的追寻来自教师、成人对学生高尚、真挚的爱，源自于学校和社会对儿童幸福的理想、信念、敬业精神和深远的责任。[76]因为，童年的启蒙，探究欲望的启迪，人类的精神成果转化为儿童成长的基石，个体最初最强大的探索热情均源于这份爱和责任。科学研究需要一种热忱：对于未知世界的好奇，对遥远星空的痴迷，对人类社会有所贡献的渴望，驱使他/她度过常年寂寞而专注地研究，这些努力或许能、或许不能在某个时刻开花结果，然而一个正常的社会，正是应该开垦这样的土壤，营造这样的空间，鼓励这样的人仰望星空，[76]而不是让利益与争斗填满每一个角落，因为我们的未来维系在儿童身上。

学生幸福是人类赋予学生的幸福，蕴含着人类对儿童最深厚的情感、期望和祝愿；表达着人类对自身童年永远的留恋、怀想和想象，寄托着人们对理想社会和美好人性的深刻思考、对人类精神家园的深切渴望。[76]学生的幸福，从内涵到外延，从物质层面到精神层面，从中国到世界各地，都呈现着温润、呵护、宽容、尊重的品质，焕发着源自纯洁童心与纯粹人性的理想光辉。

第二节　社会、家庭、学校：关涉学生幸福的相关因素

社会是由许多个人组成的有机整体，学生不是脱离社会环境的抽象个体，无视个体幸福的社会环境也只是一个死板、丧失生命力的集体。因此，教育需要从社会的角度探讨学生的幸福，探寻社会环境之于学生生活现状与生存境遇的现实影响。何况教育自身就是一种社会化过程，学校、家庭可以说是社会生活的一种形式，儿童在其中获得知识和道德的训练，加深和扩展他们与家庭生活、社会适应相联系的价值观念，则是学校的价值所在。如此说来，学生的幸福涉及社会、家庭与学校等相关因素。

一、社会环境：关涉学生幸福的外部因素

社会环境涉及方方面面的关系，关涉千丝万缕的联系，这里仅从社会秩序与社会需求两个方面谈及社会对于学生幸福的影响。

（一）社会秩序影响学生幸福

如果要思考是什么把社会凝聚在一起的，又是什么构成社会的内聚力，想必

这个问题涉及的不单是社会理论的根本问题，其本身就是社会理论的出发点。可以说，“秩序问题”已经被学界认为是社会理论中的一个主要而经久不衰的话题。历史表明，凡是在人类建立了政治或社会组织单位的地方，他们都曾力图防止不可控制的混乱现象，也曾试图确立某种适于生存的秩序形式。这种要求确立社会生活有序模式的倾向，决不是人类所作的一种任意专断或“违背自然”的努力。这种倾向早已深深地根植于整个自然结构之中，而人类生活则是该结构的一个组成部分。[77]人类企图过一种理智的、有意义和有目的的生活的所有努力都始于大自然有序、规则性的运行。如同大自然一样，从生活习惯，到工作、学习以至于空闲时间的安排等等，人们都遵循某些习惯，以某种方式组织他们的日常生活。就整个社会而言，包括家庭基本结构单位、企业管理、商业规范，再到教育目的、教育制度和学校管理等的制定，以及明显的反社会行为都需要严格的规定与治理。我们甚至可以断言，人类对于秩序之寻求“已被普遍承认为个人或社会努力的一个有价值的目标”[77]。“这里的秩序意指在自然界与社会进程运转中存在着某种程度一致性、连续性和确定性。”[78]

生存是人最基本的需要，这样，生存问题就成了人的其他一切问题的出发点。以解决这一最基本生存问题为目标的个人与社会的关系问题就成了“一切社会问题的根源”。由于人们的相互作用，即互动形成的语言、规范、观点、价值标准、社会制度等决定了个人与社会之间的关系。人们的一致行动组成了社会，社会是我们给予人类互动这一复杂共同体的称谓。语言、价值观念、社会制度等一旦为人们所创造，每个人都将受到自己的创造物的制约。“如同某一群体创造了一种语言，那么每一个成员要想与他人交流”[79]，就必须遵循这种语言的规则才使得交流成为可能。这样，一方面，作为人们在其行动和互动过程中创造出来的社会的、人为的秩序，就必须与人们有意识、有目的甚至情绪化的活动相联系，作为主体的人的需要、愿望、情感和意志的反映；另一方面，作为世界秩序的一部分，社会秩序又必须寓有意于无意之中、寓人为于自然之中、寓目的于规律之中，应当是合目的与合规律的统一。[80]社会是由一些在个性、偏好、情感、能力、价值观、思维方式、家庭背景以及地位等诸方面，存在差异或对立的人群所组成的。“人类既有重复在过去被认为是令人满意的经验或安排的先入为主倾向，也倾向于对一些情形作出逆反反应的冲动。”[81]这两种欲望与冲动深深地根植于人们的精神之中。再加上现代社会，个人在权利与尊严上成为相互平等的主体，为获得保障和实现自己的尊严所必需的稀缺资源（包括权利、平等、自由、合法性＝他人的承认等)，使得主体之间充满了矛盾、竞争、冲突甚至争斗。在这种背景下，良好社会秩序的建立就成为现代社会亟需解决的问题。无论是“老有所终，壮有所用，幼有所长，矜寡、孤独、废疾者，皆有所养”所表达的天下为公的“大同世界”，还是“各亲其亲，各子其子，货力为己”以“礼仪”等工具理性规范的“小康社会”，无论是由外在规范的制约还是通过自身内在的修养，他们在本质上都是对一种动荡混乱社会秩序重塑的渴望，对一种和谐有序的理想社会的不懈追求。

为了防止社会组织生活由于内部矛盾的冲突深化而导致整个社会的混乱甚至瘫痪，社会也不能为了满足一些人的要求和意志而剥夺另一些人享有平等的权利，任何组织机构都不能处于无序状态，自由主体的正当权利不可能在争斗的社会中维系，儿童更不可能在动荡与混乱的环境下安心读书，健康生活。任何社会都需要建立一种赖以生存的内部秩序，这种秩序有利于维系人们合作、规范社会关系、调解社会纠纷、培养儿童成长。对于社会来说，秩序是最本质的价值，正因为有了一定的秩序，人们的社会生活才成为可能，学校教育活动才有了前提性的保证。社会秩序既是一种社会稳定性或处于稳定状态的客观事实，又是社会在运行和发展中具有协调性或处于协调状态的内在价值趋向，两者在社会秩序主体的实践过程或社会运行和发展过程中得以统一。作为两者有机统一结果的理想社会秩序是社会的和谐状态，这种状态的实现过程也就是社会主体追求社会协调的动态过程。[82]

人类社会发展是一个自然的历史过程，社会主体只有遵循自然规律、人类社会发展规律，顺应社会历史发展的潮流，正确处理人与人、人与社会、人与自然等关系，才能集聚继续前进的动力，创造持续和谐的秩序构架，夯实社会和谐有序的基础。[83]尽管每个人都有权利做他想做的事情，但这是以他没有侵犯任何其他人所具有的相同的权利为条件的。尤其随着社会的发展，人类的进步，每个社会对于个人权利和自由意志的尊重越来越成为一种必需，越来越注重个体权利的保护，个人尊严的捍卫，因公权的行使导致个体权利受到损害将日趋减少，个体的权利与社会秩序的平衡也将更加和谐，这就意味着我们所共同生活的社会正向人的真正解放与幸福迈进。另外，在整个世界日益一体化的当今时代，在能源危机、环境恶化、金融风暴、网络社会化等全球性问题日益突出的情况下；在世界上各种势力和国家间出现新的分化、组合和调整，世界日益向多极化、复杂化的方向发展的局势下，协调世界各国的关系，建立国际政治、经济新秩序，维护世界和平，日益成为人们的普遍呼声。

社会秩序关涉到社会生活的各个领域，是社会政治、经济、文化等发展的有序化。社会要保持一个稳定的秩序，不出现失范状态，就要使法制观念与社会道德渗透到每个个人的意识之中，成为个人人格的一部分，让社会拥有共同的价值规范，寻求一种既可产生社会团结又尊重所有个人的权利与尊严的社会秩序。这种让社会道德成为个人人格一部分的过程就是社会化，社会化是维持社会秩序与和谐的有效途径。教育作为社会的一个构成要素，主要通过发挥其社会化功能，培养共同的价值规范来维持社会的稳定和秩序。

不同的历史时期，任何一个地域、国家以及社会的学校教育，都需要社会秩序的保障。每一个社会的稳定与延续都要塑造理想的人，既从智力也从体力和道德方面规定儿童应该成为一个什么样的人。因为“一旦社会失去了超验纽带的维系，或者说当它不能继续为它的品格构造、工作和文化提供某种‘终极意义’时，这个制度就会发生动荡”[84]。学校是一个社会化机构，通过这个机构，个体的人格得到训练，以便使他们在知识、技能以及道德上做好扮演成人角色的准备。教育的作用就是通过向学生提供他们所不具备的规范和认识框架，来成就个体的社会化，来维系社会秩序。教育通过给儿童提供他们所需要的规范和价值标准，并提供一个认识的框架，[85]使得儿童借此去获得知识与技能，了解外部世界，这意味着创造一种稳定的、有秩序的教育环境。这说明教育发展个人的能力与潜能本身并不是目的，而是为儿童适应必将面对的某一特定环境所做的准备。教育是“成年一代向尚未对社会生活有足够准备者所施加的影响”[86]。教育具有社会性，是为达到某一目的而采取的手段，这个目的是由社会而不是学生、教师或者教育管理人员确定的，目的本身就具有社会性，寓于秩序之中的。教育的主要功能表现在：“使儿童确立起：(1) 在他所生活的社会里被认为是所有成员都具备的身心状态；(2) 被某一群体（种族、阶级、家庭、职业）认为其所有成员都应具备的某些身心状态。”[87]据此儿童拥有当下乃至于未来生活的基本知识技能与身心准备，从而奠定了童年生活的幸福基础与未来成人世界的幸福储备。

(二) 社会需求制约学生发展

马克思主义认为，人类生存的第一个前提条件就是生活需要，为了能够“创造历史”，人们首先必须能够生活。但是“为了生活，首先就需要衣、食、住以及其他东西。因此第一个历史活动就是生产满足这些需要的资料，即生产物质生活本身”[88]。既然马克思把第一个历史活动看作是生产满足这些需要的资料，这就说明，无论是人的本能需要还是生活与生产的需求都是人进行交往、行动得以发生的初始动因，更是关系到社会的和谐、稳定以及变化发展的深层次动因。然而，由于社会分工的出现，担当公共利益、公共需求的国家以"虚幻共同体的形式"调解"个人需求"与"社会需求"之间的矛盾与冲突，并且不同程度地认知并实现社会的"公共需求"以影响或决定着一个社会的稳定与和谐，如此表明，主要是通过"社会需求"才能实现人的需求对社会稳定与和谐的深层次驱动。

人类社会发展的根本宗旨在于构建一个人人共享、普遍受益的社会，即一个能满足公共需求的社会，社会公共需求是历史形成的，并随着经济与社会的发展而发展。

一般来说，社会需求是在社会发展过程中，人们为满足其当下与未来发展需要，而在需求实践中形成的占主导地位的需求意识、需求关系。需求意识反映一个社会主流的需求精神、需求价值观。需求关系则是一个社会或社会发展过程中，由于人们种种不同的需求而形成的社会需求关系。这种关系可能是短暂的，也可能是长期的，主要由不同需求者之间的需求而决定。[89]

在社会转型时期，社会结构重组的过程中，不同群体、民族、地域的社会需求，都处于动态、互动和相互影响之中，社会需求不仅以各种方式，通过各种途径，从各个方面影响个人的需求，而且不同的社会需求常常在互动和影响的过程中演变成为普遍的社会需求，从某种程度上说，社会需求就是个人需求展示的舞台，是人实现自我需求的天地，况且，人的需求一旦融入社会发展需求的主流，就成为社会需求的一部分。把握当代社会需求所具有的开放性、多元性以及过程性的特征，[90]将人的需求置于现实的社会需求关系、活动以及条件中去分析，研究在这个变动或转型的社会中，社会需求的分化、多元化与多层次化对人的需求实现的影响，从而认识人的需求与社会需求之间的动态发展过程。

教育与社会的基本经济和社会制度密切相关性而成为社会的一个组成部分，因而脱离了社会就失去了言说教育的依托与归宿。"教育使人适应社会的功能是在社会化的过程中完成的，在这一过程中儿童按照社会所要求的那样被培养。教育按照社会所期待的，社会的内部经济机制所要求的那样，而不是按照人生就长成的那样造就人。也就是说，教育是受制于社会需求的，学生是按照国家社会的需要接受教育的。尽管社会化是社会的需要，从个人的角度来看，它也是必需的和可取的，与社会化的人相区别的是陷入失范状态的人。"[87]从上面提出的教育一般目的表明，教育既要满足儿童适应群体生活的需求，也要使儿童具备适应社会的身心准备，即教育的目的是为社会的需求服务，社会需求是教育教学的基本立足点，社会需求指挥着教育的发展方向，规定着学校教育培养的人才质量，涉及教育教学的价值判断。国家和社会的需求是具体的，不同文化背景的国家、不同发展阶段的社会需求又是动态变化的，教育只有符合社会需求的变化要求，满足社会对人才的质量要求与数量限制，才有助于社会的稳定与发展。同时，符合社会需求的受教育者融入社会而成为社会建设的一分子，学生的聪明才智、无限能量在社会的大舞台上尽情施展与释放，个人需求与社会需求得到了充分的实现与完美的结合，个人的幸福与整个社会的福祉唇齿相依，达成构建人人共享、人人受益的幸福社会。

二、家庭环境：关涉学生幸福的内部因素

（一）父母祈愿孩子幸福

在这个世界上，没有一对父母不爱自己的孩子，也没有不希望自己孩子幸福的父母，可以说，为了孩子的幸福，他们愿意付出全部的财富、幸福甚至生命，只要儿女能够健康、快乐地生活，父母都是心甘情愿而且无怨无悔地付出与奉献的。或许从奥巴马给女儿的一封信中，我们能够领略到那份深深的期盼与祝愿。

亲爱的马莉娅、萨沙：[91]

我知道，这两年来，在这条竞选道路上，你们享受了不少快乐时光。你们参加了野餐、列队游行和各州的集会，还吃了不少我和你们的妈妈原来不允许你们吃的垃圾食品，所有这一切，我都非常清楚。同时我深切地体会到，对你们和你们的妈妈而言，这两年是多么的辛苦。不过，在这个过程中，也有令人兴奋的时候，就和我们家买小狗时，你们兴高采烈的心情是一样的。我知道，在过去的两年里我错过了许多，但今天我想对你们说，为什么我决定带领全家踏上这条征程。

爸爸年轻的时候，曾认为生活的全部内容只有我自己，以为生活的全部意义就是怎样才能在世界的瞩目下闯荡出一条属于自己的路，一条成功的路，一条能够得到我想要的一切的路。但是到了后来，你们俩先后来到我的世界。你们对一切充满好奇的眼神、你们淘气的样子，还有你们的微笑，填满了我整颗心，也照亮了我的人生。我突然意识到，我以前为自己制定的宏伟蓝图，似乎变得不再重要了。我发现，你们的快乐，才是我一生中最大的快乐。我觉得，如果我不能给你们带来快乐和幸福，那么我的生命就没有任何价值可言。孩子们，这就是爸爸为何

会竞选总统的原因:为了你们,为了全美国的每个孩子。

我希望,每个孩子都能够上学,去那些能充分发掘潜力、激发创造力和想象力、教会用质疑和好奇的眼光看世界的学校;我希望,每个孩子都有机会接受大学教育,即使有些孩子的父母并不富有;我希望,每个孩子能找到好工作,能拿到满意的报酬,能享受各项福利,能在工作之余有时间陪自己的子女,能在退休后享有做人的尊严。

我希望,大家勇于探索,攀登科学的高峰,在有生之年能亲眼见证高新科技、发明创造给世界带来的变化,亲身体会我们的星球在科学的带动下,变得更加清洁、更加安全。我希望,在大家的共同努力下,人类不再有种族之分、地域之分、性别之分和信仰之分。因为只要这些人为的界限依然存在,我们就看不到彼此最美好的闪光点。

有时候,我们不得不让青年去参加战争,参与处理其他危险的局面,以保卫我们的国家。然而,一旦我们这么做了,就一定要确保有足够的、充分的理由说服我们非如此就解决不了问题,确信我们已经竭尽所能希望用和平的方式解决争端,确保我们已经尽一切的可能保障战士的安全。我希望每个孩子都明白,这些勇敢的美国人为之奋斗的幸福不是解放自我,而是一种光荣——一种作为国家公民身上所被赋予的神圣使命。这些都是你们的祖母教给我的。那时的我和你们差不多大,当她指着《独立宣言》一字一句读给我听时,她告诉我,我们的战士之所以勇敢地踏上追求平等的征程,正是因为他们相信,我们的祖先在200年前写在纸上的这些文字,一定有着深刻的内涵。

你们的祖母让我明白,美国之所以伟大,并不是因为这个国家已经完美无缺,而是因为这片土地上的人们总能不断让国家变得日益完美。现在,这个使命落在了我们的肩上。

我希望你们俩能担负起这份责任,要学会不断纠正自己的错误,学会付出自己的努力,让别人也能得到和自己同样的发展机会。这不仅因为你们天生就有责任和义务去报效这个国家,还因为你们必须对自己负责任。道理很简单,只有当你们胸怀大志,并努力去实现它时,你们才能发现自己的潜力所在。

这就是我对你们的期望:在你们自由成长的世界里,你们的梦想不受任何约束,也没有你们不能做到的事情;我希望等你们长大以后,能富有同情心和责任感，为建设一个更加美好的世界而不懈努力；我希望每个孩子都能拥有和你们同样的机会、同样的梦想和同样茁壮成长的经历。这就是我带领全家踏上这条伟大征程的原因。

爸爸为你们俩感到骄傲。你们可知道我有多么爱你们。就在我们准备一起入主白宫、开启生活新篇章的时候，你们表现出了应有的耐心、恬静、优雅和幽默。在这里，我要对你们说一声谢谢。

爱你们的爸爸

在美国总统奥巴马即将上任之际，写了这封饱含感情的公开信给两个尚未成年的女儿，为这两年多的时间里没能更多地陪伴在她们身边致以歉意并表示了真诚的感谢，感谢她们支持并陪伴着他走完了竞选之路。在信中他以一个父亲的身份告诉孩子，他选择迈向白宫之路的原因，正是为了女儿以及全美国的孩子能够真正过上快乐与幸福的生活，正是把自身的价值意义转化在儿童的健康与快乐上，正是希望孩子们在“自由成长的世界里”，“不受任何约束”地追逐自己的梦想，成长为“富有同情心和责任感”，为一个“更加美好的世界而不懈努力”的建设者，成为自己想要成为的人。

对一个政治人物来说，人们更多地关注他的施政意图和外交策略。而对一个普通人来说，我们更关心他日常的处世态度和生活细节，这封读来感人肺腑的家信，字里行间流露出真挚的父女深情，既体现一个值得信任的领袖人物的风范，也诠释了一位普通父亲的儿女情怀，这些似乎来得更真实更合乎他的本来面貌，这样一个有爱心、有责任感的总统应该是不会让女儿与国民失望的。尽管他是一个出身于单亲家庭，有着黑人血统的混血儿，尽管在青少年时期曾因肤色问题而堕落，但这些并不影响他在觉醒之后凭借着不懈的努力和奋斗，成为了美国历史上第一位黑人总统。我们既欣赏他竞选演说时散发出的政治魅力，也由衷地感叹一位慈祥可亲、富有责任感的父亲充满温情的一面。这不仅是因为作为总统希望儿童承担报效祖国的责任与义务，还在于身为父亲有责任把子女培养成一个负责任的公民，因为一个对自己负责的人，才有可能对家庭、社会以及他将来所要从事的事业负责。这样的人善于审视自己的生活并作出理性的选择，勇于追求自己的梦想并付诸艰辛的努力，敢于开拓未知的领域并孜孜以求，乐于体验自身的幸福并在构建和谐、安康的幸福社会中得到保障。

这里，我们能够体会到一位父亲对女儿深深的爱意，能够感受到一位父亲无私的奉献与深远的责任，与其说是对自己女儿的关爱，不如说是对整个国家乃至于所有儿童的殷切期望与深切关怀，希望他们能够在阳光下生活，在和平的社会里行使自己的权利并承担应尽的义务，希望每个人拥有做人的尊严，并使得这份尊严一直延续到老年，直至幸福并优雅地走完人生之路。

下面我们再从“一位母亲写给世界的一封信”中体会母爱的博大与细腻，领略一位母亲对于孩子的眷眷之心与拳拳之意。

亲爱的世界：[92]

我的儿子今天要开始上学读书了。一时之间，他会感觉陌生而又新鲜。而我希望你能待他温柔一些。

你明白，到现在为止，他一直是家中的小皇帝；一直是后院的王者。我一直在他身旁，忙着为他治疗伤口，并慰藉他的心灵。

但是现在——一切都将不同了。

今天清晨，他就要走下前门楼梯冲我挥挥手，开始他伟大的历险征程，其间或许有争斗、不幸或者伤痛。但我告诉他，必须面对。

他要在他必须生存的世界中生活，他需要信念、爱心和勇气。

所以，世界，我希望你握住他稚嫩的手，教他知道一些事情。教他，但如果可能的话，请温柔一点儿。

教他知道，每有恶人之地，必有豪杰所在；每有欺诈之人，必有献身义士；每见一敌人，必有一友在侧。

教他感受书本的神奇魅力。给他时间静思大自然中亘古绵传之奥秘；空中的飞鸟，阳光里的蜜蜂，青山上簇簇繁花。

教他知道，失败远比欺骗更为高尚；教他坚定自我的信念，哪怕人人予以否认。

教他可以最高价付出自己的精力和智慧，但绝不可以出卖良心和灵魂。

教他置群氓的喧嚣于度外……并在自觉正确之时挺身而战。

温柔地教导他吧，世界，但不要放纵他，因为只有烈火的考验才能炼出真金。

这一要求甚高，世界，但是请尽你所能。因为他是一个如此可爱的小家伙。

一位母亲

可怜天下父母心！文中的母亲对儿子温暖怡人的情感令人感动。读着这封家书,我们眼前仿佛浮现出一位慈祥的母亲满含期待的目光注视着这个儿子将要面对的世界:老师,我把孩子交给您了,您应该教给他丰富的知识与娴熟的技能,他才有自信面对他将步入的社会。只是,可否公正与平等地对待每一个孩子,别在幼小的心田上播下嫉妒与仇恨的种子。您可以适当地修剪与锻打。只是,"别浇灭了他蓬勃向上的朝气,别损害了他天真无邪的童心,别挫伤了他赖以生存的自尊和信念"[93]。从而在与同伴、与老师共同学习与生活的过程中拥有平实的心态、谦和的为人、良好的品德以及正直的人品。这样,孩子才能以对生活的热爱、人生的自信、他人的真诚去面对未来的旅途。同学,请接纳我的儿子成为你们的伙伴。在家里他没有兄弟姐妹,一直以来,生活在"成人世界"里的他多么渴望拥有儿童伙伴,希望进入他的"儿童世界"。我知道,他需要有与其年龄相仿的孩子一起生活、玩耍的生活体验和情感交流,这有利于孩子萌生共鸣的童心,相互促进,保证身心的健全、健康发育。孩子们,希望你们在真心相待、友好相处的过程中锻炼与人交往的能力、参与与应变社会环境的能力,进而强化你们的社会化教育。陌生人,请小心驾驶,遵守交通规则,清晨林阴道上行走着朝气蓬勃的孩子,傍晚大街小巷都留下了背着沉重书包的身影。务必不要坑蒙拐骗天真无邪的儿童,即使他(她)不是你们自己的孩子,但或许他(她)是你儿子(女儿)朝夕相伴的同学,或许日后成为一名令人尊敬的教师,一位救死扶伤的医生,一个造福于社会的商人,即便他只是一名默默无闻的清洁工人,但他(她)却永远是一位母亲的依靠,一个家庭的全部希望。

(二)家庭教养方式影响学生幸福

如果说人的社会存在决定人的意识,那么家庭环境则是成就一个人一生命运的关键。不同的家庭教养方式,造就了孩子完全不同的学习习惯、性格特征与品德修养,形成了截然相反的行为方式与处事态度。我们先从小聪的故事谈起:

小聪的故事①

一位从事医务工作的母亲哭诉道,自己11岁的儿子小聪(化名)再一次被学校开除了。她说儿子已经是第二次被学校"赶"回家了。上一次是因为在操场上把同学的脸给抓破了,受了处分却不服而又找人家"算账";这一次则在上课的时候故意"捣乱",被老师批评后,竟然肆意践踏学校花坛里的花,有几个学生上前阻止,他又把同学打了。

① 摘自笔者2000年5月8号于Z省某中学的工作记录。

这位母亲接着说:“其实,从小我们对他要求很严的,小时候他也很听话,认识很多的字,还会背诵不少唐诗宋词。我和他爸爸一心希望他能考上一所名牌大学,将来有出息。不知道什么缘故,从上小学三年级起,他就开始讨厌学习了,成绩也越来越差,还经常和同学打架,学校老师告知情况后,他爸爸曾狠狠地‘教训’了他几次。但是这孩子却越来越逆反,我们已经管教不了啦。”

交谈中,笔者了解到,小聪的父母是非常“爱”孩子的,而且急切地想把孩子培养成他们理想中的“人才”。自孩子出生后,他们就把全部的心血花在孩子身上,孩子需要什么,他们就给买什么,“反正大人挣的钱还不都是为了孩子”。他们希望自己的孩子是这世上最幸福的人,因而,别人有的,自己的孩子要有,别人没有的,自己的孩子也要有。孩子在家什么事也不用做,完全等待父母的“侍候”。不知不觉中,孩子成了家庭的中心,变得无能却又十分蛮横无礼。原本为了不让孩子输在起跑线上,夫妇俩从三岁起就教小聪认字、背诗、画画。他们认为早期教育就是尽早尽快地记忆更多的知识。为了让孩子按他们夫妇俩“规划”的“蓝图”成长,他们常用的语言就是“听话,好好学习”,并不断警告孩子:“如果学习成绩不好,将来你就去扫马路。”一旦孩子有抵触情绪,父亲就粗暴地打骂。久而久之,孩子感到压抑,开始厌恶学习,讨厌父母,甚至憎恨父母,企盼有机会宣泄心中的怨气。上学后,小聪认为宣泄的机会终于来了,他一方面“撕破”了父母给他描绘的美好“蓝图”,不再主动学习,另一方面却仿效父亲的做法,像他爸爸打他那样打起同学来了。

我们不能说小聪的父母不爱孩子,但如果家长只是按照自己的意愿而违背孩子自然天性去教养他们,孩子最终会在“破坏”父母的美好愿望中进入另类的境遇。孩子是家庭环境的产物,家庭粗暴的教养方式,简单的教育行为使得孩子自幼心灵没有得到人生丰盈的滋养,精神没能得到正常孩子不同成长时期所必需的引导和熏陶,这就导致“一个本我意识过强而又没有任何家庭责任感和生活能力的孩子进入学校后,必然会以同样的角色和思维方式面对同学和老师”[94]。结果,他无法正常地与同学、老师相处。他开始发泄累积在家庭中的压抑,报复那些限制他自我宣泄的同学或老师,并因学习上得不到炫耀的机会而产生怨恨并蓄意报复。于是,上课时故意捣乱违反纪律,不仅自己的学习成绩急剧下降,还影响了其他孩子听课。如果有谁妨碍了他的宣泄，就用他爸爸打他的办法打同学并蓄意搞破坏，尽管他不断受到批评与惩罚，然而这个在家里已经被打"疲"了的孩子对于任何惩罚都熟视无睹，仍然故意找茬儿和同学打架并以此为乐。一个原本纯真可爱的孩子却被父母教养成了不爱学习，又不让别人好好学习的"坏学生"，幸福更是无从谈起。

每一个儿童都不是一张任由父母和教师可以随便"乱画"的白纸，而是孕育着美好情感和心灵畅想的肥沃土地，家庭是每个人情感体验的根源之地，是每个孩子心理危机时最后也是最安全的庇护所。家庭中的母爱父爱、亲人温暖对于培养责任与善良等品德起着特殊的作用，"人往往是在温情中体验善良的，生命间相互尊重与同情，人与人之间的关爱与温情，人性的尊严、慈悲、不忍"[95]等等都是人之为人内心的深刻性以及内在社会性情感的展现，对于一个很少体验到这些美好情感的孩子，对于一个在"传统道德"、"现代规矩"、"人生教养"等样样缺失的儿童来说，任何知识与技能都不能掩盖他们情感的苍白与单薄，都无法填补其极稀薄的内心世界。如同一棵树从根子那里就已经出了问题，那么长大之后，无论使用什么好药，无论外表装饰得如何好看，"都无法改变'坏了'这一结局"。更为令人深思的是：外表似乎看不出来根子里已经腐坏了，而造成从根子开始坏的情形，"并不是人的命定"[96]，而完全是家庭与教育的责任。

从小芳的故事中我们可以发现一个民主、和谐的家庭环境，一种温馨、丰富的理性教养方式之于儿童成长的价值意义。

小芳的故事[97]

李师傅有一个女儿叫小芳，女儿小的时候，夫妇俩经常和孩子一起玩，有时玩捉迷藏，有时玩钻迷宫，有时玩"神人点兵"算术游戏。如果赶上做饭蒸馒头、家里大扫除什么的，孩子只要把小手洗干净，就可以和大人一起揉面团；系好围裙就可以擦玻璃，这样一来，孩子的劳动"成果"也有机会登上大雅之堂。孩子自然成了家庭的"小主人"、父母的好朋友。她心里有什么话，总愿意和父母说说。

为了培养孩子的生活情趣，熟悉人与人之间的关系，提升孩子的综合素质，每当小芳放假的时候，李师傅就带着女儿去农村老家玩。在村里，女儿和那里的小朋友一起游戏，一起干农活，结成了深厚的"手拉手"伙伴关系，在互相学习、互相帮助中取长补短，久而久之，女儿变得富有爱心、同情心，更懂得珍惜自己的学习机会与时间。

> 假期回来后，帮助女儿一起在院子里也开垦了一块地，把从农村带回来的南瓜种子种到地里，小芳也仿效农村的孩子，定期给地施肥、浇水，当种子发了芽后，她天天去观察、查看，不亦乐乎。有时间苗，有时拔草，真还像个小农艺师的样子。李师傅知道孩子正在为自己的兴趣和梦想而快乐地耕耘着，一有时间就和女儿一起探讨植物种植知识。后来，女儿看到南瓜开花了，再后来，她看到南瓜结蕾了……当一个个大南瓜终于吊在瓜架上时，女儿高兴地蹦了起来。
>
> 伴随着南瓜的成长，孩子也在成长，李师傅开始用智慧为女儿伴行。他没有简单地把种菜当作一种额外乐趣，而是引导孩子在实践劳作中，在心灵畅想中，把种菜变为全面培养孩子爱心、责任心、提高生活能力的过程。在“钻进去，走出来”过程中，养成对大自然的热爱，培养对同学伙伴的友情，对科学知识的痴爱。这种浸润爱的心灵，让孩子有动力、有能力把正在学习的功课学得更好，也变得更爱读书和参与实践了，在与老师、同学和谐相处中，成长为小科技迷、小记者、小艺术家等角色。

人类是拥有智慧和情感的生灵，在以家庭环境为基础，学校、社会环境为延伸以及大自然为背景的氛围中，通过在各种环境中感受到的智慧启迪、体验到的相似性情感而点燃自身智慧的火种，丰富内心情感的内涵，从而形成一种健康、积极的人生态度和一系列适应环境的能力。在这一过程中，父母伴随着孩子一起走过，并通过适当的教养方式对孩子进行智慧启蒙，这既是父母以及家庭成员必须承担的责任与义务，也是孩子人生之旅最早的启程与厚重的底色。孩子走向学校、社会后如何处理师生关系、“邻里关系、同事关系、上下级关系以及市场经济关系等都是以家庭中的‘相似性’体验为基础的”[98]。孩子自身遏制不住的成长动力也源自一颗纯真的“童心”，化作创造成功的事业与人生价值的不尽的“心力”。

其实，孩子才是自己学习与人生的主人，只有主人才有主动学习与成长的态度和行动。因而前提条件是给予孩子充分的尊重与自由，不仅包含着对每个儿童个人观点、独立选择、自我评价的尊重，还关注儿童支配个人的空间和时间的自由。这样，孩子会感到与成人人格上的平等，发展情感上的独立意识，从而在尊重与自由中主动学习与实践，“一旦自己的学习或活动获得了进步又得到成人的赏识和支持，他们就变得更有自信和自尊”[99]，一个拥有充分自信和自尊的人会主动对自己的人生、他人以及他所面对的未来世界负责，一个负责任的人便获得了真正意义上的主动和谐发展，也就有理由健康、快乐、幸福地走过自己的童年并坚定、自信、乐观地迈向成人世界。

让我们在这种亲切的家中情境，这样熟悉的母子对话中走出家庭，步入精彩的校园生活：

妈妈：对不起，我打了你。我不该那么做，但你也太让我恼火了。

鲍比：你打痛了我。

妈妈：我知道，亲爱的，我真的很抱歉。我让你不要在沙发上蹦，讲了三次，你只是一直冲着我笑。我的脾气就来了，也感到很累。你有过这种感受吗？

鲍比：当然有过。所以我昨天揍了尼克。但是我不该那么做的。

妈妈：是的。在某些方面，尼克是咎由自取，但是他还是不应该挨打。你想，下次，我真的发怒的时候，你要不要注意点？

鲍比：我最好注意点。下次我真的发怒时，希望尼克也注意点。

妈妈：但是，这并不意味着我们没有过错，对吧？打了你，我有负疚感；你打了尼克，也感到负疚。我们必须更加努力，别让这种事再发生。

鲍比：我想是的。[100]

三、学校环境：关涉学生幸福的直接因素

（一）从学校现实透视学生幸福

近年来，中小学生健康状况面临体能下降、近视率居高不下、营养过剩和心理问题增多四个方面。中小学生体能的运动速度、爆发力、肺活量等指标呈下降趋势。[101]2004年数据统计，上海市小学生近视率为29.48%，初中生61.08%，高中生为72.16%。[102]由于锻炼少、摄入高热量的食物过多，中小学生超重和肥胖现象增多，并且城市明显高于农村。心理健康方面，受课业负担、社会竞争、父母期望值过高和多元文化等综合因素的影响，有各种心理问题的学生人数也呈上升趋势。2004年复旦大学上海医学院儿科医院与上海教科院普教所在全市8个区、2 500多名中小学生的调查显示，有24.39%孩子曾有“活着不如死了好”的想法，而曾认真考虑过自杀想法的人数达到15.23%，有5.85%的孩子曾有过自杀计划，自杀未遂者达到了1.71%。[103]我们再看看现实，2000年2月，云南昆明一初二男生，因上学期考试成绩未进入班级前三名服农药自杀；2003年11月，安徽

泗县一名男孩因被老师掴耳光，在委屈和气愤中服农药结束了年仅15岁的生命；2003年11月，广东梅州市双头中学4名十三四岁的女初中生，因感觉“生活太没意思了”，集体在宿舍里喝农药自杀；2008年10月上海闵行一高中生因失去排名第一的名誉而将同学杀害……还有因家庭不和而自杀的，也有因痴迷某歌星而离我们远去的，更有因不堪重负而将母亲杀害的极端个案。这样的例子还有很多很多，读着这些冰凉的文字，不禁要问，到底是什么原因使得正值人生花季的孩子失去了对人生的美好憧憬和企盼，进而失去了对生命的渴望和留恋？又是什么缘故让学校成为许多儿童不幸的主要根源和幸福的屠宰场，又有什么理由让他们“身在福中不知福”。也许，中小学生自杀并不光是心理健康问题，也是教育问题，更是一个社会问题。

截至2004年，我国的智障儿童约500～600万，其中0～6岁儿童中，智力障碍儿童占同龄人口数的0.931%，这意味着差不多每百名儿童就有一人智障。[104]

我国中小学生因交通事故、建筑物倒塌、食物中毒、溺水、治安事故等非正常死亡的，平均每天有40多人，相当于每天有一个班的学生消失。[105]再加上种种人为的因素与蓄意的伤害：2010年3月23日福建南平实验小学，8个孩子被杀害，并有5人重伤。4月12日广西合浦某小学门前，2人死亡、5人受伤，多为小学生。4月28日广东雷州，一男子持刀冲进校园砍伤16名师生。4月29日江苏泰兴，一男子在幼儿园内持刀砍伤32人。4月30日山东潍坊，在一所小学内一男子用铁锤锤伤5人后自焚。5月12日陕西省南郑县圣水镇幼儿园发生凶杀案，致使9人死亡，另有11名学生受伤，其中2名儿童伤势严重。同一年里50天的时间内发生了6起校园血案，这就让整个社会都在思考这样一个问题——我们到底能够做些什么来保护我们的孩子。触目惊心的数字揭示了学生种种的不幸，严酷的事实给我们以震惊和警示。

我国的中小学生早上七点半必须准时到校上早读，上午四节课，中午12:00下课吃中饭，有的重点中学中午只有20分钟吃饭时间；下午1:00或1:30开始上课，通常也是四节。课后还有各类兴趣班，晚上还有晚自习，放学回家各科作业仍然要做到深夜。周六周日要补课，节假日要强化训练，再加上高考中考大考备战，期中期末模拟演练，月月有月考，每周有测验，天天有默写，节节有背诵。要忍受罚抄、罚站、讽刺挖苦，要承受忽视、歧视、虐待、欺骗与不公；要听家长的安排丢下心爱的玩具而去学钢琴、英语、绘画、书法、奥赛数理化；要服从老师的要求做各种试卷，看各类辅导材料；要实现学校分数唯上的评价标准；要达到地方区域政绩衡量的标尺。中小学生学习时间之长、学习强度之大、多方压力之重、担负义务之多已成为生命中不能承受之重。要理解"教育的过程是苦的,但果子是甜的"这种善意的谎言,要相信"以后你就会明白我的苦心","我这都是为你好"等理由。因贫困而失学的现象,长期睡眠不足的状况更是屡见不鲜了。儿童的生存权利被剥夺,话语权利的丧失,以及青少年犯罪现象的日趋严重也都是有目共睹的事实。

我们的教育涵盖太多非人性的东西。学生不是谁的私有财产,不要认为送走了几个成绩优秀的学生就可以抵消教育对学生爱的缺失;不要以为牺牲了孩子的自由就可以彰显母爱的崇高;不要总去夸耀一个教师为了不影响学生的成绩身患重疾却置生死于度外的伟大;不要一再宣扬一个学生因为高考来临学习紧张便放弃与亲人临终告别的人性扭曲;不要让头悬梁锥刺股发扬光大,也不要让吃得苦中苦方为人上人肆意横流。

此外,在儿童享用现代城市物质文明之宠爱却无法体验来自大自然的启示和感动,置身高楼大厦却独自咀嚼没有同胞兄妹的孤独,在无限丰富的知识中领略内心经验的缺憾,在网络泛滥中感受文化的冲击与侵蚀等方面,我们应该深刻反思、时刻警惕,学校教育在日趋现代化的过程中,究竟应该赋予儿童什么样的关怀与天空。因为,幼小的生命尚无防御与自卫的能力,稚嫩的肩膀承担不起人世间诸多的负担。其实,儿童不幸福就是家长的不幸,也是教师、学校的不幸,更是整个社会的不幸与悲哀,毕竟人类的未来寄托在儿童身上。

(二) 从教育观念解读学生幸福

教育观念是思想的产物,在特定的历史文化背景中人们对众多的教育现象和教育实践不断地进行价值判断而逐渐形成的总的概括性的教育认识。作为一种思想的积淀,教育观念展现了教育主体自身的价值追求,蕴涵着人们对理想教育的向往,它不仅打印着现实中的各种社会关系,还体现了每一时代人们对教育应然状态的价值诉求。"它对教育的深刻作用,不是以物化的形态显现,而是以隐性的内在规约表现出来的。每一种教育理论与实践活动都是围绕着某一核心的教育观念而展开"[106],并影响着教育发展的始终。或许我们可以从下面的例子中解读出教育观念之于学生成长的内在关联性。

在近日上海市政协召开的关于"节约型社会"的讨论会上,政协委员沈思说,"中小学教材一说到中国就是'地大物博'",他认为,"该改成'地大物不博'"。

沈思说，据资料显示，在世界144个被排名统计的国家中，我国人均资源占有量排名非常落后：人均煤资源排在50位以后，淡水资源排不进前55位，土地、耕地、森林等资源更是排在100位以后。石油、天然气、铜和铝等重要矿产资源的人均储量，仅分别相当于世界人均水平的8.3%、4.1%、25.5%和9.7%。沈思因此呼吁，应尽早把“地大物博论”请出中小学课本，让一些触目惊心的中国人均资源拥有量的数据取而代之，倒可以让孩子更冷静、更客观地面对中国的资源问题。

看了这样的报道，我想，这好像不是环境问题。是的，这是教育问题。几十年来，我们习惯了从小给孩子灌输“好大喜功”的虚假信息，以及非常狭隘的思维方式。这样的教育观，并不局限在介绍国家资源的领域。很多人认为，这样教育的目的，是为了培养我们的“民族自豪感”。回头想想，这样的教育观很奇怪，就好像小孩子永远不会长大一样。

在这样的教育下长大的孩子，在得到真实信息、经历一次恍然大悟的过程之后，会变得玩世不恭，会变得愤愤不平，会虚无，也会撒谎。即使在没有被真实唤醒的那一刻，这种“自豪感”也是虚妄的。

孩子们需要许多作为一个人的最起码品质——诚实、自信、敬业、尊重事实、直面现实，有健全的思维。这些素质才是一个国家的公民需要具备的。假如在他们长大的过程中，他们能始终看到，他们的父母和老师，报纸的记者和编辑，自己国家上至领袖、下至公民，都是诚实、兢兢业业地在推动社会一点一点地进步，他们自然会被感召，会为自己的民族自豪，他们会加入进去，哪怕他们知道，自己国家人口众多、资源匮乏，有很多困难。

反之，如果在他们进入心理成长最关键的青少年时期，突然发现自己面对的是一个不诚实的社会，成年人合谋对他们说谎，此时此刻，前面的“教育效果”会坍塌，后面你再对他说什么，他也不信了。他们会变得迷失自己，一个国家因此再也找不到负责任的公民了。

可悲的事情如此发生：在这种教育下长大的孩子，等他们变成编辑和出版者后，再次推出自己也不相信的课本；当他们变成老师后，脸不变色心不跳地向孩子们传授同样的信息和信念。成人、家长变得麻木，只知道这是必须经历的人生历程。

> 虚假信息能够依靠对真实状况的屏蔽甚至威慑力量来维护。童话中的黄帝光着身子在街上走,人们都赞叹:我们看到他穿着举世无双的新衣裳。我们真有过这样"成功"的教育经验。可是,这个时代已经变化,信息在快速传播,我们却仍然在课堂上维持同样的教育观。然后,我们发现年轻人缺乏信念,我们的教育者和学者在争执,是恢复儒学读三字经更能恢复社会的道德水准,还是引进外来文化更有效。我们回避了一个关键,我们的教育观存在一些问题:在某种程度上,我们没对孩子说出全面、真实的情况,削弱了他们正常思维的能力。每个青少年在成长的过程中,都必须经历一个发现教育和社会宣传谎言的心理冲击。这种冲击比什么都更能摧毁孩子们的道德感。
>
> 我们需要问自己,安徒生在 1837 年写的《皇帝的新装》现如今读来为什么仍然不觉过时?[107]

长久以来,教育者(包括家长与教师)马不停蹄地逼迫儿童学习这个那个,却高声叫喊、大声呼吁要把快乐还给童年,把自由归还青少年;我们在物欲横流的世界里不顾一切地倾轧却严肃地告诉孩子要五讲四美三热爱,做一个热爱祖国有道德有理想的文化人;我们集体隐瞒真相,制造谎言,却道貌岸然地教诲学生一定要了解并熟知中华民族五千年悠久的历史与灿烂的文化,以此走向美好的未来。这样的教育环境中,儿童可以身心健康地成长,愉快地学习,想必是一句美丽的空话。儿童置身于一个被"文革"时期灾难般摧残的人心沙漠化的生态环境,人们的教育观念中缺少"成人的关怀",缺失心灵深处的润泽与情感上的滋养。更为严重的是人们似乎已经遗忘了尚未治愈的心灵创伤及其潜隐的危机病症,也根本不在意儿童是在一个什么样的沙漠化精神生态上生活着。虚假的信息、空洞的说教、"善意的谎言",再加上虚伪的成人形象与不诚实的社会环境,势必引发儿童心中原有的美好幻想的破灭,道德认同的迷失,以至于对人、对事的信任危机,对理想、对信念的麻木与冷漠。如果没有长时间、充裕而认真的心灵养育、精神呵护,再加上独生子女这样一种特殊成长的群体,必然导致功利取向,盲目崇尚,单向度发展,"以及越来越大的规模与越来越稀薄的人文空气,使我们的孩子逐渐成为社会化程度不高的畸形人"[108]。

教育的过程也就是儿童社会化的过程,学生的成长需要宽广的视野、多元的教育观念,而不是三字经的记诵与外来文化的引进所能够解决的。引导他们回归生活世界,面对真实的现状,参与各种实践活动,形成对社会基本的认识与了解，具备如接纳、同情、沟通、协调、宽容以及妥协等基本的人际交往能力而提升公民化程度，这样有助于儿童关心共同的目标，学会自我表达，乐于与人平等相处，学会双赢或多赢的处世之道，在追逐共同关心的目标过程中找到心灵相通的纽带。在求真知、关怀天下，追求自由精神和独立思想的品格中体现自身的价值；在一种既有理性精神，又对理性的限度和责任有真实的了解中舍身忘我，以真理作为人的最高幸福的境界中彰显人的尊严；在对知识和理想的信念，对现实与真实的面对，对道义和责任的担当，对人类自由命运的关心中解读幸福的意蕴。

其实，教育作为人类追求真、善、美的心灵活动，在心灵根源之地，教育与思想与道德与正义，“源源相通，走得越深，越可相通相证”[109]。正如唐君毅先生所说：“在遥远的地方，一切诚念终当相遇。”

第三章　剖析学生幸福的教育现状

前文从伦理学、哲学、心理学的理论视角以及社会、家庭、学校等相关因素考察了学生幸福的现实意蕴，对于学生幸福的应然状态获得了某种总体的认识。同时，学生幸福的现实疑问也随之产生了，尽管从理论到相关因素都证实并深切关注儿童乃至于人类的福祉，但作为学生学习状态以及生存境遇的真实幸福，并没有得到根本的揭示，教育教学在很多情况下依旧作为知识的传递或职业训练的工具，而与师生生活的意义和幸福关涉不大。这里试图从学生的受教表现、生存境遇以及教师在教育现状中的角色定位剖析学生幸福的实然状态。

第一节　捍卫尊严：学生受教育现状剖析

一、教育现状中学生的表现

“当人从各种可能性中对自己的生存形式作道德和理智的选择、能够按着这个方向形成自己本身的情况下，尊严就被把握了。”[1]虽然人应该具有尊严，但每个人都不是生来就具有尊严的，尊严附着在人不断地自我形成着的东西上。作为独立的个体，教育现状中的学生也并非总是被动地接受、顺应教育者的“教育”，他们力图反抗、挣扎甚至制造冲突而表现自我从而捍卫自己的尊严。

(一) 于惩罚中无声地反抗

马卡连柯曾指出：“不惩罚的办法只是对破坏分子有利，如果学校中没有惩罚，必然使一部分学生失去保障。”[2]然而“惩罚的本质是一个人受到集体的责备，知道自己的行为有了错误，也就是说，在惩罚里并没有压制，唯有对错误的感受。因此，只有当舆论一致赞成惩罚的时候，才应当使用惩罚”[3]。时隔半个多世纪的今天，时代虽然已经发生了根本的变化，但教育的基本功能并没有发生根本性的改变。就教育的基本功能而言，一个是通过学习活动和系统文化浸染，促进学生的身心健康发展，另一个是通过学校这样一个特殊的社会化系统，促进学生的社会化进程。为了保证教育的有效性和教育工作的有序开展，惩罚在实现学生有效学习以及社会化发展方面具有其他方法难以取代的价值和功能。从而，赋予惩罚的“威胁”仍然笼罩在学校的上空以“合理”而“正当”的理由，形成“冷漠”而“可怕”的惩罚教育。

刘老师遇到了一个女生，因为在课堂上说脏话，而且不愿承认错误，家长被请到了学校。听完老师的陈诉后，家长只说了一句：我把她领回家去！刘老师毫不在意地让他们走了。这个孩子以后几天都没有来上学。当他再次见到这个孩子时才知道，她被罚在厕所里关禁闭，整整两天。一种无法形容的眼神，充满了怨恨、仇视、委屈和不解——从一个11岁的女孩眼里直勾勾地射向他，令他心如针刺，无法摆脱。他给自己找了许多理由，但都没能说服自己。“我为什么要请家长?”他问自己，为了“教育”她？为了帮她改正错误？为了让家长知道自己的孩子有哪些毛病？最后，他只得出了一个自己从没想过的答案：为了惩罚！——而他的目的达到了。这让他惊诧。这时，他已经当了近10年老师，“找家长”是老师们通行的最有效的“威胁”学生的方式，但他从没问过自己一次“为什么要这么做”；而面对学生对这种行为的恐惧，也从没自问过一次“为什么要让学生害怕?”[4]

教学是纷繁复杂的活动，教育者会遇到各种各样的情境，要面对从各种家庭和社会背景中出来的孩子，每一个孩子似乎都是一个难解的谜。“为了维护教师的权威，为了使教学能够顺利、有效地进行下去，教师使用了各种惩罚手段——罚站、罚跑、罚作业、罚做清洁、批评、请家长、罚款等。”[5]似乎惩罚是解决所有问题的手段，致使惩罚成为维持教学继续下去的主流方法。

这是一堂数学探究课，教学目的是让学生用纸折叠一个写字台。进行到教师让学生两人一组开始手工制作的环节时，忽然两个同学推搡起来，于是，老师不问青红皂白，毫不犹豫地把一个又矮又瘦的同学抓起来就往门外拖，这个同学当场就哭了，但是毫无用处，仍然被强行拉出教室。过了很长时间，老师若无其事地回来了，而那个同学没有回来。又过了一会儿，那个同学回到教室，径直走向讲台对老师说他哪里错了，但是老师粗暴地说："不对，站着！"又继续让他站在教室正门口的地方而不能回到座位上，到了第三节下课的时候老师又把这个同学拖出教室，第四节课的铃声响了，老师神情自若地回来了，而那个同学一直没有回到教室里来。

（下课的铃声一响，任课教师就走出了教室，于是，笔者小心翼翼地走到几个同学之中询问。）

笔者：你们老师平时也这么凶吗？

女同学：平时还可以了，主要是我们期中考试没有考好，所以老师心情很不好的。

男同学：我们班的期中成绩在年级里这次排得很后的。

女同学：老师，你们下节课还在我们班听课吗？

笔者：为什么这么问呢？你觉得我们会走吗？

女同学：应该会去其他班级吧。

男同学：主要是好的班级很多了，你们不会一直呆在我们这个不是很好的班上吧。

女同学：主要是我们期中考试没有考好的缘故。

笔者：你们认为考试成绩是衡量一个同学或者班级好坏的唯一标准吗？

男同学、女同学：应该是吧。

（下一周笔者再一次走进了这个教室，看到这个学生时，他依旧站在教室的角落里，仍然在承受惩罚。笔者悄声问他这段时间是怎样度过的，下面是笔者与这个同学之间的对话。）

他：这一周以来都是站着上课的，一下课就去政教处写检查。

笔者：为什么要天天写呢？

他：因为班主任老师说检查写得不够深刻，所以要继续写。

笔者：一直写了一个星期的检查吗？

他：是的。一会儿下课后还要去政教处反省。

笔者：那么，到底什么原因使得老师这么惩罚你呢？

他：主要是那天有人听课，我们打了起来给整个班级丢了脸，影响了班级的形象。

笔者仍旧不甘心地问：但是，老师当时并没有查明原因？

他一脸无助地看着笔者说：我只能承认错在我了，这样才可以继续上课。①

让笔者感到欣慰的是这位同学可以站着听讲、记笔记、回答问题甚至参与小组讨论。虽然在我们的教育中，在我们的学校里，学生没有为自己辩护的权利，争取自己利益的权利，表达心声的权利，但他们仍然以自己的方式无声地反抗着，顽强地争取自己学习的机会。

原来研究者的到来无形之中给予老师、学生乃至于学校不小的压力，原来任何事情都有利弊两面的，如果站在他人的立场看待问题，如果置身他人的境遇思考现象，给予时会更真诚，付出时会更理性，揭示的事实本身也许会更客观、公正。因为，只有在灵魂深处拥有感恩之心的人，只有内心深处真正富足的人，才能宽容地对待别人，才能客观地看待世界。

上课之初，班长领全班学生读数学要点、公式，直到可以倒背如流。教师接下来就昨天的数学测验情况以报出每个学生的考试分数的方式当众点评，王军得了多少分，李洪是多少分……当报出老师感觉不满意的分数时，口气十分严厉地叫这个学生站起来，当众数落一番，并开始站着上课。每报出一个学生的分数，教师都要进行相应的评价并陆续有学生站着：某某同学这次考得不错，继续保持；某某同学你这次退步很多，怎么回事呢？下面听听那些不及格的人吧，王兵 58 分，李辉 40 分，李敏只考了 12 分(这时老师的眼睛瞪得很大，表现出烦恼而厌恶的神情)，好好找找原因，看看自己基础题扣了多少分，这些都是不应该失去的分数。全班学生的分数都报完时，教室里已有近半数站着的同学方被允许坐下(这些学生中有不及格的人，也有老师认为退步了的)。第三个环节，让学生自己算出各自小组的平均分数，然后每个小组派出一个代表报出每组的平均分，第一组平均分 67，第二组平均分 73……突然一个组报出 81 时，教师粗暴地说：“不可能，你这组一定算错了，李敏只有 12 分，怎么可能平均分有 80 多呢？再重新算一遍。”当学生报

① 摘自笔者 2008 年 11 月 20 日在 S 市某中学的田野日记。

出52分时，教师轻蔑地表示认可。每每报出平均分比较低时，其余的学生就在暗暗发笑，这时教师则怒斥道："笑什么笑，不许嘲笑别人，有几个小组成绩明显下降了，找找原因，配合老师把成绩搞上去，马上就要期中考试了。"所有的小组都报完平均分后，教师着重就平均分最高小组与最低组又给予强化评价与重点点评。接着进入到试卷讲评阶段，这位老师按部就班地依次讲解试卷，首先请"系数"与"次数"的概念搞错的同学站起来，把书翻到第40页，全班齐声朗读什么叫系数的概念，出错的同学继续站着听讲，一直到这一题讲解完仍未允许坐下。下面一题错的人很少，教师也就不进行讲解了，那些学生仍然站着……到了较为复杂的题目时，老师依旧让出错的学生站起来受罚，讲解要么让算对的学生解释解题过程，要么在黑板上演算，讲评在继续进行着，每一题都有学生因犯错而站起来，到了第十八题、十九题时教室里站着的人已经远远多于坐着的人了。站着的学生自始至终低着头、弯着腰、拿着笔、看着试卷；坐着的学生摇晃着身子、伸长脖子或者从前面的背影左侧，或者右侧往前看，不时地站起来看看黑板，瞧瞧老师，然后往试卷上记点什么。站着的屈膝弓背，坐着的东倒西歪，一片沉默与讥笑中夹杂着一声声高声的训斥。等到所有的题目都讲解完时，教师才让站着的学生都坐下并就试卷进行订正。最后，教师以威胁的口气说"下午还要继续考试，而且题目比这次的更难"而结束这节课的教学。①

从这个教学片断中我们不难看出，这位教师的教学方法简单而粗暴，还有些自相矛盾，用分数作为衡量学生的唯一标准，并以罚站和训斥等手段化解自己对分数低的学生的愤怒，致使罚站与训斥充斥着教学活动的全部过程，而当学生也效仿老师嘲笑与讥讽其他学生的时候，却又义正词严地制止与批评。就学生而言，无论是站着还是被训斥都以沉默或者对相对于自己更为"劣势"的学生的讥讽来回应，都以自认为适当的方式释放自己内心的不满与委屈，都以"无声"的方式保持学习的姿态并作出顽强的抵抗。

正如赫尔巴特所说，管理和训育是教育前的准备工作，但它们本身并不是教育。教育是什么？教育是作用于人的心灵乃至生命的活动，是塑造灵魂、发展智慧的过程。因而，教育只能用爱浇灌爱，用心灵感动心灵，用生命点燃生命，用灵

① 摘自笔者2009年4月2日在S市某中学的课堂观察。

魂唤起灵魂，用智慧培植智慧，用人性养育人格。在这一过程中，理解，是育人之本；尊重，是教育之源。由于不同年龄阶段的青少年儿童处于道德和社会化的不同发展阶段，不同道德发展阶段的青少年儿童对故意与非故意过错行为的理解也是不同的，同时每一个儿童都有自己的生活世界与情感世界，教育者应该理解并尊重不同阶段儿童的思维方式、情感方式和生活状态，从而清晰地划分故意过错行为与非故意过错行为的界限，如果常常对学生的非故意过错行为采取惩罚，不仅难以取得预期的教育效果，而且容易使受惩罚者产生对立情绪，从而使今后各项教育因信任危机而面临窘境。如果一个人正常的权利被剥夺了，是否还有维护自己正当权利的意识与能力，是否还能在以后的日子里有尊严地生活。童年的遭遇与坎坷，会给一个人的一生留下阴影，会在性格、性情、人格等都打下烙印。这种阴影与烙印也许永远都无法逝去与消除，而在日后的某一天以某种极端的方式呈现或者爆发，这些都是我们极为不想看到的后果，该引起我们怎样的思考与警惕？

理解学生因幼稚、冲动而做出的不良行为，尊重儿童作为人的本然特性而呈现出无限的丰富性、多样性和多向性，其发展水平、发展向度受遗传、家庭、教育、文化、环境等多种因素的制约，因而每个人在相同的发展阶段会有完全不同的处事方式与人生态度。在教育中，如果我们用心去营造一个充满真情与关爱的文化氛围，学生的身心健康就有了切实的保障。没有任何真正的教育是可以建立在轻蔑与敌视之上的，也没有任何一种教育可以依靠惩罚与制裁来实现。

教室里弥漫着惩罚的硝烟会给学生的身心带来伤害。教学乃至学校教育作为社会的一个构成系统，使用惩罚来维护规范的严肃性是不可避免的，其界限在于故意过错与非故意过错的划分以及对于成长中青少年儿童的理解和尊重。此外，教育者必须意识到，只要存在利益纷争，社会就不可能没有规则和惩罚。“为了让学生在未来能更好地适应并有尊严地生活，教学过程中还必须帮助学生学会如何面对失败和惩罚，以令人信服的、积极、健康的惩罚方式，使学生以理性、健康的心态面对未来的失败和惩罚，并以适当的方式回应惩罚做出良好的范例。”[6]只有这样，课堂教学、学校教育才能为创建一个健康而进步的未来社会发挥积极、有效的引导功能。

（二）于挣扎中承受应试之重

教学作为一种社会主流价值传递活动，不仅仅受到学校价值导向的制约，也不仅仅是在教育系统内部的创生与传递，还受到其所处的民族传统、社会风气、世界文化等的影响，其发展与变迁必然受生活于其中的社会文化背景的制约，社会价值取向作为外在的规约力量塑造了社会普遍认同的学校教育模式和教学导向。作为一定社会体系中的教学基本状态需要与整个社会的文化背景相契合，基于一定环境中的行为意义的寻绎和推测，分析特定教育教学的表象及其深层次的缘由。那么，我们就去看看教室里真实的情形，听听儿童内心的声音，感受儿童在承受应试之重时又做出怎样的挣扎。

某重点小学六年级的课程表：

一	二	三	四	五
语文	语文	语文	语文	数学
数学	数学	语文	语文	数学
英语	语文	数学	数学	语文
英语	音乐	体育	英语	英语
健康	科学	美术	英语	体育
思品	电脑	班会	思品	机动

从课表上可以看到小学六年级有语、数、外、音、体、美、健康、思品、电脑以及科学等十门课程，似乎按照德智体美劳全面发展的教育方针来培养学生。事实上，其余的课程都不过是语数外的代名词，像科学、思品等课程一个学期一次都没有上过，记得一次学校发了一张思想品德道德建设试卷，对于试卷上的一道题：你们的思想品德课是否上得很好？我们立刻回答道：相当不好。当时，老师就告诫我们："等外校的老师提这个问题的时候你们一定要说上得很好，老师很负责。"还让我们背了很多关于思想道德建设题目的答案，其实这个课从来没有上过。并且校长是同意老师的做法的，等有外人询问的时候就校长、老师和学生联合起来编出一个理由欺骗外人。实际上，从一年级到六年级就只学三门功课的，就是考什么学什么，其余的课程要么不上要么就是胡乱上一下。例如音乐课的老师每次上课时就拿个录音机放音乐，自己或者打电话聊天，或者回到办公室里休息，下课的铃声一响就把录音机拎走了。美术老师上课时把一幅画挂在黑板上，自己就开始看小说，什么都不教，任由我们想干什么就干什么。体育老师则随便丢给我们几个球就走了。音乐、体育与美术都是副科，这些课这样上时同学们好像都非常高兴，有的写作业，有的打游戏，有的聊天或者睡觉。考试的时候音乐老师叫几个合唱班的同学去唱首歌给校长听听就可以了，美术老师选几

幅老师画的画交上去应付一下也就过关了。音乐美术等“副科”不好好上或者根本不上的学校有很多的，它们在我们心目中成了虚课。上电脑课时，我们都是打游戏的，老师也不教又不用考试，成绩单上却写着优。而科学则是数学的代名词，思品课意味着语文，健康多半由英语替代。可以说，从早到晚，我们所有的时间和精力都放在语、数、外三门要考试的科目上了。①

从上面这些话语中，笔者似乎并没有感觉出学生发自内心的兴奋与愉悦，却投射出一种深深的忧虑与怨恨，对自身前途命运的忧虑，对教师的教学以及造成、迫使这种应试教育大行其道的成人世界的怨恨，我们也可以感受到幼小的心灵正承受着与其年龄极不相称的无助与无奈，他们只能以写作业、打游戏、聊天或者睡觉等方式转嫁这种不适当的教学后果，释放自己的不满与怨言。在这里，学校教育只做出注重学生德智体美劳全面发展的姿态，却没有落到实处，也似乎没有改进的态度与行为。如果再用瞒和骗的方法教化学生，想必和用极端危言恐吓下一代的后果一样，无论是纵容，还是欺骗，甚至教唆作弊，目的只有一个，就是提高学生的分数。因为对一个教师、一所学校业绩的考评主要是以学生的成绩为准，而且考核涉及学生的平均分、及格率以及优秀率。在分数和什么“率”的威压下，学生的身心健康和人格尊严早已被置之度外，以至于最后的一招就是考试时作弊以获取高分。在瞒和骗中长大的孩子，思维是有缺陷的，情感也是不健全的，而一旦觉醒，很有可能转向虚无而对什么都不再相信了。

教育是一种武装人的方式，它对人负有一种无可逃避的责任：它需使人能够适应生存的时代，而不致将他排除在人生的最终伟大目标之外；它将开启世界的钥匙——独立和仁爱授之于人，赋予他作为一个自由人只身跋涉而步履轻捷的力量（何赛·马蒂）。然而，很久以来，我国教育的任务就是为一种刻板的职能、固定的情境、一时的生存、一种特殊行业或特定的职位作准备。教育灌输着属于古旧范畴的传统知识，受教育者倾向于在早年时期一劳永逸地获得终身有用的知识或技术。顺着这样的思路，反映在现存课堂教学中，最为“经济”、“有效”的教学摸式——应试教学模式。采取“考什么—教什么—学什么”的教学策略，长期不懈地填鸭、灌注、搞题海战术和死记硬背的教学形式，使学生长期处于过分注重接受学习，机械记忆的被动状态。试想，一个人在学校中度过 9 年或 12 年学习生活，整天处于被动地应付、机械训练、死记硬背、简单重复之中，对于所学

① 摘自笔者 2009 年 2 月 7 日在 Z 省某重点小学的采访记录整理。

的内容总是生吞活剥、一知半解、似懂非懂，那么，怎么能够想象和指望他会成为一个高素质的人？在他未来的人生中，如何能够具有创新精神和创造能力，能够成为幸福生活的创造者和美好生活的建设者？

再看看西方国家的情况，自 1983 年美国题为《国家处在危机之中，教育改革势在必行》报告的出台，到 2001 年布什政府大力推行《不让一个孩子掉队法》(No Child Left Behind)在国会得到通过并实施，成为美国“历史上最伟大最持久的，以改变公立学校的中心职责和结构为目标的全国性运动”[7]。按照当时美国教育部长指示成立的“国家教育优异委员会”历时一年半的时间，对全国 1973～1982 这 10 年间学生的考试成绩进行统计分析，发现美国学生在国内国际各种重要的考试中成绩持续下降，学生的读写能力、理解能力、运用数学知识的能力与其他发达国家的同龄人相比较差，毕业生的基本知识与基本技能存在严重缺陷，以及责任感差，道德水准下降等问题，指出“一代人的教育水平不能超过、不能与父辈相提并论，甚至还达不到父辈的水平，这在我国历史上还是第一次”[8]，从而发出了“国家在危险中”的警告：

> 我们的国家正处于危急之中。我们在商业、工业、科学与技术创造方面往日不受挑战的领先地位，正在被全世界的竞争者赶上。……我们社会的教育基础目前正在被一股日益增涨的平庸潮流所侵性，这股潮流威胁着我们的国家和人民的未来。上一代人难于想象的情况已开始出现——其他一些国家正在赶上和超过我们的教育成就。如果不友好的外国列强试图把目前存在的平庸的教育成绩强加于我们，我们可以把它视为一种战争的行动。实际情况是，我们已经允许它出现在我们之中。……实际上，我们采取了不加思考的、单方面从教育上解除武装的行动。[9]

针对以上的问题与现状，《国家处在危机之中，教育改革势在必行》报告建议：教育内容更加重视英语、数学、自然科学、社会科学以及计算机科学，并通过延长学日和学年，给中学生布置比现在多得多的作业来强化这五门学科的学习；评价方面采取更为严格的和可测量的标准进行。至此，美国的教师不能再像以前一样进行着想象中的“素质教育”，美国的学生也由天堂般的日子进入到应试的疲惫之中。以下是林肯高中的学生从 2003 年开始所要参加的考试：

9 月：开学

10 月：英语能力统考(三天)

11 月：全加州高中毕业考试（三天），10 年级 PSAT 考试（全国统考）

12 月：低程度学生分班全州统考（两天）；把低程度的学生分出来，给他们另外的课程

2 月：全加州英语写作考试（两天）

4 月：全加州 CAT6 考试（各科的全面统考，考试成绩关系学校在全州的名次、拨款和奖金，两个星期，每天考半天，或者一个星期，每天考六小时）

5 月：AP（大学预科考试，从 1 号考到 21 号）

6 月 10 日：放暑假

美国学生还有利用周末去考的全国统一考试，这些都是为申请大学而考的，比如每年七次的 SAT 考试，每年若干次的 SATⅡ考试，还有 ACT 考试等。当然，学生们不必参加上面的每一场考试，但是，在高中四年里他们是一定要面对这些考试的。[10]

其实，世界各国学生的负担都不轻，儿童的世界早已成为按照成人的想象、规则而被成人顽固地“建构”着的控制世界，不管孩子是否有兴趣、是否适合与需要，家长、教师以及成人社会总是按照自己的期望预设，以成人自我中心的压制与强迫擅自决定儿童的生活方式和生活规律，为未来的生活与发展而“揠前”进入各种知识训练与储备之中，在不合时宜的竞争中消逝了童年，在未来“幸福”的期待中牺牲了当下的快乐与生活。毕竟，过度的应试与高强度既不是高质量的教育，也无法培养出身心健康的人。

某次考数学之前，该生亲戚找到学校，告诉他，他的父亲在半小时前因脑溢血突然去世了，该生痛哭起来。这个时候老师来了，先埋怨该生亲戚不该在考试之前把这种消息告诉学生，“因为这样他会考不好”；然后鼓励学生“放下思想包袱”。结果这位学生便没有立即去医院向父亲告别，而是参加了考试。“结果他取得了 85 分，如果不告诉他，肯定是 100 分！”老师惋惜地说。[11]

由“肯定是 100 分”降到 85 分，我们想到的并不是惋惜与遗憾，而是这个学生内心的挣扎，试想他是带着怎样的悲伤与痛苦参加的考试，他又将以怎样的谴责与不安面对自己的亲人，面对自己的内心。一个人即使可以带着巨大的悲痛参加考试，是否也可以背负无限的谴责继续人生之路呢？与生命相比，与亲情而

言还有什么是不能割舍与放弃的呢？假使什么都能够割舍与放弃，即使考了满分，即便"优秀"而"卓越"，又可能是一个幸福并有能力使他人幸福的人吗？

"考试"这柄达摩之剑至今仍悬挂在课堂上空，来自学校、家长和社会的压力弥漫整个校园，素质教育、个性发展、以人为本等理念因缺少相应的社会背景、文化氛围而缺少了最重要的环境支持。应试教学不是"教育"而是训练，育人成为"训练"的代名词，高分下掩盖的是人格的缺陷、人性的丧失，学生成为解决答卷上问题的"技工"。实际上不仅仅是孩子们遭受考试的掣肘，在中国，应试教育似乎已经弥漫于每个人的心里，不是学以致用、教以致用，而是学以应考、教以应考，这已经成为一种根深蒂固的中华民族文化！

探寻一个问题的根源或许要回到其源头，考察这个问题的历史渊源以及所处的民族文化背景，或许还要关注世界文化的趋势与走向，才能做到历史的、逻辑的统一，才能给出一个清楚的、条理的阐述。中国的传统教育观——学而优则仕；中国文化传统——读书为了做官，升官就能发财。这便是中国历史悠久的科举制度之所以持续一千多年的理由。"中国科举制度的产生是历史的必然和当时社会的一大进步，它所一直坚持的'自由报名、公开考试、平等竞争、择优取仕'的原则，给广大中小阶层和平民百姓通过科举的阶梯而入仕以登上历史的政治舞台，提供了一个公平竞争的平台、机会和条件。可以说，科举制度是中国历史上也是世界历史上最具开创性和平等性的官吏人才选拔制度。然而，1300 年的科举制度几乎占据了中国两千多年封建社会五分之三和中国五千年文明史的近三分之一的时间，历史之长，影响之大，妇孺皆知。它对于祖国的统一、社会的稳定、各民族的团结和融合，对于中华文明的传播和建设，特别是对儒家文化和古代教育的促进和发展都曾产生过巨大作用。"[12]也足以证明科举制度、应试文化在中国历史之悠久，通过"考试改变命运"观念之根深蒂固。纵观 20 世纪二三十年代国际教育思潮发现，这一阶段世界教育思想以传授和掌握知识为主的"知识本位"为主流，这一时期以崇尚知识、拥有知识为教育文化背景，人们相信一个人只要拥有足够的知识就足以立足社会。英国思想家培根的名言"知识就是力量"正是这种思想的典型代表、这一阶段人们求知的真实写照。

立足民族的文化传统，置身昔日世界的文化环境，加之中国父母"望子成龙"、"望女成凤"，希望子女"出人头地"、"光宗耀祖"等观念的驱使，我国人口众多、资源有限、竞争激烈等客观现实，都使应试教育越演越烈，应试成为课堂教学、学校教育的主导。现今，我们仍以考分为更高一级学校录取的唯一标准，以分数为社会选拔人才时的唯一尺度,结果是中小学教育、家庭教育、社会教育都去培养“考生”,而不是“学生”。学生从小到大都只是为分数而生存,同伴之间彼此互相对立,成为竞争对手,这样培养出来的多为没有同情心、自私自利、缺乏公共道德的人。① 世界一流大学的录取却是三合一式的:第一,看高考成绩;第二,看高中三年的稳态的成绩;第三,看综合素质。比如校内校外的社会活动、学术科研活动、文体活动,还考虑各种有偿和无偿的服务意识。选拔人才时更多地考虑学生花多少时间做义工,有没有服务公众的意识,培养的是学生的责任心,成为健全的公民,致使中小学乃至全社会都注重培养学生的综合素质。

再看看我们国家的现状,“我国已经是中低档服装、玩具和鞋生产的世界第一大国,是煤炭、造船方面的世界第一大国,还可能很快成为电视、冰箱、洗衣机生产的世界第一大国。但是,这些并没有改变‘别人吃肉、我们喝汤’的局面,如果不改变这种学以应试、教以应试的民族文化,在 21 世纪,仍然只能继续跟在英特尔、微软、朗讯后面,喝一点残汤剩饭”[12]。教育是一个关系着每一个个体和整个社会发展的领域。如何改变这种“学以应试、教以应试”的教育传统问题极为急迫。教育不是比赛,是成长。孩子们每天都在成长,成长不是从外部强加在儿童身上的,而一定是从儿童自身生发出来的。现实的功利取向使我们缺失了对真正价值的追求,然而这并不可怕,可怕的是我们依然处于迷失中而不知醒悟,“成长”之语如“拨云见日”,使我们从“缘在此山中”走了出来。

关注每个个体的成长。教学不再仅仅传授机械、教条、刻板的知识,而是包括知识在内的极富内涵、充满人文精神、生气勃勃的文化熏陶。不再以应试为本,而以人为本,以每个学生、教师的个体成长为本,师生之间不再是“灌输”与“接受”的关系,而是师生共享整个教育文化的全面陶冶。学生不仅为旧知识的接受者,更成为新知识的创造者。根植于深厚的文化土壤中的知识是鲜活的,与文化命脉相连,与历史中活生生的人物相通。知识学习的过程,仿佛与个体的内心世界戚戚相关,仿佛理想、信念、个性的形成过程,仿佛生命体验和个人成长的过程。专业知识为学生奠定起步的基础,而文化则像哲学和艺术一样将他们引向深奥高远之境。

或许我们可以从一个叫丹妮的女孩内心的挣扎与矛盾中,体会应试之于儿童的摧残,感受应试教育赋予学生的负担与压力,以及他们对于无忧无虑的幸福

① 2007 年 11 月 8 日张华教授的讲义。

童年的渴望。

> 教师看见丹妮在跳绳。因为与她交往一年之久，他比一个过路人更了解她。丹妮远离其他孩子独自一人跳绳，这使他不禁深思怎样才能使她成为孩子们中的一员。她无可置疑是班里成绩最优秀的学生，但她的成功完全可归结为自己努力的结果。她对自己所受到的表扬总显得漠不关心，以致使自己的老师都感到沮丧。丹妮的母亲是一位成功的、很具有事业心的女性，想把她培养成一名天才。丹妮按照母亲的意图这样做了。但她的老师却认为她用童年的欢乐换取了母亲的喜悦。当老师观察丹妮跳绳时，注意到她的紧张感，与其他孩子们跳绳的轻松截然不同。这种焦虑的神情如同她在面对每一次考试、每一次任务时所表现的一样。与其说她在跳绳，还不如说她在艰难地前进。
>
> 老师也注意到丹妮是如何将目光转向那在一条绳子上跳耍的6个女孩。其中一个女孩转头看了她一眼，并示意让她过来。丹妮突然停止了。绳子打在了她的脚上，她朝校门口跑去了。
>
> 老师看到了什么？一个在班上不断以竞争实力来衡量自己的孤独的女孩。如果能给自己一些个人的空间来更好地成长，为自己培养一些交际的兴趣，远离自己的母亲……总而言之，老师是充满希望的，因为在丹妮的眼里，他捕捉到了一丝渴望，一丝融入班级里的渴望。[13]

（三）于冲突中捍卫自己的尊严

美国社会学家乔纳森·H.特纳曾指出："冲突即指各派之间直接的和公开的旨在遏制各自对手并实现自己目的的互动。"[14]从宏观上分析各种教学现象，至少涉及这样三种冲突：一是观念内部的冲突，主要是不同观念之间的冲突、理想与现实之间的冲突；二是社会中主流价值观与多元价值取向之间的冲突，主要表现教师与学生、学生与学生之间观念冲突；三是制度与道德之间的冲突，主要表现为制度规范与道德水准之间的摩擦与碰撞。教育教学中"教师、学生、社会制度在价值体系、文化资源、表意象征符号等方面存在着差异，这是师生冲突的内源性基础，构成了冲突的可能和条件，而不同的观念在课堂有限的时间内的共同目标是按照自身的价值属性去表达，这是使冲突的可能性转变为现实性的关键"[15]。这里，主要对教师与学生、主流与多元、制度与道德之间的冲突进行剖析，分析冲突的程度并对引起冲突的原因挖掘，试图考察教育现状中学生是如何在冲突中捍卫自己的尊严。

和所有的班级一样,刘老师的班里也有一个家境不好的学生。这个孩子不只是班里生活最穷困的,也是性格最偏执、学习最差的之一。在刘老师接任之前,几乎不完成作业,考试成绩很少及格,常常和同学打架、上网吧,从学校逃跑。刘老师在一次课外辅导中意外了解了他的家庭:他的爸爸,因为吸毒,注射的臂部已经感染化脓;在他幼儿园时妈妈就因吸毒死去,他和奶奶艰难地生活……在刘老师连续几个月的鼓励下,这个孩子的学习状况开始明显好转。为了使他的学习成绩更快地升上来,刘老师为这个孩子安排了一个成绩非常好的同桌,期望他们能互相帮助。但刘老师意外得知,这个同桌竟然在背后骂这个孩子是"白痴"。"爱的力量,同情的力量,尊重他人的力量,比其他任何都更重要!"这是刘老师的理论。为了旗帜鲜明地表明自己的观点,刘老师不仅始终坚持在课后为这个孩子辅导,经常在他的闪光点实现时不遗余力地表扬,同时对所有包含歧视的做法进行严厉的批评,但这又出乎意料地导致其他孩子的仇恨——他们不但恨老师,也恨背后告诉老师他们行为的同学,恨这个生活在他们并不了解的环境里的孩子……保护一个孩子的尊严,与维护大多数学生的情感,这个两难境地,使刘老师度过一个个长夜。[16]

教师和学生、学生和学生在课堂教学中既是明确的师生关系、同学关系,还在教学生活中发生各种各样的冲突与对立。在这个案例中,主要是一位教师和多位学生的交往互动,表现为教师与学生之间的冲突。这里出现的对立是教师与学生之间两种要求的对立,也是师生价值观之间的冲突——关心与平等之间的冲突以内隐的相对平和的内心对抗的形式体现出来。内隐而平和的冲突以一部分学生对另一部分学生的"瞧不起","蔑视""怨恨"而进行着内心的对抗,内隐的内心对抗达到一定程度时有可能通过一定中间状态的过渡,而以外显的剧烈的冲突行为表现出来,也可能通过师生之间、学生之间彼此沟通、了解而化解,实现互相理解与相容的和谐氛围。

引起师生间冲突的原因多种多样,观念的不同是导致这种冲突的根本。在这一具体情景中,班级里的其他学生也希望得到老师特别的关心和关注的情感与老师只给予这个学生过多的关爱之间的冲突而引起师生间的摩擦和对抗。关心和关爱是人的一种自发情感,具有排他性,越是强烈的情感,越具有排他性。教师与学生之间的情感也一样,人人都希望能够被平等、无偏向、无差别地对待,每个人都希望自己的价值与尊严能够得到认可与守护，如果自身的情感受到伤害，假如个人的尊严受到侵犯，则儿童有时不惜以冒犯或伤害他人而捍卫自己的尊严。

教学活动是一种公共生活，仅仅有爱是不够的，爱的原则并不足以协调教师与学生之间的一切行为规范，也不足以解决师生彼此的对抗与冲突。相反，师生间的冲突会导致各项教育效果因学生内心的对抗而全面崩溃。在这一案例中，教师正是因对这位学生施以特别的关心，而导致教师与班里其他学生、个体学生与群体学生之间形成双重冲突。如果试图劝慰这个学生，他的家庭不幸并不是他的过错，他更是家庭环境的受害者，通过自身的努力，借助老师同学的帮助，摆脱不幸，走出困境，依靠自己的力量赢得他人的尊重；如果使班级里的同学了解同伴的生活环境、家庭背景，理解并接纳同龄伙伴，便能化解教师与学生、个体与群体之间的冲突，既保护了个体的尊严，也维护了同学们的情感需求，真正塑造人与人融合共生的育人环境。

教师：同学之间应该互相关心、谦让，不应该动手打人。

学生：我爸爸说，人善被人欺，马善被人骑。不能太老实了，他先打我，我就要还击。

教师：你们现在一定要努力学习，长大好为祖国作贡献。

学生：我以后要考清华或北大，赚很多的钱，买一套带游泳池的大房子。

教师：社会主义制度与资本主义制度相比具有很多优越性。

学生：西方国家的人们比我们富裕，人的素质也高，我大学毕业后出国，不打算回来了。①

现今，信息技术高度发达，转型时期的社会里，各种世界观层出不穷，价值观此起彼伏，学校和教师代表学校教育中的主流世界观、价值观，以教授相对较为传统、理想化的价值观念，如谦让、奉献、忠诚、勤奋等为主；家长与各种社会媒体试图向学生灌输更为现实，适应未来社会生存的观念，如竞争、享受、利己等多元的价值观。这样，在教学生活中来自学校、教师的主流价值导向势必与来自家长和媒体等多种渠道的观念发生冲突，形成摩擦或碰撞。“此外，值得人们追求的价值还有很多，如健康、自由、安全、真理、友情、美以及金钱、享受、帮助他人、社

① 摘自笔者2001年4月30号在Z省某中学的工作日记。

会承认等也都是值得追求的，对于任何美好的东西，几乎世界各国的人们都可以达成相当程度的共识，展现出一幅具体、真实、动态、丰富多彩的多元画卷。这些价值之间有的可能互相冲突，也可能并行不悖的”[5]，也有的不可能同时实现，意味着在追求一些价值的同时必须放弃另一些价值。价值没有高低贵贱之分，全取决于个人的选择，因个人的选择而赋予其特殊的意义，这说明生活没有预定的答案，什么样的生活是有价值的全凭个人的决定，什么样的生活是有意义的全靠个人选择，什么样的生活是幸福的全依赖于个人的感受。在某种程度上说，个人的选择创造了个人的生活，个人的选择决定了个体人生的价值，个人的选择定位了个体人生的品质，因为，成长永远是成长者自己的事情。

人们追求的每一种价值我们都无法对其作出“好与坏”的简单判断，它是人们在思考问题时的价值认同，在教育过程中表现出来的教师所代表的主流价值取向有时会遭到一部分不同于教师价值观的学生质疑，教学活动中，教育者主流与多元之间的冲突往往以学生内隐的对抗体现出来，并以代表主流价值观的教师的教育效果低下或完全无效而呈现冲突的程度。

在这样一个价值多元的社会中，学校和教师进行主流价值观教育时，试图从传统的说教、封闭性原则向开放、丰富和相关性转变，涉及到的价值选择应尽可能丰富多彩，既要全面涉及历史和社会现实中多种观念的产生，还要介绍产生的背景与过程，不仅关注各种价值时间上的关联，也要思考价值观之间内在的冲突和联系，使教育的传递由封闭走向现实与未来，使多元价值之间的差异得到尊重与理解，使多种价值观和平共处成为可能，既能认知、理解和诠释自己的民族历史，又能联系现实，尊重并吸取他种文化的经验与长处，与他种文化共同建构新的文化语境。最终使学生能够以自己的方式作出选择，只要追求价值的手段是合理的就是值得追求的选择。

同时，我们必须承认，这个国家确实有落后、贫困、疾病甚至顽疾，但也许正是这样的国家才更需要每个炎黄子孙尽职尽力，任劳任怨，能够为国分忧，能够为民效力，过多的发牢骚，无穷的诉苦、抱怨都无济于事。我们的国家需要我们每一个人为她分忧解难，需要我们每一个人的无私奉献，因为，一个忘记祖国、不思民族的人，无论如何不能称得上受过良好的教育，无论如何不能说是拥有尊严的。所以，无论经历多少磨难，无论环境多么恶劣，我们的精神生命都与祖国一脉相承，那就是对美好社会始终如一地坚持，对美好未来一如既往地奋斗。

对于社会上的造假而言，儿童是受害者；而对于教育上的造假，儿童却往往是直接执行者。一次，李老师任教的学校要迎接上级一次大规模检查。这次检查关系到学校的地位与荣誉，所以，学校上上下下都极为重视。这种"重视"的具体表现便是认认真真地造假。学校发现名目繁多的检查项目中有一项是检查学校各班级是否开设了"健康教育课"。在激烈的"应试教育"背景下，这种课多半是不会开设的——很多学校都如此。如果检查团发现学校没有开这门课，会扣掉很多分。怎么办？于是，学校决定马上"开设"健康教育课。政教处火速召开班主任会，要求各班主任回到教室里，立刻把教室墙壁上课表中的"自习"改成"健康教育课"。可是，这次检查团不但看课表，还要随机抽查学生。于是，教导处又召集班主任开会，要求每个班主任找五名成绩最好的学生突击背诵健康教育教材上的内容。但检查团是随机抽查，如何能保证抽到的学生恰好是有准备的学生呢？这好办——指鹿为马！反正检查团也不认识学生，如果抽到没有准备的张三，班主任就叫有准备的李四去。回到班上，李老师按学校要求指定了五位学生，以"热爱学校"、"维护集体荣誉"的神圣理由，要求他们像背唐诗宋词一样背诵"佝偻病的起因"。[17]

这个案例中，校领导、教师、学生精诚合作，集体作弊，终于顺利过关，为学校赢得了荣誉，也为每个人赢得了尊重。这一案例中的冲突主体在内涵与外延上似乎都发生了变化，不再局限于课堂中的教师与学生、学生与学生或者教师与教师之间的冲突，而以校领导、教师和学生集体与行政制度、遵守的规范、追求的目标以及一整套的世界观和价值体系之间的冲突。学生、教师、校领导似乎都没有错，他们在为维护集体的"荣誉"而克尽职守，制定制度的人又是依据一定的规范、目标、价值体系制定的，也应该是合乎"规范"、符合"目的"、体现"价值"的，每一个具体的个人似乎都没有犯错，每个人都在自己能力所及的范围内极力彰显着自身的价值，并以个体的合力维护集体的"荣誉"。可是不道德的事情却发生了，这是造假、作弊，这种严重违背教育目的的事情却发生在育人的课堂与学校里，由被称为"人类灵魂工程师"的教师所操纵，以落实在寄予无限希望的"祖国的花朵"身上而告终。

集体作弊与个体作弊对于当事人来说感觉是不同的，内心的羞愧、所受的谴责、所承担的责任也都体现出完全不同的程度，这一案例中个体被掩藏在集体中成为"无名""无责"者。上级主管部门部署——校领导传达——教师操作——学生执行，这一早已司空见惯的程序化模式为课堂中的教学主体所“熟视无睹”了，外显的凸现的制度规范与广大师生内心内隐的平和的道德冲突作为教学活动中冲突最弱的一极，以制度、道德为两个端点所勾勒出来的冲突图景则是师生作为群体中的每个人可以“心安理得”甚至“理直气壮”。然而尊重人的教育目的和任务却是通过教育、训练、社会化，教孩子知道怎样去做，该做什么，不该做什么，在“应当”与“正当”的审视与抉择中把握尊严。

考察制度与道德冲突之根源，我们可以发现教育与道德冲突其实就是制度与道德背后两个异质因素在冲突。“在当今，人们常常认为人心不古，世风日下是社会的最大问题”[5]，试图以改变人心和道德来扭转现状，拯救社会。然而，靠思想、道德以及人心是不能从根本上改变现实的，制度以社会代言人和国家代表的身份出现，成为现实中必须顺从的强势力量，道德却是公民内在的观念系统，个体选择行为和判断是非的标准。因而，只有改变社会制度才是根本出路，只有合乎道德的制度体系，规范的社会风气才能引导人们行善，以合乎道德的手段达到预期的目的，才是有德性的教育的真正目的，才能彰显人性中不可侵犯的尊严。

体制的改革非一日之功，我们不能坐等其完成。并不是所有的责任都来自外界，归于制度和体制，学校、教师以及家长都要时刻警醒，不断反思，我们能够也应该为学生和孩子做些什么。“即使在现行体制下，老师和学校仍拥有相对的自由，可以为自己的学生和课堂教学创造一个尽可能好的小环境，把大环境对他们的危害缩小到最低程度。当然，这就要求教育工作者站得足够高，对于现行体制的弊端有清醒的认识，对于教育的理念有正确的理解。可以想象，这样的老师多了，不但我们的学生受益，育人环境得到改善，而且本身就能成为促进体制变革的重要力量。说到底，有什么样的人民，就有什么样的制度。”[18]毕竟，育人的意义并不是以物质或名誉来衡量的，而是体现在道义和信念上的提升，这样的教育效果是无价的，它带给人不是简简单单的成就感，而是做人的价值、意义与尊严感。

二、一个初步的结论

本部分通过对教学现象的直观，以及借助课堂观察、访谈等对来自师生的教学现状的了解，总体上可以对当下教育现状中学生的表现有了更具体的认识，概括起来说，至少有以下两点：

第一，教育现状中的学生并非总是被动地“承受”与“忍受”所受到的惩罚与教导，他们或以无声的反抗或以明显的冲突等形式捍卫自己的尊严，表达着自己的心声。具体而言，一方面，儿童已经有了他们自己的尊严感，他们强烈地渴望得到老师与同伴的接纳和认可，他们力图通过自己良好的表现，得体的举止以及所承受的任务等方式体现自己的尊严和自重，希望得到他人的尊重也乐于尊重他人。这意味着我们要充分认识到他们的儿童性，把他们看作拥有尊严的独立个体，但又不能放纵或束缚而应给予适当的引导与解放，让他们在独立面对生活的过程中去“幸福地度日，合理地做人”。因为，“每一个孩子都成为一个有尊严的人，就是提前给这个世界减少了一份危险而增加了一份安全和信任”[19]。另一方面，成人并没有理解与认识到不同于成人世界的儿童世界，儿童的世界有它自身的内在逻辑而完全不同于成人的生活法则。如果说成人的世界遵循着世俗的法则，那么儿童的世界则遵循想象和幻想的逻辑。如果把利益与规则看作成人世界的关键词，那么趣味和美就是儿童世界的全部。可是，成人常常用自身的眼光审视儿童，用自己的尺度丈量他们，便肆意地嘲讽、打击、贬低甚至压制他们的自尊心，而通常意识不到教育现状中的学生是很容易受到伤害和遭到压抑的，每当这时学生们会以这样或者那样的方式回击这种伤害与打压，转嫁受到的惩罚与蔑视而捍卫自己的尊严，守护自己的内心。

第二，就目前教育现状来看，各国儿童的学业负担仍然十分繁重，忙于应试，学以应试的状况并没有得到实质性的改观。尤其在中国，自古以来考试就被赋予了无限的魔力，人们希望通过考试胜出而走出原来狭小的天地，达到“出人头地”与“光宗耀祖”的目的从未停息过。长久以来，考试的这种功能在促进社会流动、保持社会公正以及选拔人才方面确实发挥了积极的作用，但工具化的考试手段一旦被异化为人生目的，其弊端也就暴露无遗。正如我们现代人深陷其中而不能自拔的教育困境：“当整个社会被嵌入到一个以人与人之间的激烈竞争为最显著特征的市场之内的时候，教育迅速地从旨在使每一个人的内在禀赋在一套核心价值观的指引下得到充分发展的过程蜕变为一个旨在赋予每一个人最适合于社会竞争的外在特征的过程。”[20]教育的蜕变伤害的是儿童，危害的却是人类自身，当大量的孩子忙于应付考试，奔波于为父母考好学校而不是寻求自己的兴趣与生命的意义时，教育内涵的贫瘠就可见一斑了。所以，无论怎样强调中小学教育都不为过，毕竟，一个人最重要的生命底色正是在这一阶段得以奠定的。

第二节　幸福还是不幸福：学生生存境遇反省

通过透视学生受教育现状，考察了学生在面对惩罚、应试等教育现实的具体表现，并借助无声的反抗以及相应的冲突来捍卫自己的尊严。下面分别从个体权利、生活目标、生活态度三个层面呈现学生生存境遇的事实，进而进行不同生存境遇中的学生幸福抑或不幸福的价值判断。

一、学生生存境遇的事实呈现

作为个体的学生承受着来自家庭、学校、社会各方面的教化与评说，处于各种不同的生活状态与生存境遇之中，这里虽说更多地描述学校教育中的学生生存境遇，但并不排除家长对子女的管教以及对学校教学的干涉，家长的管教和干涉无非是为孩子争取应有的权利，最终还是回归学校教育之中的。

（一）个体权利的层面

“权利观念，可谓为欧美政治思想中之唯一元素。——乃至最简单最密切者如父子夫妇相互之关系，皆以此观念行之。此种观念入到吾侪中国人脑中，直是无从理解。父子夫妇间何做有彼我权利之可言？吾侪真不能领悟此中妙谛。”[21]这说明权利概念是西方文化的产物，而我国无论在具体的社会制度、秩序、日常生活以及学校教育中，权利意识都显得较为淡薄与欠缺。即使拥有权利意识也并不等同于具有权利资格，生活于家庭、学校以及社会环境之中的个人，必须在各种社会关系中考量，必须置身于权利与义务中寻求认可。学生是一个具有多重角色的复杂主体，既是一个独立的个人，也是一个成长中的儿童，既担负着繁重的学习任务，也还是父母的子女与家庭的期望。由此出发，我们认为学生的权利至少有“为人的权利、为儿童的权利以及为知识学习者的权利”三个组成部分。任何一项权利能否成立并得到认定都需要在整体环境中思考，“一种权利的合理性需要往往以另一种权利的存在合理性为条件的”[22]。从人之为人的角度看学生的权利，康德的“把人当作目的”[23]给予我们有力的证据，他充分地肯定了每个人的内在价值与尊严，认为儿童也是拥有其自身的内在价值与尊严的生命存在，肯定儿童当下的生活尊严而不是成人生活的过渡。“为儿童的权利”必须基于对儿童时期的独特理解与认识基础上，这就是儿童需要玩耍和游戏，儿童常常会捣蛋与顽皮，甚至恶作剧，但这却是儿童的天性。我们还应看到，因为儿童自身的特殊性，有时对于自身的需要与权利要求是由家长代为完成的，既体现了家长的监护权和儿童权利的完美契合，也由于成人的过多介入与主观意愿而造成了儿童维护自身权利的两难境地。“为学习者的权利”建立在人与知识、人与人之间的关系基础上，学校教育的本质任务所在表明每个儿童都有接受教育的权利与义务，因而知识学习是个体儿童不可让渡的权利与必须尽的义务。学校教育中人与人的关系主要体现在教师与学生、家长与孩子、家长与教师、学生与学生之间，由于权利意识必然包含着的利益因素，在课堂教学以及家庭环境中，我们从这样六个方面看待学生的需要，并以此构建作为学习者的学生权利的内容：一是支配自己学习与生活的权利；二是自主思考和自由表达的权利；三是获得正确知识的权利；四是选择教师的权利；五是探究未知的权利；六是违反“常规”的权利。

境遇一：支配自己的学习与生活的权利

父亲：你是什么意思，你不想上大学了吗？我和你妈妈像奴隶一样地累死累活，就为送你上好学校。我们还为你请了数学家教。我们给你报音乐班，就为了让你在申请书的课外活动一栏里能写点有分量的内容……

儿子：我想栽种植物。我……

父亲：你想栽种植物！你想做流动工人吗？啊？

儿子：爸，你听我说。我想进社区大学，读两年制的园艺专业。这是一种很好的工作，而且我一直喜欢在屋前屋后搞点儿园艺。我喜欢种点儿东西、规划花园……

父亲：我不明白我们哪点做得不好——为你请了那么多家教。

儿子：“请了那么多家教”正是因为我厌恶数学，我也不喜欢音乐。我宁愿画素描或油画。

父亲：哼！我知道，画点漂亮的花花草草。没出息！[24]

* * *

爸爸：你怎么这么不争气，你要是再不用功学习，肯定考不上好大学，你说你将来可怎么办……

妈妈：我们给你请好了语数外三门的家教老师，放学后和妈妈一起去。

爸爸：马上就要期末考试了，每天早起一个小时背英语。

妈妈：今天不弹完二十遍，就别想睡觉！

爸爸：看那么多课外书有什么用，把数理化基础打牢，文科职业不赚钱的。

妈妈：我这可都是为你好啊！听话！

爸爸：儿子，你只要多考一分，就等于让我少花两千元择校费。

妈妈：女儿，你什么都别管，只要把学习搞好就行了。

父母们：孩子不就是一张白纸嘛！仍由你写优美的文字，画动人的画面。你画成什么样，他就是什么样的。①

儿童的生活环境主要是家庭与学校，父母作为儿童的法律监护人而具有不同程度的控制权与干涉倾向。从文中的父子、母女间的对话，我们明显感到家长对于儿童自由支配自己的学习与生活权利的干涉。浮于文面的，是父母对子女学习、生活的安排与规定，对儿童自身权利的种种限制，隐于字里的，反射出儿童对无法独立、权利被剥夺的种种人为设限的不满与申述。

境遇二：课堂里的情境描述

师：同学们，打开课文，用你最喜欢的方式把课文读一遍。

生：读课文，各自读，有的快，有的慢。

师：百合花开了吗？

生：开了。

师：把开花的句子读出来。

生：有一天，它终于开花了，它那灵性的白和秀挺的风姿，成为断崖上最美丽的颜色。

师：花开了什么特色呢？

生：灵性的白，秀挺的风姿，终于开花了。

师：终于开花了，……表示在此之前经历了考验，经历了哪些考验呢？面对这些考验百合想了什么？说了什么？做了什么？

生：信念的考验——蜂蝶鸟雀，它们也会劝百合不用那么努力开花："在这断崖边上，纵然开出世界上最美的花，也不会有人来欣赏呀！"杂草："你不要做梦了，即使你真的会开花，在这荒郊野外，你的价值还不是跟我们一样。"

① 摘自笔者2009年1月30号于Z省某重点小学的田野日记。

生存的环境——在一个偏僻遥远的山谷里，有一个高达数千尺的断崖。

师：百合是怎么回应这些考验的呢？

生："我要开花，是因为我知道自己有美丽的花；我要开花，是为了完成作为一株花的庄严使命；我要开花，是由于自己喜欢以花来证明自己的存在。不管有没有人欣赏，不管你们怎么看我，我都要开花！"

师：回答中反复出现了哪个字？

生：我要开花。

师：对自己的自信，表示一种责任感，喜欢用花来证明自己的存在，喜欢表示一种积极乐观的生活态度。

师：所有的嘲讽都是一样的吗？

生：不一样。

师：有三句话，……杂草与百合是同类的事物，既从正面又从背后对百合进行毫不留情的攻击。

蜂蝶鸟雀与百合不是同类的事物，在态度上与杂草有根本的区别。

师：花开完了结束了吗？开后怎么样呢？

生：年年春天，野百合努力地开花，结籽。它的种子随着风，落在山谷、草原和悬崖边上，到处都开满洁白的野百合。

师：还有吗？

生：不管别人怎么欣赏，满山的百合花都谨记着第一株百合的教导："我们要全心全意默默地开花，以花来证明自己的存在。"

师：这样的一株百合还仅仅是花吗？好像是一个大写的人，一个有着大智慧的人，这要归功于作者的一种什么样的写作手法？

生：借物喻人。

师：运用了拟人的手法，在百合谷里的百合、杂草、蜂蝶、鸟雀都成了各种各样的人的写照，而百合谷就成了人类社会的缩影。百合的言行又给我们自己带来怎样的启示呢？

生：默默无闻，不要骄傲；要有坚定的信念；用自己的行动证明自己的价值……

师：无论顺境还是逆境都要有坚定的信念，还要有切实的实践。而作者林清玄也是这样的……

师：作者林清玄的成名过程并不是一帆风顺的，还面对着别人的讽刺、怀疑和打击。面对着打击他是怎么说的呢？

生：（齐读）我知道自己内在的潜质，我知道自己终究要成为以文字为生的人，不管别人怎么看我，我都愿意用文字表达对美的追求，对生活的热爱，至死不渝。

师：用文中我要开花，表达作者我要写作的志向，那么你们呢？

生：我要好好学习，我要成功。

师：对。这篇文章抒发了作者自己的情感，表明作者自己的志向，这是一种托物言志、借物喻人的写作手法。因而，读这一类散文就是在读作者本人。这样的百合花开到了你的心田上吗？

师：结合课文有问题吗？

生：如果百合花用开花来证明自己的存在，我们人用什么来证明自己的存在？

其余的学生几乎异口同声地说："成功。"

师：对！人用成就来证明自己。

……

生：最后为什么还要写：我们要全心全意默默地开花？

师：无论面对哪一种考验都要默默地开花。对于我们人来说就是不论怎样都要为成功而努力。①

这节课只有一个主题：开花！这一主题衬托出唯一的价值取向：成功！学生完全在教师的引导下亦步亦趋，步入"成功"的预设之中。这节课的宗旨在于品味、欣赏诗歌，语文更是蕴涵着文化内涵的人文学科。如果倾向于倡导单维的价值取向，即成功，势必剥夺了学生自主思考和自由表达的权利。如果不过于框限主流价值取向，学生才能拥有言说的空间、展望的时间。试想一个人社会价值的实现，是否只有一种方式，那就是"以开花来证明自己"。对百合花的解读，是从挫折的角度，还是从单元的视角，体会百合花的遭遇，还是把这种遭遇看作是一种生命的姿态。同时，野草、飞鸟、蜂蝶这些生命的价值怎样体现？教育不是表

① 摘自笔者2008年3月25号于S市某中学的课堂观察。

演，本身就是儿童生活的过程。表演要有主角、配角乃至观众，但生活不能预演，无法排练，更不能重复，生命没有高贵或者卑贱之分，每个人都有存在的价值与理由，每个人都是自己的主角，都值得喝彩。成功有价，而生命是无价的。如何尊重生命，敬畏生命，赋予每个人应有的尊严乃是教育最为重要的关注。抛弃外在于我们精神的种种负累，以恬适和轻松的心境，融入学习和生活本身，才能品味和感受真实的生活。

透视我们的教育，不难看到我们总是要学生从小树雄心、立大志。思忖着怎样才能成功，如何成为强者，怎样做才可成名人，以及医生、教师、画家与律师何者最能体现成功，何者又为最幸福的职业，即为了什么什么而成为什么什么的模式。与之相匹配，我们便强调榜样的力量，把榜样的成长描述为如何的含辛茹苦、如何的历尽坎坷，并不时地推出一些榜样供学生效仿。每个人都渴望成功，但不能忽视成长，在成长中追求成功。因为，成功形于外，由他人去评说，成长寓于内，存于个人的内心感悟。一个人可以不成功，但不能不成长。珍惜自己的成长过程，让自己变得成熟。关注成长，淡泊成功，以平常心去一步步成长，又何尝不是一种幸福的人生呢。更何况，特定的语境之中语言的含义是截然不同的，每个动词、每个句子都有它独特的意味，不要用过多的预设限制学生的思维，也不要把教师的预设强加给学生而失去精彩的表达，还因为不同语境下很多时候很难说一定是“对”或者“错”的回答。

上课伊始，放歌曲《雪球花》，学生们跟着歌曲的速度与节奏拍手，感觉乐曲的旋律。当歌曲放完时，教师问学生《雪球花》是哪个国家的？学生齐声回答：俄罗斯的。然后教师在大屏幕上展示俄罗斯风情的图片，各个民族的人在不同的情景下演奏乐曲的画面呈现在学生面前。接着教师又问学生这首歌曲是几拍子的音乐？学生立刻回答：三拍子的。接下来，教师在大屏幕上放带有各种风土人情的图片，画面中的人们在不同的地域中尽情地演奏着美妙的音乐，教师意在通过乐曲的旋律与画面的风格把学生带到美丽的西班牙。教学生体会音乐中的情绪，或者热情似火，或者委婉曲折，或者跌宕起伏……通过画面的色彩与风土领悟音乐的魅力。借助《美丽的村庄》一曲，把学生带到迷人的意大利，这首曲子是本节课学习的主要内容，教师一边弹奏钢琴一边自唱，学生打开书本跟着老师小声地哼唱，先唱一遍乐谱，再逐句逐句地学唱整首歌曲，同学们一起哼唱了两遍。学生自始至终都是低声地哼唱，而从未放声高歌。接着由一曲《绿袖子》把学生带到了雾都——英国，教师首先分析这首歌曲，一边讲解一边自唱，学生还是跟着教师低声哼哼，随后，大屏幕上播放了许多关于《绿袖子》的录像片，播放PPT的同时教师一直在讲解，学生们很少有机会开口唱歌。后来又到了阿尔卑斯山脉，播放了一首反映阿尔卑斯山脉的乐曲。最后，以竞赛的形式进行本节课五首乐曲知识的巩固练习，这个时候课堂气氛活跃了起来，同学们争先恐后跑到讲台上举起自己猜想的答案，并以得分的多少决出第一、第二、第三等级而结束本节课的教学。①

一节课有45分钟，似乎那么漫长，足够学习五首歌曲，可是，与成就一个正在成长中的人的过程相比较，这45分钟又显得多么短暂。然而，学生却是在这一个个短暂的45分钟里学习知识，熟练技能，感受艺术的魅力，体会生活的真实。不难发现，这节课的老师似乎效率很高，速度很快地学习了五首歌曲，但是，孩子们活跃、自信、热情的天性在这节音乐课上完全被压抑与扼杀了。整堂课上不断地用华丽的图片和精美的PPT掩盖了本该富有诗意的语言、原本无限丰富的情感以及散发着艺术气息的思想。既没有时间，也没有耐心聆听来自儿童的真实声音；既没有机会，也没有空隙给孩子谈谈对艺术的理解与领悟。不知道为何这么着急，也不明白异国的风情以及技术上的过度渲染淹没的正是真实的情感与感受，剥夺的正是本该属于学生的表达权利。

由于工具理性在社会中占统治地位，程序化与符号化成为最有效、最快捷的运作方式，人们日益在理性的重压下成为追逐技术、崇尚名利的“单向度的人”。人们的精神生活与情感世界淹没在对技术、对功利的追逐，沦落为技术理性、工业文明的奴隶。实际上，通过艺术和审美可以改造人的感知觉，使人以新的方式去看待世界和自身。如果一个人能透过自然界和艺术作品的形状、色彩、空间等表面现象，“感受到其中活生生的力的作用，那么，他就是具有审美知觉能力的人。成人惯于运用理性的范畴或分类标准看待事物，忽视其内在本质的外部表现而使这种审美感知日趋消退了。儿童不同于成人，他们在审美感知方面占有很大的优势，他们常常会把一座山岭看成是温和可亲的或狰狞可怕的”。借助儿童的审美特点与无限想象能力，引导他们充分把握事物情感的表现性，并与他们所认识到的“特定时期、特定文化背景和特定的情感生活模式”联系起来，“去感

① 摘自笔者2009年4月23号于S市某中学的田野日记。

受生命中的色和味”[25]，去了解人与世界的关系，消除人与人、人与物之间的隔阂，加强彼此的交流，从而在有意识地塑造儿童的心理结构过程中培养他们的能力，认知把握世界的方式，造就一个健全丰富的人。

上课之初，班长领同学们读这一单元学过的课文与诗歌。随后广播里传出了眼保健操的口令，学生们跟着音乐的节奏做起了眼保健操。这时，教室前面有两个学生干部模样的人在环视做操的同学，教室后面有一个学生干部在注视着学生的背影，她们不时地在教室里来回地走动，时而纠正一下某个学生的姿势，时而和某个学生耳语几句，三个小干部穿梭于教室的前后，行走于全班同学之间。接下来步入教师让学生默写课文的环节，教师要求学生默写时注意写清标题、作者以及字迹端正，提醒他们每一处错误都要被扣除两分。三分钟之后，一个学生站起来把自己的本子交到组长座位上，这时，老师说：“王伟同学已经第一个完成了他的默写。”马上又接着说：“李红同学也默写好了，其余的同学抓紧时间……”20分钟过去了，全部学生都完成了默写以后，老师让学生拿出练笔而开始订正作业中的错误，指出有些同学犯了语法错误、有些写作格式不正确、有些属于用词不当……30分钟之后，教师让学生把书翻到第68页开始本节课的主题，一个学生站起来朗读一遍课文，然后又一个学生站起来带领全班同学再读一遍课文，后又全体同学齐读一遍课文。接着是学生一个一个站起来逐句逐句地翻译这一篇文言文，教师或者肯定学生的翻译而过渡到下一句，或者纠正学生的译文而给出正确的答案，或者补充学生的回答并指出重点的词与句，当老师强调某个词语是本文的难点、考试的重点时，同学们纷纷拿出笔记，认认真真地记录下老师说过的点点滴滴。清脆的下课铃声打断了老师与学生、与文本，学生与同伴、与词句以及师生与时空本该拥有的对话……①

这样的课堂情境中，教师以教的权力控制着学生的权利，什么都在计划与规定之中，一切都受到规训与教化。我们的课堂既剥夺了儿童自由伸展身体的权利，也不容许儿童声音的存在，更没有时间与耐心倾听儿童的心声，从身体到话语再到思想可谓全权负责与掌控，教的权力扼杀了人的灵气与自由，剩下的还有什么？

---

① 摘自笔者2009年4月30号于S市某中学的田野日记。

一位女教师以流畅的语言介绍了她是怎样使自己的二年级学生信任老师的。孩子们学习了一篇关于候鸟迁徙的故事，女教师告诉他们，每逢秋天，燕子、夜莺、白嘴鸦飞往暖和的地方过冬，到了春天，它们重又飞回到我们这里。它们必须飞行几千公里，飞越大海，很多鸟儿在途中死亡了。在女教师讲完故事以后，孩子们中间立即有人提出了异议：像夜莺这样弱小的鸟儿怎能飞得那么久、那么远。女教师回答说："孩子们，你们要懂得，较强壮的鸟儿会去帮助它们的……"孩子们打断了女教师的话："怎么？难道燕子会帮助夜莺？"女教师说："为什么不能？强壮有力的燕子把弱小的、尚未长大的夜莺背在自己的背上，就这样，它们一起飞越了大海！"有一个男孩试图怀疑女教师的解释："这不可能……没有这样的事……它们是不同种类的鸟！"女教师就不失时机地开始培养孩子们对自己的信任感。"你错了，"她对男孩子说，"帮助弱小的鸟儿飞越大海的不仅有燕子，而且还有鹰……""怎么？鹰是猛兽，它们会把夜莺吃掉的……鹰不是候鸟……它们不迁徙到任何地方……"

女教师向我们介绍了她怎样有步骤地损害儿童的秘诀。"我严肃地给孩子们解释，"她对我们说，"不错，鹰是猛禽，是的，它们不是候鸟，但在秋天，迫于自然的意志，它们变得善良了。每一只鹰都在自己的背上驮上几只弱小的夜莺，背着它们飞越高山和大海。鹰把夜莺送到暖和的地方以后，自己就立即飞回原地。我发现，"她补充说，"有些孩子不相信我的话，我就寻找机会来巩固他们对自己的老师的信任感。我找到了一个合适的事例：在报上有一则消息说，在一个动物园里，有一头狮子收养了一只狗崽，它对狗崽表现出了关心态度，哺育它。我把这则消息读给孩子们听，并对他们说：你们可记得，我曾给你们讲过，猛兽也会变得善良，帮助弱小的鸟儿飞越大海，这则消息就是给你们的又一事例，但这已是猛兽中的事例了。在我给孩子们读了报上的这则消息后，他们都相信了：他们的老师万事皆知，永远不会有错误。"同事们向她发问道："您的学生形成了对候鸟和猛兽的生活的错误认识，对此您有何想法？孩子们迟早会知道真相的，您给他们讲的不是真理，这样做好不好？"女教师理直气壮地说："是的！要使孩子们相信教师的每一句话，甚至错误的话，否则，教育过程就有被歪曲的危险！"[26]

这样的课堂令人担忧，更让人担忧的是教师的理直气壮与毫不醒悟。育人的目的，教育的理想在这样的课堂上都被歪曲与异化了。学习知识，接受教育是每个儿童的权利与义务，在他们接受学校教育的过程中尤为关键的是掌握真理，了解真相以便获得正确知识的权利。儿童正是在课堂教学中通过科学学科严密、理性的推理，培养缜密、有条理的思维习惯，尊重事实、实事求是的治学态度；通过人文学科内涵的丰富性、情感性、审美性，使学生获得对生命的敬畏与尊重，对美的欣赏，对弱者的同情与怜悯，从而在审美的、感悟的体验中，超越物化世界与狭隘自我的制约，实现精神的自由、素养的提升，找到幸福的安依之所。唯有如此，学生的内在品质才能从不同的学科教学中获得多方面的滋养，真正实现学校教育的“教育”功能。

> 这是一堂试卷讲评课，主要是讲解上周所进行的单元测验。上课之初，组长带领同学们朗读课文，然后依旧是学生们齐声朗读课文两遍。接着教师开始讲解试卷的内容，分析这一知识点学生做对的根据以及出错的原因，并请学生把有关的答案写在黑板上。当叫到王军同学回答某个问题未能解决时，则以亲切的目光投向李洪而得到满意的答案后，便微笑着对王军点一下头说：“你的战友帮你解决了，都请坐下吧。”下面，大家静下心来读这一段文字，分析句子结构，一个满脸稚气的男孩子说出自己的理由时，老师非常开心地说：“你很厉害的，下课后来我办公室咱们继续讨论这个话题如何?”讲解在继续进行着，在一个活泼的男同学回答完问题后，教师流露出不解的神情说：“你平时这么帅，今天怎么了，回答问题声音这么小？仔细想想你造的四个句子是同一类吗?”现代文的讲解快要结束时，教师轻轻地拍了一下回答最后一题学生的头，和蔼地说：“你们看看这个家伙就是聪明吧。”到现在为止，你们计算一下现代文部分扣了几分并找出原因。接着和学生一起总结各段落的大意，第一段主要是描述了作者的生平，第二段阐述了作者对于人生的观点……谈谈你们想要什么样的生活，发表各自对人生的看法，期待大家个性化的想法而并非以课文和教师的预设框限学生。于是，学生们积极踊跃，发表自己对人生的理解，畅想自己的人生理想。有的以一个故事引出自己的观点，有的用名人名言导出自己的想法，有的借助一句歌词表达自己的情怀……无论打算做律师的、还是想要当

老师的，抑或立志成为一名厨师以及歌星的都被给予了真诚的理解与认可。这节课里，王老师一直面带微笑，轻松自如，师生间谈笑风生，气氛融洽，只见她或者点头称赞、或者挥手示意；只见学生们要么开怀大笑，要么聚精会神，要么陷入沉思……①

这节课的情境我们可以看到权利的伸展，自由与平等的足迹。其实，不难发现儿童的世界已经过早地成人化了，儿童的语言、儿童的心灵都不同程度地受到世俗文化的框限与污染。难得见到童真的纯洁，难得听到童言无忌，更多的是循规蹈矩地说些大话或者空话。儿童过早地被教化成了成人的化身，常常说出老气横秋的成人话语，更何况在接受教育的学校与课堂里，很多的时候学生是不敢说真话的，不敢表达自己真实的想法与需求。因而造就一个能够畅所欲言的真实课堂绝非一日之功，基于教师的实践智慧与师生和谐的文化氛围才是学生自主思想与自由言说的坚实土壤。

境遇三：选择老师的权利

新学期开学了，原来五年级(1)班的学生也已升级为六年级(1)班。开学后不久，学生们发现新上任的年轻老师没有原来的语文老师课上得好，而且对待同学们的态度也很粗暴，显然很没有耐心。于是，小明放学回家和家长说新老师不好，王涛回家告诉妈妈这个语文老师不喜欢他，娟娟也说她越来越不喜欢上语文课了，老师很凶的。……这时，家长们坐不住了，他们私下里开会商量起来，“孩子马上就要升入初中了”，“这是小学的最后一年，怎么能让没有经验的老师带呢?”你一言我一语，最后他们决定由家长团出面和校领导谈，由家长代替维护孩子原有的学习权利。家长们先大家出钱买了贵重的礼物，派代表到已经退休的原语文老师家里恳请她继续教这个班，在家长代表情深礼重的劝说下老教师同意继续教这个班的语文。下一步是向学校提出要求换回原来的老教师，第一次由二十几位家长组成的代表团和校长协商：“我只有一个这样的崽(儿子)，如果有两个还可以实验一下，一个读书不行，指望另外一个。”“是啊，我就这么一个女儿，咱们是输不起的。”“我们知道这个老师很好的，又年轻，就是放在我孩子的班上不合适，我们

① 摘自笔者2009年5月21号于S市某中学的田野日记。

都六年级了，只剩下一年了，不能做实验的。”“请学校务必考虑给我们孩子还是换回原来那个老师教。”一次，二次，三次，均未达成目的。于是，又带着厚礼去做教导主任的工作并请他出面帮助说情，终于在糖衣炮弹与多方努力下校领导同意了家长们的请求。①

更换老师的风波以学生申诉，家长出面向学校提出要求并付诸行动而平息了。这一过程，学生选择教师的权利经由家长的代劳而得以实现。令我们感到欣喜的是儿童权利意识的萌生，处于不利境遇中的儿童并不是一味地退却和忍让，他们在挣扎、在申诉、在要求，并通过积极有效的途径争取自己的利益，捍卫自己的权利。

境遇四：探究未知的权利②

“这种胡萝卜干经过水的浸泡后会涨得很大的。”妈妈的话音刚落，小宇已经转身去厨房里拿出一个大碗并放了三根胡萝卜干进去。[你在做什么？]③“我试验一下，大约多久可以泡好呢，十几分钟就可以了吧。”接下来，每隔几分钟小宇就去看看那碗里的胡萝卜干的变化。大约过了20分钟，他兴冲冲地宣布：“真的涨得很大了呢！”[你为什么要做实验呢？]“我想看看是否真的有变化。”[从这里你感觉到什么了？]“世界真奇妙。我还发现浸泡过的胡萝卜变得很有韧劲了。”[可以说说你的感受吗？]“这个过程感觉很开心，自己试验的结论也很有趣哦。”[为什么胡萝卜干由小变大了？]“经过太阳晒后胡萝卜里的水分失去了，所以变小了；再经过水的浸泡后，水分又重新进入胡萝卜里面，所以它又变大了。”[那么胡萝卜变得有韧性了是为什么呢？]“可能是因为胡萝卜的纤维发生了变化，不过这个问题还有待于以后的研究哦。”

* * *

一天，小宇兴致勃勃地对笔者说：“这是我做的香水，你闻闻有香味吗？”[一点儿香味也没有呀。你是怎么做的呢？]“我把这个瓶子洗干净，然后放了几片玫瑰花瓣进去，再灌满清水后用盖子盖紧了，放在太阳下面晒着。过几天打开来看看，闻闻。”[你知道香水是怎样制成的

① 摘自笔者2009年1月30号于Z省某重点小学学生家长的采访记录。

② 摘自笔者2009年1月15号于Z省某重点小学学生观察整理。

③ 方括号中为笔者的问话。

吗?]他天真地说:“我按照自己想象的过程制作并一直在试验着,已经做了六瓶子了,有的放在太阳下晒、有的放在阴凉处,有的玫瑰花瓣多些、有的清水多一些,有的密封三天、有的密封五天呢,现在看来都不是很成功的。不过我会继续试验的,一定能做出一瓶香气扑鼻的香水啦。”

* * *

笔者:同学,你好!喜欢综合实践活动课吗?

学生:非常喜欢!

笔者:你觉得每周上几次好呢?

学生:最好每周上三次。

笔者:你学会做七巧板了吗?

学生:这是我做的,我很喜欢的。

笔者:回家后还会继续做吗?

学生:会的,我还会继续探究的。

笔者:这个课程与学科课程的区别在哪里?

学生:这个课有意思多了。

笔者:为什么呢?

学生:我可以按照自己的想法设计物品呀!

笔者:做好了很开心吗?

学生:很有成就感,非常的开心!

笔者:在这种课上学到什么了?

学生:我会使用工具了,有设计东西的想法了。

笔者:你最喜欢什么活动呢?

学生:七巧板、船模、桥梁等我都喜欢的。

笔者:你喜欢自己做还是合作?

学生:合作制作更快更好,自己做更有成就感。

笔者:这个活动与你的生活有联系吗?

学生:有的,可以帮助我解决生活中碰到的问题。①

---

① 摘自笔者2009年6月9号于S市某中学的学生采访整理。

儿童天生就具有探索未知的兴趣，研究未知的热情。我们只需要给予他们充裕的时间与空间，给予适当的指导与帮助，任由他们展开想象的翅膀，放飞奇特的梦想，或许能或许不能造就一些仰望星空的人，但至少儿童最原始的创造热情，最初的研究激情得到了很好的保护与释放，而不会由于被剥夺或束缚而承受不该承受的压抑与侵犯。

境遇五：违反"常规"的权利

上午第四节课，这是一堂由外教上的英语课，教师一进教室却发现有一个学生躺在教室后面的地上面翘着二郎腿，教师走过去叫他起来开始上课，然而这个孩子却装作没有听见一样仍然不回到座位上。这时，外籍教师笑着把这个孩子抱了起来，并开始左右地摇摆，就像一个慈祥的父亲温和地看着自己的孩子，随着"父亲"摇摆幅度的变换，看着"父亲"怜惜的目光，伴着"父爱"如清泉般流入孩子的心田。这时，孩子会心地笑了，此刻，学生们开怀大笑了起来，顿时，教室里成了欢乐的海洋。孩子们沐浴在博大的师爱之中，徜徉在幸福的儿童乐园里。

午餐时分，这个教室缘于在正常教学情况下发生的"非正常"现象（上课期间传出的阵阵笑声），而成为该校教师议论的热门话题。

一种观点认为：这个学生严重地影响了正常的教学秩序，这个学生自己不珍惜时间还耽搁了其他学生的学习时间，应该受到严厉的惩罚。例如把学生的家长叫到学校里来，告知他们的孩子犯了很严重的错误；让这个学生在教室里罚站直到他认识到错误的严重性；让这个学生在政教处写检讨，并进行深刻的校纪校规教育直到他意识到问题的危害性；对这个学生进行停课反省，直到写出深刻的检查并在全班同学面前承认错误……

一种观点认为：这也就是外教的课，既没有指定的教材文本，也不是进行考试的学科教学，教师与学生都没有什么压力，我的课是要参加统考的，绝对不能这样浪费时间。

一种观点认为：我觉得外籍教师对待学生的态度是值得中国教师借鉴的，它反映了一种深深的师爱与博大的胸怀，体现了对儿童天性的尊重以及人性的魅力，这其实是中西方文化的差异。①

儿童有违反“常规”的权利吗？有！正是因为他们是儿童，他们才会由着性子去顽皮，去捣乱，去违反“常规”，但他们没有恶意，没有理由，更多的时候只是出于天性与孩子气。如果没有了儿童的顽皮，缺少了他们的违规，给一群具有成人般的觉悟和由饱经世故的生活经验所养成的行为举止的“小大人”上课，该是多么没有生气的课堂。“儿童的顽皮和顽皮的儿童给我们提供了养料”[27]，促使教育工作者持续不断地创造性思考，挖掘不同个体的特征与习性，正是一个个独具特色的个体描绘出了一幅丰富而多姿多彩的教育画卷。今天，在这个物欲横流的社会里，或许缺少的就是爱与真了，这个小小的插曲让儿童暂时摆脱了成人世界的层层遮蔽，找到了生命的简单，回到了生命的本质。

（二）生活目标的层面

“所有的证据都表明，实际上每一个人（包括每一个新生儿）都具有一种对健康的积极向往，一种希望发展，或希望人的各种潜力都得到实现的冲动。”[28]虽然不同国度的人们有着巨大的文化差异，然而人们所追求的基本或终极目标却是相当一致的。引发人们行为的动机常常是复杂多样的，人们也许采取各种不同的方式方法，但想要达到的目标却是趋同的。目标好比一个人行动的方向与动力，驱使着人们向着美好的愿望而坚持不懈地努力。在探讨学校教育中学生的生存境遇时，则具体落实在学生的学习目标、教师的教学目标、班级管理目标以及家长的目标四个方面。

境遇一：学生学习目标的异化

我是一个听话的好孩子，在中国长大。在那个古老的国度，教育是每一个孩子生活的中心，考85分就会被看成失败，分数对我们来说，比母亲的微笑，比生日吹灭蜡烛前的许愿还重要。不过“我相信理想，我所有的骄傲、爱和自我认知，都化作了奋斗的目标”。虽然，我也有不想做功课的时候，但是遥远的梦想激励着我，于是，用“我必须”、“我应该”、“我不得不”这样的小小短句支配着自己和很多同学的生活。原本“我曾经想当个园丁，喜欢在室外工作，泥土的感觉比那些语词串在一起有趣得多。但是我不可能成为一个园丁，我们家全力支持我当个律

① 摘自笔者2009年5月21号于S市某中学的田野日记。

师，我所做的一切都只能通向'律师'"。因为"在这个严格的系统中长大的有志气的人，没有别的选择。我不可以要别的梦想，其他的梦想都是虚幻的。只有实现父母的目标以及他人的期望才能给我带来比我自己更伟大的成就"[29]。

学生的学习目标往往并不是他们自己的愿望与理想，更多的时候是家长与世俗观念的转让。父母宏伟的理想取代了儿童自己的兴趣与爱好，世俗的偏见与现实的残酷扼杀了儿童奇妙的幻想，大胆的猜测，以至于孩子小小年纪就会说"没有别的选择"这种似乎历尽沧桑的话。"其实本来有些孩子是喜欢当园丁的，做律师对他们来说是受罪"，可是家长以及世俗观念逼他们去过桥成"龙"，难免有人被挤下来成了"被失败感笼罩着"的"虫"。这样的教育，也许能培养出社会等级观念上的"龙"，却难以培养出人才概念上的"园丁"。"在青少年时期孩子们过得十分辛苦的原因，不仅是竞争的独木桥太过狭窄，人们的观念上也有一座难以逾越的独木桥"[29]，其实育人的关键乃是孩子是否觉得快乐，以后的日子能够过得开心。如果做"园丁"能让孩子感觉幸福，并不见得比当律师差。

境遇二：教师教学目标速写

到现在，我在这所学校已经工作十多年了(C老师是1998年从安徽一所中学应聘来上海任教的，现为中教一级职称)，刚到上海来的那几年真是很辛苦的。最初上课的时候，压力很大，自己的期望值也很高，想尽快站稳脚跟。每逢节假日都加班加点备课和批改作业，晚上也经常是六点钟以后才从办公室回家，留学生默写元素符号和化学方程式。上课前把教案写得很细，几乎上课要说的每一句话都写下来了，可是一个学期教下来，考试成绩并不理想，整个人都快崩溃了，长时间这样的话就没有工作了。于是，我开始关注全校老师的考试成绩，虚心向成绩考得好的老师求教，询问他们的诀窍，咨询他们的应试方法。本着提高差生，拔高好生的原则，重点放在考试题目的分析上，把近十年来的所有考试卷都找来，仔细琢磨，分析哪里容易考到，怎样的出题方式，哪里可以忽略，然后进行有针对性的教学，结果不但考试成绩上去了，而且我也比以前轻松多了，可以说，只要智商正常的学生我都能保证让他考试及格，特色班的学生优秀率可以达到90%的。①

想必教师这样的教学目标大家都很熟悉，也反映了现实中很大一部分教师的真实状况，即研究试卷——针对试卷——圆满答卷的模式。可以说，现行体制下有它合理性的一面，“对人而言，‘生存’是作为‘此在’的人对‘在’的追寻，进而‘人生在世’的全部使命、全部过程和全部意义都尽在‘生存’之中。尽管所有的‘生存方式’都要有助于有意义的‘生存’才有价值”[30]，当考试成绩成为教育的重要意义时，当考试成绩决定一个教师的职业生涯时，一切都不言而喻了。毕竟，教师的生存境遇直接关系到学生的生存境遇。

境遇三：班级管理目标描摹

一天王老师自豪地对李老师说：“现在我们班级的政策越来越清澈、透明了。”李老师不解地问：“什么叫越来越清澈与透明呢？体现在哪里？”王老师说：“上周你在我们班级上课的时候曾经把A同学与历史教材中的人物B进行类比，说A同学这个样子就好像书本中的B是一样的形象。”当时这个学生就在座位上小声地骂你：“这个老师真会胡说八道，我才不像B那个鬼样子呢。”事后他周围的同学就把这个同学说你的坏话向我报告了。于是，我就找了这个学生严厉地训斥了他一顿，让他当着全班同学的面作出检讨，表示再也不谩骂教师了，接受惩罚与全班同学的监督。这时，王老师十分自豪地说：“这都源于我们班级设立了清澈而透明的管理机制，大家互相监督并揭发他人的违规违纪现象，班级的风气大为改观了，哈哈哈……”

此刻，李老师沉默了……②

通过互相监督并揭发他人的“不良”行为以达到管理班级的目的，已成为学校教育中较为常见的班级管理模式。然而，听着王老师爽朗的笑声我们却感觉心情格外的沉重。透过事件，笔者和李老师一起反思他的比喻是不恰当的，这样对待学生也是不公正的，这种教育方式深深地伤害了学生。回到事件中来我们又感到无比的震惊与恐惧，这样的管理，如此的班级文化造就出来的将会是何等可怕的“奴才”与“刽子手”，我们陷入了无尽的思索之中……

---

① 摘自笔者2009年5月28号于S市某中学的教师采访整理。

② 摘自笔者2009年5月21号于S市某中学的田野日记。

境遇四:家长的目标明晰

“小学期间,三门主科不能低于95的,记住啦。”

“开学了,期中考试争取进入班级前十名,期末到前五名,这样考重点高中就有希望了。”

“周六上午学钢琴、下午学书法;周日去少年宫学作文。”

“你怎么这么不懂事?简直不像我的孩子!要是再考不到前五名,暑假就不带你出去玩了。”

“你的最低目标是交大、同济……”

“一定要考上重点高中,这样才有希望进好大学,将来出国深造。”①

现实中,还有为数不少的孩子生活在这样的家庭生活情景之中。家长有着明确的目标与要求,孩子往往只能被动地顺应与承受,孩子的生存境遇承载着家长的目标与理想。

(三)生活态度的层面

尽管人类有发展的欲望与潜能,但各方面的潜力都接近实现的人却为数不多。这说明确立目标与实现目标之间具有巨大的鸿沟,还是需要个体内在的坚持与顽强的态度,需要生活态度的保障与支撑。就学校教育中学生的生存境遇而言,这里试图较为详细地描述学生的学习态度,简略回顾学生对待“校规校纪”的态度,以及教师教学态度的窥探和学生对老师教学的各种评说。

境遇一:学生学习态度素描②

我有一个习惯,晨读。每天提前半小时起床,翻开《中学生作文文库》,感受着各地学生青春的气息。

下午放学到家,放下沉重的书包,打开随身听,调低音量,习惯性地拿起一本书来读。如果说我在看书的过程中,感触最深的是什么,那我会不假思索地告诉你:思考。因为,倘若你只是去读,单纯地去读文字,那你的心得也许永远都是浮在最表层的东西,无法深入以致拓展。然而,一篇好的读书笔记是需要独特的视角与丰厚的内涵的。

① 摘自笔者2008年2月12号于Z省某重点小学的田野日记。

② 摘自笔者2009年5月14号~7月3号于S市某中学的田野日记。

* * *

写日记对我来说正是:痛并快乐着。

有时候为了要交差,晚上对着日记本发呆,那时候是真的痛苦啊!瞌睡虫和自己交战,最后只得硬挤出一点无病呻吟的东西交了差事;有时候,感觉上文思泉涌,大有不吐不快之势,一页二页就这样以惊人的速度翻了过去,并且自己也写得很高兴。写日记带给我的东西不仅仅是回忆,它毕竟也有练笔的成分,看着自己的笔锋从青涩到成熟,从稚嫩到老练,是一个成长的过程,羽化的过程。

坚持写日记已经有很长的时间了,当拿起笔,那种笔尖触纸所产生的强烈的归属感,就好像是一种不曾分离过的亲切。毕竟从预备班开始一路走来,一本本叠加起来的日记本承载着我们很多的过往,快乐的亦或是悲伤的都是无法取代的珍贵回忆。每一次看以前的日记都会不由自主地笑出声来,庆幸还有这些恒久不变的文字让我不至于残酷地遗忘以前的人或物。

* * *

非常喜欢做数学题,常常被一道几何题目搞得茶饭不思,冥思苦想几天之后忽然有了灵感,哇塞!那个高兴劲儿就别提了。

* * *

当整篇文章一气呵成后,修改就是一道尤为关键的程序了。我将它视作一种乐趣,一种修改的乐趣。

每篇文章从第一稿到最后定稿,三易其稿是常事,多的也许五六稿也不止。可以说,我们是在“不知不觉”中完成所有修改的。

* * *

“宁静,你是《小草》文学社的,是吗?”身后传来了一个略带疲惫的声音。

“是啊!”对这个不速之客,我有些不知所措。

“我刚刚比赛完,我心中有许多感想,我想让你将它写下来。”

“好啊!”我有些兴奋,因为在我看来很少有人会主动接受别人的采访,所以便爽快地答应了。

* * *

"快点儿离开跑道！否则将你的成绩也计算进去怎么办?!"

我机械地走到一边，心中挺不是滋味儿的。回想自己刚才想带同学跑步的做法……

冲动……理智……

我突然想到了这两个词，我急忙查了字典：

理智：辨别是非以及控制自己行为的能力。

冲动：情感特别强烈，理性控制很薄弱的心理现象。

在我看来，它们是相对立的。

* * *

问：你们好！我是《××校园报》记者。我可以和他们聊一聊吗?

答：当然啦。

问：你们班挑选了哪个民族?

答：乌孜别克族呀。

问：你们在排练舞蹈的时候，伙伴们之间有过意见不和，发生过什么争执吗?

答：没有的。我们非常团结。我们自始至终精诚团结，通力合作！

问：还有，你们的服装是怎么解决的呀?

答：都是我们同学自己借的。

……

* * *

每当看到学生们埋头思考，陷入沉思，或者眯起眼睛，出神地遥望远方；或者皱着眉头，咬着嘴唇；或者双手抱住头，双目紧闭；或者单手支撑着下巴，平静地看着试题。……有的俯伏在课桌上，有的低着头，有的头来回摇晃着，有的手中转动着水笔。……这幅图画，看上去真的很美！

* * *

从跨入小学的大门起，我们就开始与试卷交朋友。

小学的试卷小小一张，简单的习题令你笔尖流畅。才几分钟的时间，便答完了题。做完习题的我们，按捺不住心中的喜悦，东看看，西瞧瞧，似乎在炫耀着什么。遇到不懂的题，举起小手，等待老师的来到。

细细听了分析，这才提起笔，“舞动”起来。这就是我们的第一次，第一次与试卷“亲密接触”。当从发下的试卷上看到那鲜红的100分时，我们好激动，好兴奋。回到家，在父母的称赞下又沾沾自喜。

转眼间，我们已成为小学高年级学生。逐渐变大的试卷，日益繁琐的习题令我们忍不住要去咬咬笔杆。你经常会看到这样的情形：我们边咬笔杆边做习题，一阵煎熬之后，交了试卷，留下的只是那一张张失望的表情。待看到那试卷上鲜红的“大叉”时，我们好难过，好伤心。拖着沉重的脚步回到家，在父母的批评声中，留下惭愧的泪水。可是，这又有什么用呢？

无可奈何的我们已在不知不觉中成为了一个中学生。随着年龄的增长，试卷对于正在成长的我们来说，已如同知己。拿到那一张张大大的试卷，来不及细看题，就已拿起笔，在试卷上潇洒地展示自己的风采。和小学一样，快速答完题的我们仍然东张西望，偶尔低下头，验算验算那计算题。虽然那些习题越来越多，越来越令人眼花缭乱，但在这条路上我们只有前进没有退路，虽然有时仍不忘抓抓耳朵，摸摸鼻子。对那可爱又可恨的分数却仍然期待着，渴望着。迫不及待地从老师手里夺过卷子，令人痛心的还是那几个鲜红的“叉叉”。虽然“叉叉”对我们而言，已是“家常便饭”了，但我们还是忍不住地痛心。回到家，父母的打骂声已如雷贯耳了。长大了的我们不再落“小金豆”了，但惭愧悔恨依旧，不得不又在心里下着已不知多少遍下过的决心……

在我们的学习生涯中，不可或缺的试卷有时是令人快乐的朋友，有时又是令人痛恨的敌人。说到底，是因为我们对试卷的概念只是试卷上那个或多或少的分数，我们（也许还包括我们的家长和老师）都过于看重它了。也许，换一个角度去想，摆脱分数对我们的压力，你会发现攻克试卷上那一道道难题的过程也是一种乐趣，看着试卷上自己的墨宝，你没感觉到劳动的快乐吗？

在学习这条曲折而漫长的道路上，会有许许多多的试卷等着我们去完成，也必然会有许许多多的疑难问题等着我们去解决。就让试卷和我们一起成长吧，让它陪伴着我们长大！

这里力图较为详尽地描述学生对待学习的态度，展现学校教育中学生的学习和生活姿态，呈现一幅真实而生动的校园生活图景。我们可以看到他们的勤奋与刻苦，能够感受到他们内心的苦恼与焦虑，也能领略到他们的乐观与豁达，更能体会到他们的坚强与不屈，也许这就足够了。

境遇二：学生对待“校规校纪”的态度描写①

> 上课的铃声一响，经常可以看到，学生在校园里、在操场上越过高低不平的障碍，绕过蜿蜒曲折的小路向教室狂奔，满头大汗地冲进教室。
>
> * * *
>
> 预备铃声响了，老师还未进入教室之前，同学们已经在教室里整整齐齐地读课文了，所有的学生都坐得端端正正，两只手端着书，齐声朗读课文。
>
> * * *
>
> 眼保健操的音乐一响，学生们就默默地放下书本，跟着乐曲的节拍认认真真地“探天应穴”、“揉四白穴”、“轮刮眼眶”。
>
> * * *
>
> 下午第四节课课后，笔者和任课老师从预备(7)班教室走出来，正与徐老师一起在走廊上边说边走着，突然，国歌声响起(其实声音并不是很大，一开始笔者都没有听到)。此刻，仿佛时间已经停止，一切都凝固了，所有的学生不论在操场上奔跑着的、在教室里埋头写字的、走在楼梯拐角处的、正迈进教室大门口的以及刚才还你追我打地嬉闹着的都不约而同地笔直站立着，神情严肃地面朝国旗的方向，举少先队队礼，行注目礼，庄严地注视着国旗升起的地方，直到国歌声结束。

我们都见过无数次的升旗仪式，也经历过多次的爱国主义教育，但那一刻笔者体会到的却是心灵的震撼与感动，当一件事情已经成为习惯，当一个习惯已经进入心灵深处，也许造就的便是真正的素质，也许形成的才是真正的教养，良好的校园文化，深深的民族情结，凝结成最为成功的爱国主义教育。每当笔者进入这所学校，经常遇到的情境是：一个女孩很细心地帮你搬一把椅子，走在校园的任何地方都有“老师好”的问候。给我们一个座位、一声问候，也给予一份感动与尊重。

① 摘自笔者 2008 年 11 月 13 号于 S 市某中学的田野日记。

境遇三：教师教学态度管窥

致家长的一封信[①]

贵家长：您好！

由于我的惰性的缘故，开学至今未能家访。因此我们之间还缺乏了解。此时此刻，我想以最直白的方式表达我一个课任老师内心真实的想法。坦率地说，我现在的想法很单纯，宁愿一时受质疑，而不愿负疚在将来。

现在大家特别关注的问题可能就是如何尽快提高学生的语文成绩。而核心是好习惯养成问题以及如何让学生保持对语文学科的热情。我在给您的孩子有关学科指导意见中写道：

(1) 必备字、词典。请保持工具书整洁。

推荐两本常用工具书。《新华字典》(商务印书馆)，装在书包里，课前准备和课本、笔记本、文具盒放在一起，备用。《现代汉语词典》(商务印书馆)，放在家中书柜或写字台上。

(2) 自备讲义夹。请将发下来的讲义整齐对折，按先后顺序排列，以备装订使用。

(3) 请使用水笔(或圆珠笔)书写语文作业。

(4) 日常读报，养成习惯。周末能够做剪报，逐步提高剪报质量。

(5) 阅读·批注·质疑·交流，养成阅读好习惯；自读十二字要诀，即：三看一查，圈点勾画，批注质疑。“不动笔墨不读书。”

(6) 课前朗读，记诵古诗、文、美文，保持小学读书好习惯。

(7) 注意倾听师长或同学讲话(发言)，用心(用笔)记下要点(或关键词)。

据观察，有些同学有较强的表现(表达)的能力和愿望，但往往不注意倾听别人的发言，而往往在他(她)自己发言的时候却转移了话题(也就是改变了讲话的主题，甚至文不对题)。希望这些同学能在新环境中养成注意“倾听”的好习惯。

(8) 制作个人习作(自选作品)集(档案)。

(9) 建议写《成长的故事》(日记)。(见“预备年级语文学科常规要

---

① 摘自笔者2009年9月17号于S市某中学的田野日记。

求”)

俗话说:“积千累万,不如养成好习惯。”其实,初中低年级教育的重点浓缩起来就是四个字——培养习惯,或者说养成教育。孔子说:少成若天性,习惯成自然。现在是建立常规、培养良好学习习惯的最关键时期。这就是“三岁看大,七岁看老”这句俗话的含义。从教育是发展学生个性来说,语文教学就是要从理解和运用语言的能力方面来完善学生的个性。从这个意义上来讲,培养良好的语文学习习惯,就是语文教学的全部任务,是一切教学内容、教学方法和教学过程的终极目的。

现阶段,我工作的重点就是孩子学科学习习惯的养成。我以这样或那样的方式在影响着孩子,其实我也在努力和家长沟通,希望我们彼此理解,彼此配合默契,以利于孩子学科的健康发展。

这里还要特别强调一项活动,即课外阅读。许多语文成绩优异的同学,你若问他们成功的秘诀何在?他们会异口同声地告诉你:得益于课外读书。(请注意:这里的“课外读书”即课外阅读,不能异化为课外去找家教,做卷子。)我们深知现在这些孩子的课外阅读的现状,不缺乏“阅字量”,而严重缺乏阅读量。我们有些孩子受环境的影响,阅读“先天不足”,缺少起码的阅读积累,诸如作文无话可说,文字空洞等等,皆源于此。我有时心生悲观情绪也源于此。自到该年级任教两周来,已渐渐熟悉了孩子们,情况有所了解,感觉任重道远!须知,学生在课堂上的时间有限,无奈在校有限时间的努力也是杯水车薪。学生在课堂上被激起的些许阅读的热情往往在课外没有释放的时空条件,课内点燃的火苗课外就熄灭了。我常常为此而痛心!我们羡慕人家的孩子学习成绩漂亮,可是人家的孩子读书呀,从小读启蒙读物开始,积累起来的阅读素养,阅读习惯不是今朝做几本语文练习册能够赶得上来的。我看到这两个班级有些孩子的阅读积累几乎是空白!此情此景,当下应该怎么办?我相信您也在苦觅良策。但是,没有一个良方可以包治百病,我们还是先真正了解自己的孩子,根据自己孩子的实际情况制订目标,而不至于蹉跎岁月,贻误帮助孩子获得进步(获得成功)的宝贵时机。我的建议就是我们把自己能做的、该做的做实,每天都做实,比如督促孩子在“成长的故事”里能不能做到“书写工整一点,内容具体一点,叙述完整一点”等等。

另外，本学期烦请家长特别关注孩子的书写习惯，督促孩子把字写工整。有些同学可以给他（她）单独安排一些习字（如摘抄等）练习，书写尽快过关。让他们使用水笔书写。书写基本过关的同学可以利用写《成长的故事》练字、练笔，一举数得。

鼓励学生养成认真修改作文的习惯（初稿来自《成长的故事》），编辑自己的得意作品（《自选作品集》）。扎扎实实写好作文。经常告诉孩子有效、有益、有道理的事（如思考的习惯，表达与交流的习惯；写日记，做剪报等等）都应该自觉去做，不打折扣。

“语文的差距，是生命的差距，是人的差距。”（复旦附中语文特级教师黄玉峰语）不能光看现在考多少分，不能因为考试考不到，就以为显现不出来。事实上，喜欢看书的、会写文章的，他的见解与境界，和不看书的人完全不一样。阅读的孩子，他（她）的潜力是不可估量的。

可能有些家长工作实在紧张，不知道怎样督促孩子的学业，不知道怎样把自己的角色做实在，那我告诉您，请打一个电话给我（我的通讯方式已告知各位），我给您帮助。请相信，我不烦。大家时间都有限，我们电话交流会立刻切入主题，绝对不会泛泛而谈，不得要领。我们之间无需客套！如果这方面我有失礼的地方，还请诸位一定谅解！

最后，我还要借用一句名人的话表明我的信念：即使慢，纵令落后，驰而不息。我相信这群能够编织故事、创造奇迹的孩子！我相信您跟我一样有信心，只有我们按照规律把角色扮好！

××　9月17日

这是2009年9月开学两周之后，一位语文教师致学生家长的一封信，信中关于如何学习语文、怎样学好语文以及目前所面临的现状和相应的措施都给予详尽而诚恳的表述。既让学生知道该如何去努力，也让家长知道该怎样帮助孩子学好语文，教师之敬业，育人之用心，态度之诚恳可见一斑了。

接下来再从一位老师对于学生作文的精心批改中窥视教学态度之认真，教师职业之辛苦以及师恩如春雨般浸润在学生的心田。①

① 摘自笔者2009年10月15号于S市某中学的田野日记。

带格式的：边框:底端：（无框线）

2009年5月31日下午，在那块曾经挥洒过汗水的绿茵赛场上，隆重举行了第十九届罗山中学艺术节闭幕式，为艺术节这个华丽的盛宴画上了一个完美的句号。

紫藤花儿开

——记第十九届罗山中学艺术节闭幕式

本报记者（预备2班） 沈 欣

校园一景：一丛丛开得正艳的紫藤花，一个个笑得多么灿烂！驻足在紫藤架下，宛若置身于梦境。隐约间，我仿佛看到一条由茵茵绿草、绽放的鲜花铺就的五彩路，这条路的标牌上写着：童年。

童年的模样，大概就是那小碎花裙子，那双不染尘世的眸子；童年的足迹，可能就是心底不时萌发出的奇思妙想；童年的声音，也许就是这一连串的毫无顾忌的、爽朗的笑。

我迷茫地走在记忆的边缘，像一叶小舟，随记忆的波涛，随风飘流。将自己推到一个未知的港湾，如拾珍宝一般的，有着童年的欢愉，在这天，我又一次尝到了属于童年的味道。

童年的味道，是附着在紫藤架上的淡雅紫？是流连在夕阳余晖中的艳丽橙？还是洋溢在天空中的亮丽蓝？已然不知，是七彩的绚烂啊！就像庭院里的一道彩虹。有红的奔放、橙的简约、黄的明丽、绿的清新、青的靓丽、蓝的纯洁和紫的含蓄。

我托着腮，静静地倚靠在操场上的足球架上，“丁零零……”声音朦朦胧胧的，悄悄体会着，发现了它别样的韵味。听不见吗？那原来是，童年的声音哇！

删除的内容：。

带格式的：字体：小二，加粗

带格式的：缩进：首行缩进： 9 字符

带格式的：字体：四号

带格式的：居中，缩进：首行缩进： 0 字符

删除的内容：（

带格式的：字体：（默认）楷体_GB2312，（中文）楷体_GB2312，四号

带格式的：缩进：首行缩进： 9 字符

删除的内容：）

删除的内容：的…，是…的…那…烂漫…，那么无暇，…花…如…，…隐约…地…它在为我指着…是这么…的…【…】 ... [1]

删除的内容：，…，…丽 ... [2]

删除的内容：虑

删除的内容：那

删除的内容：花

删除的内容：留

删除的内容：恋

删除的内容：上……一般 ... [3]

删除的内容：呵

删除的内容：那小…中…其中， ... [4]

删除的内容：，…，…，…，…，…， ... [5]

删除的内容：2009年5月31日，在那块曾经挥洒过汗水的绿茵赛场上，隆重举办：第十九届罗山中学艺术节的闭幕式。为艺术节这个华丽 ... [6]

删除的内容：的…叮铃铃 ... [7]

删除的内容：......”

删除的内容：么

俏皮的舞步，在台上旋转，跳跃，挑眉，侧身……仿佛忽然与自己有了几分心有灵犀，那种“玩世不恭”，那种“桀骜不驯”，与自己的儿时有了几分的相似。一脸的“倨傲”，却不乏几分可爱与俏皮。每年的初夏，翻着发黄的日历，盼望着那个日子——六月一日。在那天，已然长眠的童心与激情，都在那一刻爆发。狂欢，将所有的不快与心头的阴霾，都一扫而空！那一天，云淡风清。穿着洁白素雅的小碎花裙子，感觉自己宛如这世界上最幸福的公主一般，摆弄着自己的裙摆，霎时，童年的风铃骤响，那般悦耳。

坐在绿茵草坪上，头惬意地倚靠着栏杆，熟悉的旋律萦绕在耳边。台上，是初二（4）班表演的歌舞：《友情接力棒》，给予我们视觉与听觉的双重享受啊。眼神有一瞬间的迷离，灵魂在轻歌曼舞，似曾相识的飘忽的感觉。努力在脑海里搜寻着，一个好听的名字：《童年的回忆》。

红唇微启，一个个音符在空气中酝酿，好似又回到了那个时代，“朋友一生一起走，那些日子不再有……”记忆中原本是那种很厚重的音符，但今天听来却如小溪般清冽可人。那一段童年与友谊的花季时光，铺就了一段由欢声笑语镶嵌的花香小径，好比一块浸过了蜜糖的饼干，一块透明的水果糖，一块甜蜜的小面包，一个水果味的布丁……童年的友谊啊，就像这些清凉的甜品，沁到了心脾，消去了心头所有的不快与烦躁。像一阵清风，虽甜，但不腻，入心的，是一种犹有余味的甜蜜与清凉，好友的笑颜如花，携有童音的语句，“××，我们做朋友吧！”友谊，像明净的天空似的，水晶般透明。

带格式的：边框：底端：（无框线）

删除的内容：一…以 ... [8]

删除的内容：，

删除的内容：心心相惜之意

删除的内容：的

删除的内容：所有的

删除的内容：狂欢，…在 ... [9]

删除的内容：刻…霎时 ... [10]

删除的内容：，

删除的内容：微微…又…。同时，也…皱眉，沉思 ... [11]

删除的内容：“…” ... [12]

删除的内容：，那种友谊：…...... ... [13]

删除的内容：（我是‘音痴’，歌词都记不住哩~）…本来应该 ... [14]

删除的内容：雄…音节…笑…铺成 ... [15]

删除的内容：就像

删除的内容：镶…… …甜到…头…耐…烦燥…。…津…还是…着 ... [16]

删除的内容：么

空灵的歌声是童年的足迹，若隐若现，儿时追逐蜂蝶的身影，若隐若现，银铃般无忧无虑的笑声……“池塘边的柳树上，知了在声声地叫着夏天……”这是一首叫做《童年》的曲子，清脆的歌声，顽皮的身影，舒心的笑声，充斥在碧波荡漾的荷塘，一切的一切，似乎都平添了五彩纷呈的一笔，浓艳，却不乏纯真与清新……童年，是这样的吗？大脑飞速地运转，童年的碎片，在此时此刻，渐渐拼凑成了一幅完整的画面，身着绿色，羽毛般轻盈，是属于童年的记忆。回忆着预备（2）班的T台舞蹈秀，就像一颗隽永的水晶般透明的水果糖，细细回味着，恍然间感慨万千……音乐从舒缓轻柔的《童年的回忆》，渐渐变得富有节奏感，精神随之振奋，有种焕然一新的感觉。不见平日里伙伴们的严肃，瞬间蜕变了似的，成了一个个训练有素的“models”，看似很随意地一叉腰，一侧头，引来惊艳无数，嘴角不由自主地弯出一个弧度，竟情不自禁哼唱了起来.“小小的蜗牛背负着大大的梦想，正一步一步向上爬……”呵呵，夕阳的余晖，将我拉入了另一个纷繁的时空：儿时，自己同样爱摆酷，有着大大的志愿，童言无忌，也总是变幻无穷。“我将来长大了要当……”“不对不对，我还是想当……！”“不好不好，我就是要当……”那时有点傻，有点无知，有点自作多情，有点爱耍酷，有点痴人说梦吗？然而这一切的一切，就是我们童年真实的写照啊。

错愕间知晓“昙花一现”在梦境了。庆幸这边校园的紫藤花开得正艳！看呀，紫藤架下盛开在沃土上的一簇簇、一朵朵花儿，正恣意张扬……

带格式的: 边框:底端:（无框线）

删除的内容: 微风独特的旋律在天地间萦绕，演员们身后的幕布随着清风飘扬。…似乎看见…似乎听见…，似乎闻到，花儿们那清新的香………………像…，酷暑季节，在池塘边搭着网兜，卓这小蝌蚪……上…纷呈……… [17]

删除的内容: 么

删除的内容:

删除的内容: 个…下的 ... [18]

删除的内容: 回

删除的内容: ……

删除的内容: 变

删除的内容: 想起了一句歌词，……… ... [19]

删除的内容: 。

删除的内容: ，…XXX。…XXX…XXX…要…XXX……… ... [20]

删除的内容: 汗……

删除的内容: 幼时的我，两颊有点点的婴儿肥，…，有点…… ... [21]

删除的内容: 地抬头…，明白了什么叫…，…，…已然凋谢，只有遍地残花的哀吟，那边，心中的紫藤花 ... [22]

删除的内容: 在心里

删除的内容: 开得烂漫，幽幽明丽

删除的内容: 媚

删除的内容: 的紫色，就像苏轼的《海棠》中写的“香雾空蒙月转廊”…花开…童年的……… ... [23]

境遇四：学生对老师教学的评说①

我先说，数学老师自己说，外面的奥数补习班没有用，却在自己家里开办奥数班，而且他教得很简单。我在数学老师的班里学了两个学期，结果他上的内容还不及奥数书里的二十分之一。一开始他说只招收好学生，但后来好学生都认为他那里学得太浅了，就走了。他就收了很多成绩很差的学生，随便乱教一点东西，而且收很多的钱。对于那些给他送过礼的学生，平常的测验中他都会把他们的分数调高些。在有老师听课的时候，他就装模作样地让我们全部坐好，他也装着和蔼可亲的样子面带微笑地给我们上课（平时他上课时经常凶巴巴地把同学揪出去，或者是因为向别人借东西或者是上课时自言自语等现象）。如果有人在公开课上自言自语或者说悄悄话，他不会有什么举动。不过，下课后，他就将那些同学叫到办公室罚抄练习20遍。对于老师这种装模作样的行为，我们表示万分的气愤，呼吁将他打倒。

* * *

她给人一种平易近人的感觉，只要和她说话就觉得有一种亲切感，对于我们的问题，从来没有很烦的样子，始终是微笑着给我们解释。她在给我们上课的时候，总是很为我们着想，每一次的作业呢，她只求精而不求多，既使我们的知识得到了充实也减少了我们的负担。这位老师的课每次都是听不厌的，因为听她的课总是感觉我们不是在学习而是在娱乐中得到了知识，以前没有搞懂的问题，在这里很轻松就听懂了。例如：她给我们拿来了一些历届重点中学的试题，从来没有见过这样的题型，连平常表现突出的同学也表示出困难的样子，而老师却通过一个故事使我们开怀大笑，等我们醒悟过来题目已经迎刃而解了，连平常觉得最枯燥无味的古文，也学得十分轻松，一节课通常是在笑声中结束了，我们都还意犹未尽。对于学习好的同学她给予温馨的提醒而不使之骄傲，对于成绩差的同学她也不吝啬自己的鼓励，使同学们都保持对学习的积极性。

* * *

我们老师把优秀的范文贴在墙上，告诉我们说："你们不要怕，尽管

① 摘自笔者2009年1月29号于Z省某重点小学的学生采访记录整理。

抄好了。把这些文章背下来，考试的时候根据题目要求变动一下就是一篇很好的文章了。”[不注明出处吗?]①“如果我在考试的时候注明了这篇文章是参考谁的，那我的作文就会被扣30分；如果我没有注明，那我的作文只被扣两分。我才没有那么傻呢。”

* * *

我要说两句，那位老师表面看上去很好的：作业多、书上做满了笔记，他还会把成绩差的学生留下来重写作业。其实，很多时候他都是让学生自己做作业，他却在QQ上聊天。平常那么多的作业，都是重复着做的，他也从来不检查，错和对都不管。考试的时候，以前基础好些的同学分数高一些，成绩不太好的就自己混，学不到什么东西的。

* * *

这个学期，教我奥数的老师很严厉，对于每个同学她都要求达到最好的程度。每一次做难题，她要求我们一定都要做出来为止。做不出来的就留下来，她会耐心地讲解，虽然有时呵斥也很严厉，但是反而使我们更加努力地去想。这种严厉的教学方法使我们的思维能力得到了很大的提高。有些学生基础很差，做作业时常有很多题不会做，等放学了以后去问她，经常是五点钟放学，她回答完学生的问题已经八点了。次，我问老师，“学生一遍又一遍地询问会不会觉得烦呢?”她说：“没什么，只要你们懂了就可以了。”

* * *

一次，我们正在上英语课，突然一个同学把一张纸条投向前面一个同学的头上，正好被授课的英语老师看到，老师以迅雷不及掩耳之势把纸条捡起来并拿在手上，展开纸条看了里面的内容后脸色大变，立刻把那个扔纸条的同学叫到讲台上说：“你上英语课都敢传纸条啊？（英语老师是我们的班主任）不要命了，还想不想读书，不想读书就让家长领回家去。”这位同学低着头，沉默不语。于是，老师便用右手一搬这位同学的脸，大声说：“简单。”接着伸出左手打了这位同学一耳光，大声说：“粗暴。”随后又用右脚高跟鞋细长的鞋跟踹了一脚，大声说：“有效。”这个同学顿时跌倒在地，大声叫着：“饶了我吧，下次不敢了。”老师就说：

① 方括号中为笔者的问话。

"站到门外去。"于是，这位同学自己站起来走到教室门外。这时，老师说："你们这些人是说不听的，只有这样才有效。"一个学期下来，由于犯了诸如上课讲话、传纸条、不认真早读以及做操错误的十几位同学都遭受到这种老师自认为"简单"、"粗暴"，但是异常"有效"的教训。每当这个时候，其余的同学都被吓得大气不敢出，战战兢兢地沉默不语，大家都怕自己被打吧。①

当接受笔者采访的几位同学，有的述说、有的比划、有的手脚并用惟妙惟肖地描述老师打骂学生的场景时，我无言以对，唯有沉默与悲哀，也许为受罚的学生，也许为这群原本不该目睹这一幕的孩子，也许更为我们的教育。

透过学生对教师的评说，我们有一种喜忧参半的感觉，或许这反映的恰恰是现实的真实。无论你是虚情假意还是真心实意，也不管你是弄虚作假还是踏踏实实，还有粗暴冷漠以及拳打脚踢等等儿童都看在眼里，记在心上。日后他们或许成为这样或者那样的人，或许有着这样那样的缺点，不要一味地责怪儿童，也不要不负责任地推卸责任。其实，儿童正是无数老师的外化自我，儿童的成长浸染着成人世界的"善良"与"邪恶"。

二、反省学生生存的不同境遇

前文从三个层面剖析了学生生存境遇的各种事实，试图较为全面地呈现教育现状中学生的生活状态与生存境遇，以便为幸福失落在何处、幸福体现在哪里的价值判断以及后面的教育作为坚实的事实依据。

（一）幸福失落在何处

"享有权利是任何形式的人类社会生活的一部分，所以，如果要有人类社会生活，就必须有权利。"[31]"它体现在承认人人都是自由主体并且平等受到尊重这一前提下，对于任何作为社会个体获得最大的合作利益而需要应有权利产生的一种伦理分析。"[32]因为，正是这个世界存在着的不公平以及自由的丧失，让很多人失去了做人的尊严。由此，我们从教育境遇中平等与自由的角度分析学生权利的缺失而导致的幸福感失落。

1. 幸福失落于不公平的境遇

长期以来，人们对教育公平的认识更多地局限于入学机会和教育资源的占

① 摘自笔者2010年2月10号于Z省某重点中学的田野日记。

用(包括物质设施和师资配备)等方面,认为每个学生只要有相同的入学机会,占有同等的教育资源便会受到同等的教育。实际上入学机会和教育资源占用的平等只是求得教育公平的必要条件而决非充分条件。对于课堂教学这一特殊的社会实践活动进行深入的挖掘,能够发现教学过程中产生不公平的一系列复杂的主客观因素。现今,课堂教学中造成学生幸福感的失落至少体现在两个方面:

其一机会缺失。在我国,教学活动基本上都以班级授课为主,由于课桌与课桌呈现所谓的“秧田式”排放,无形中便于教师俯视与监督全体学生,课堂气氛的调节以及学生的行为都在老师的掌控之中,由此每个学生只能将视线聚焦于老师,“也就导致了课堂教学中的人际交往多半局限在师生之间”[33],教师在教学过程中的支配地位而使师生间的互动带有更多主观选择性。不难发现,教师多数情况下把学业成绩好、父母社会地位较高、在班级中担任一定职务或和自己有着特殊社会关系的学生安排在靠近讲台的座位,把那些学业成绩较差和教师心目中所谓不听话的学生放在远离讲台的偏远座位上。“按照物理学中场这一概念的原理,场对周围影响强度的大小取决于距离场源的远近。”[34]由此教学过程中老师往往对这些学生表现出较高的互动频率,课堂提问的次数和难度,接受表扬和赞许的概率均高于其他的学生。此外,课后有针对性的辅导以及校内外各项有组织的活动(文艺、体育、艺术、社会实践等)也大多是这些学生的舞台。“教师与学生之间的这种选择性交往必然导致在有限的课堂学习和校园生活时间内参与机会分配的不均衡。教师把更多的时间和机会分配给经过选择的对象”[34],而对于缺少或几乎丧失机会的学生来说,他们接受教师的暗示、关注、启发、诱导、期待等潜在性的影响也相对薄弱而处于教学活动的边缘,处于这种不公平、不公正待遇的学生,实际上成了教学活动中的“观众”,观赏他人的精彩与幸福,咀嚼自身的孤寂与冷漠,品味不幸的校园生活。

其二弱势群体。当今社会的一个重要特点表现在人口流动加速、规模加大,因而流动人员子女的教育问题也日益凸现。我国的考试制度规定学生必须在户籍所在地就近入学并参加升学考试,这一明显的地域规定对流动人员子女接受公平的学校教育极为不利。由于生活环境的流动性致使这些学生一般基础较为薄弱,学习过程中表现出如语言、适应性、与教师、同学的交往等诸多障碍。他们在人际交往中常常表现出孤独和怯懦,学习成绩也相对差一些,再加上这部分学生必须回到户口所在地参加升学考试,因而,“教师在教学中往往忽视这些学生的心理需要且带有不同程度的偏见和心理上的排斥”[34],更不情愿为他们投入更多的时间和精力。这种不公平的待遇使他们逐渐成为学习有困难的学生，再加上每个班级都有一部分学习成绩相对较差，教师心目中所谓不听话的“双差生”，共同组成了班级中的“弱势”群体。“弱势”是相对于“强势”而言，“强势”概念借用到教学中是指那些学习程度相对较高的一部分学生，他们实际上规定着教师教学内容的程度、方法和进度，他们是教学活动的主体。教学活动基本上是以“强势”群体为标准来预设的，教师更为关注的是他们的课堂反应：教学内容是否理解、教学进度是否合适、教学方法是否合理等。这部分学生理解了、掌握了，便认为教学任务已经完成，目的已经达到。而对于在班级中占有一定比例的“弱势”群体的呼声却充耳不闻，对于他们的悲欢熟视无睹，蔑视他们的需要，忽视他们的成长，也就放弃了他们本该拥有的幸福。

处于上述不公平境况下的学生自然是不快乐、不幸福的。那么，他们的不幸福是否换来了其他学生和教师的幸福呢？答案也是否定的。“幸福与快乐不同，快乐是生理需要的即时满足，是欲望得到满足之后的自然性、即时性的快感。幸福与人的本质力量的实现有关，它是人的本质力量的自由实现所带来的精神上的愉悦。因此，幸福表现出意义性和终极性。”[35]亚里士多德说，幸福是“最高的善”。这里的善是融智慧、道德于一体的人性之完成。另外，同一集体中个体的幸福彼此相联，追求幸福的个体只有确认并构建一个具有真实人性的集体才可能分享具有类本性的人生幸福，唯有集体的幸福才是个体幸福和发展的真实前提与最高境界，即个体的幸福，需要从集体的幸福中来。

幸福与教育的关系可以简单地表达为幸福与教育的相互需要，幸福之所以需要教育最重要的原因在于幸福与主体的内在关联。正如罗素所说：“教育应该设法发展思想上的公平来代替无情，应慢慢地注入敬意和谅解的态度，来代替轻视。”[36]教育中的幸福是全面的——与其他一切客体对象相统一的全面感受。牺牲部分而换取其他的教育是残缺的，残缺的必定不会是幸福的，而置身于这种教育中的个体也是难以成长为追寻幸福、创造幸福的人的。学生是教师内在素质的体现者，学生的成长是教师教育价值的实现、生命的肯定。集体中存在“迷失的羔羊”、不幸的“弃儿”，教师的教育价值是减值的，教学生命是残缺的，更无法体会完整的职业幸福。而另一部分“宠儿”虽然可以获得学业成绩的提高这一外在的满足，却无法领略与同伴分享、共享精神的坦然与心平气和，也无法体会来自同伴的祝福、鼓励与共享，更无法享受给他人送去帮助、欢乐、顺利和安宁的精神幸福。

校园生活是学生人生中一段重要的生命经历，是他们生命中有意义的组成部分。教育是作用于人的心灵乃至生命的活动，是塑造灵魂、发展智慧的过程。因而，教育只能用爱浇灌爱，用心灵感动心灵，用幸福养育幸福。在这一过程中，公，是教育之本；平，是幸福之源。而处于上述种种不公平境遇中的学生，他们的心里布满了阴云，这阴云甚至慢慢占据了他们的整个心灵，使心灵再也没有容纳别种东西的空隙了，思想会变得紊乱，对所见所闻茫然无知，并对教育者充满了失望和不信任感，对教师的任何教导，却会抱排斥态度，“因为没有人能够在一颗战栗的心灵上写出平正的文字，从某种意义上说，也就扼杀了学生的精神生命力，或许埋葬了未来的瓦特、牛顿，莎士比亚、巴尔扎克，肖邦、贝多芬，雪莱、海涅，拿破仑、巴顿，丹尼尔、迪斯尼。教育上的错误比别的错误更不可轻犯，教育上的错误正如错配了药一样，第一次弄错了，决不能借第二、第三次去补救，它们的影响是终身洗刷不掉的”[37]。

2. 幸福失落于受逼的学习

学生作为一个生命的个体，其健康的、有活力的成长与发展有一个根本前提，那就是他必须处于一种主动的、自由的生存状态。在这个意义上，学生的“受逼”学习也就对其健康的、有活力的成长与发展构成了一种阻碍、一种伤害，这种“受逼”学习越多，他们成长与发展所受阻碍与伤害也就越大。事实上，近年来学生厌学情绪的日益普遍与严重，心理障碍与人格问题的日益增多与凸显，无不与他们终日处于“受逼”学习状态有关。[38]要把学生从“受逼”学习状态中解脱出来，从“受逼”的境遇中解放出来，从幸福的失落中解救出来，首先必须弄清：学生受谁的逼迫？又是什么原因造成学生幸福的失落？

我们很快就可以发现，学生的学习受逼于其家长。“正是作为学生之亲人的父母逼迫自己的孩子丢下其心爱的玩具、放弃其钟情的动画片、结束其快乐的游戏、改变其真实的初衷而去学习他们并不喜欢、并不感兴趣的钢琴、绘画、书法、奥赛数理化”[38]以及五花八门的习题集、练习册等等。家长们或者想实现自己未曾达成的梦想，或者是不想使自己的孩子在与同龄人的竞争中处于“劣势”，或者是索取自己含辛茹苦付出的回报……为此，他们宁愿牺牲孩子的意愿、宁愿剥夺孩子的快乐、不惜放弃孩子自身的幸福，而扮演“催命鬼”的角色。此时，学生其实已成了家长生命的“替身”，成人社会功利心态的牺牲品。无疑，他们对学生“被逼”学习状态的形成与强化起着推波助澜的作用，对学生幸福的失落也就具有不可推卸的责任。

我们随即又可以发现，学生的学习受逼于教师。正是作为学生引路人的教师从他们进入学校开始，就以权力的眼睛监视学生的一言一行，就以一种考试的技术算度学生的现实和未来，就以一种园丁的心态按照既定设计的样子修剪学生的天性和人生，这就必然要把任何不符合要求的枝叶除掉，必然把学生摆布成一种预设的样子。于是，“教学过程成了逼迫学生在既定的时间里、既定的场所中按照既定的规范去参加既定的活动、学习既定内容”[38]的“牢笼”，并通过各种各样的考试验证结果的有效。在学生学习的过程中，“介入了过多的外在干预或盲目的力量，将教学既定的发展道路或方向机械地强加于每一个学生，那么就势必偏离了他们的本性或心智所向往的方向，成为教师所‘修剪’出来的人，而不是他们自己所向往的人和他们自己能够成为的人”[39]。况且，受到这样逼迫的学生在其后来的生活中往往要花费相当长的时间来寻找适合于自己的发展方向或许永远地迷失了人生的航标，“这无论是对于学生自己还是对于整个社会来说，都是一件非常不幸的事情”[39]。“一个人对于任何被人逼迫去做的事情，一旦有了离开的机会，他立刻就会离开，做的时候也得不到多少利益，更得不到快乐。”[40]因为这种园丁的“修剪”背离了学生纯真的天性，贬抑了学生的自尊，甚至残害了学生的健康，如此状态下培养出来的学生主要表现在对传统的顺从、权威的服从和对正统的信奉，体现在学生思想上的标准化和心灵的僵化。虽然园丁心态隐喻了教师对学生的辛勤“关照”，但这种“关照”却体现出一种不容置疑的强权和支配力量。

我们还可以发现，学生的学习受逼于统一的教育目标。学校教育根据某种社会理想秩序的需要或者外部的权力意图为学生设计发展目标和发展模式，并且相信这种目标和模式是唯一正确与合理的，试图为学生制定一条完美人格的正确发展道路，安排既定的生活方向和行为秩序，似乎统一的目标必然代表着正确的教育选择，只有按照既定目标所指定的道路发展或者完全服从目标的意志，学生才能具有光明和美好的未来，[41]学生只有按照一套统一设计好的模式、途径和方法，才能成为理想的人。其实，给学生造成痛苦的可能恰恰是那些竭力想把他们塑造成完美人格的想法和做法。因为现实中的人是不完美的，也不可能达至完美，统一目标的设定只是为着一个“驯服的身体”和“听话的灵魂”。“这种教育心态仅仅是一种把人塑造成完全相似的对政治或经济等社会结构有用的工具，因此教育的尺度体现为对学生的统一模塑”，它所追求的目标就是运用各种方法对学生的心智进行控制，逼迫学生就范，逼迫学生遵循于既定的目标，“这必然地导致对学生的身体和精神的强制。在这样的教育中,不可能具有丰富的、活跃的精神表现,也不会有个人理性精神的发展机会。而只能成为一种巨大的监护、督察、修正、压制学生个人的力量,并且这一力量具有绝对的权威,且无微不至”。[41]

学校教育用统一目标对学生人格和未来生活的预设其实是对学生发展的一种预定和控制,由于人的发展具有丰富的可能性,是不确定、不可限量、也不可算度的;又由于人的多样性和独特性,教育不可能决定也不能决定每个学生的生活道路,更无法了解和预测每个学生人格发展的未来和前景。[41]如果只用一种统一的程序、唯一的目标要挟每一个学生,企图为了实现既定的教育目标而把他们塑造成一种人,只能依靠对学生的监督和控制,必然对学生个性化成长进行干预和限制,最终造成学生完整人格的破坏,美好童年的丧失。

(二)幸福体现在哪里

考察了学生幸福的失落以及相应的造成学生不幸福的根源,或许这只是其中一部分现象与根源,但至少能够说明学校教育中学生幸福失落的部分归因。那么,学生的幸福又体现在哪里?

1. 幸福体现在拥有童年

儿童并不是可以从外表观察到的陌生人,也不是有待于成人尽力“填塞”的“容器”,更不是需要不断给予指导的孤弱而无知的顽童,成人社会对儿童的任何影响都在他们的身心留下不可磨灭的痕迹。换句话说,童年是一个人一生中最重要的组成部分,因为这一时期心灵的敏感和敏锐吸纳了他们所受到的教化,奠定了其成人的模样,更因为儿童时期所经历的生活直接关涉到他成人的幸福。

当儿童全神贯注地凝视着泥土中的一群蚂蚁,久久地注视着一片叶子,轻轻地抚摸一只受伤的小鸟,长时间地揣摩手中的电动汽车……这些现象向我们提供了儿童存在精神生活的证据,存在着丰富的内心世界,有着神秘莫测的心灵,儿童的心理个性与成人截然不同,不仅表现在性质上的差异更是程度上的不同。这些差异体现在童年除了被“教育”之外还应该拥有如此种种的权利,应该经历如此这般的生活情境。这里是笔者对于童年的畅想:

迎着春天的暖风,沿着青青河边,三五一群、俩俩一伙,你追我打,嬉闹着在河边草地上打滚;找一块空地,运来沙土和清水,和一堆泥巴,你一把我一把堆砌城堡,创作泥塑,再捏一个你来捏一个我;妈妈做饭的时候,伸出胳膊,挽起袖子,借着帮忙的名义拿一个面团捏个小玩意;

盛夏的正午，一个人溜出房间，走进院子，拿起捕蝶网东奔西跑地捉蜻蜓；深秋的假日，跟随亲朋好友走进植物园，辨别鸟儿的学名，识别树叶的形状，分辨动物的种类，观察植物的特征……感受自然之魅力，体会人与自然和谐共生的意义；满天繁星的夜晚，一个人站在夜幕下，伫立在池塘边久久地凝视着遥远的星空；自带锅碗瓢盆，自备瓜果蔬菜，约上三五个好友，一起到偏远的空地，点起篝火，支起锅灶，搞一次野餐，体验一下自由自在的天地意境；跑到集市精心挑选一个花盆，仔细寻找一盆泥土，小心翼翼地从大盆文竹上剪下一枝插进自己的花盆；新年晚会上按照自己的意愿用硬纸板制作面具并化装成想象中的角色，或者直接用颜料在脸上画鬼脸；精心饲养一个小动物，定时喂水，送饭，时而抚摸它的皮毛，时而与它亲密对话，仿佛在倾诉心中的烦恼，仿佛在述说着自己的理想；周末的清晨，拿出准备好的针线，颜料，纸张与布块，和父母一起制作一个美丽的风筝，看准风向，找好角度，随着风筝一点点飞向远方的还有童年的梦想；骑着自行车有意趟过泥水坑，看着污水四溅，泥点布满车身而哈哈大笑；为比赛的名次而争吵的面红耳赤，以至于我推你一把，你打我一下；妈妈生日的清晨，早早起床，蹑手蹑脚地走进厨房，热一杯浓香的牛奶，买回热气腾腾的包子，送到父母床前并高声地祝福"生日快乐！"如果谁没有经历过爬树、堆雪人、捉小虫子……那他一定错过了许多精彩瞬间，那他的童年无论如何会有一些遗憾。

如果我们负责任地想一想，其实这些才是孩子的正事，原本游戏、玩耍才是童年的色彩。这样的游戏与经历会使得童年的日子多出很多的轻盈和诗意，使得儿童的身心不至于过早地被世俗的桎梏套住并在这个世俗的生活里走完一生。如果把这样的轻盈和诗意搁进他们的书包，搁进儿童的记忆，我们就把诗意和轻盈放进孩子的童年。"儿童正是在自己的世界中获得自由，感受生活的乐趣，体验世界的美和人生的美，从而形成和发展他自己接受成人教育的独立的心理基础，并在这样一个虽稚弱但却独立的心理基础上自然而非被迫地接受成年人的教育并不断充实和完善自己的内心世界，使自己渐渐成长起来并不失或尽量不失童年美好的心灵状态。"[42] 这种人性的光辉，对生活的热爱也具有历史的穿透力。这些人性中美好的火种会在未来让我们的世界分歧越来越少，战火越来越少，而越来越多的是安静与和平。

“儿童的世界是一个具有他们个人兴趣的人的世界，而不是一个事实和规律的世界。儿童世界的主要特征，不是什么与外界事物相符合这个意义上的真理，而是感情和同情。”[43] 尊重儿童时期就是尊重生长的需要和时机。成人经常犯的一种错误就是急于得到生长的结果，以致忽视了生长的过程。儿童是儿童，不是小大人。儿童有享受他儿童时期幸福的权利。倡导“从做中学”，意味着从直接的环境中所获得的知识、经验以及通过训练得来的应付环境的能力，才是真正的有益于儿童的学习。“当儿童的本能活动与社会利益及社会经验结合在一起的时候，取得的成效就最大。”[44]

游戏是组织愉快的幸福童年的教育手段、未来生活的预备。在游戏的时候，儿童的精神专注于某种事物，自然激发他们专心地完成这项活动。用这种方式，儿童可以没有任何困难地受到一种积极生活的锻炼，获取做其他事情的信心与勇气，争取到原以为不可为之事的力量。当然，父母与教师对于儿童的游戏要给予帮助、指导或者直接参与游戏之中。生活在健康的家庭或健康的社会环境中的健康儿童并不问“我现在能有什么样的愉快”而是问“我现在能做什么”，所要求的是生长着的活动，是有所事事，是一种兴趣。如果是那样，幸福就会自然而来。

> 行动过程外在的目的和方法与行动过程内在的目的和方法之间的区别，使我们能够理解愉快和幸福之间的区别。任何人偶然碰上外来的任何事情并感到兴奋，愉快就产生了。愉快的问题是一个直接的或瞬间的反应问题。幸福在性质上既不同于一种愉快，也不同于一系列愉快。当儿童连续不断地从事任何一种不受压抑的活动时——当他们在忙碌时，他们几乎总是幸福的、高兴的——成人也是这样。一个行动过程的日益增长的生长所带来的情绪上的伴随物，开展和成就的继续不断的迅速发展，这就是幸福——精神的满足和宁静。[45]

如果童年遇到一条跨越了时间、超越了空间的路，就注定有不尽的风景一路守候。让孩子们在童年时期最大限度地收获人性中美好的东西，以期待在他们成人的路上，将这些美好一一绽放。这其中的意义在于，只有当孩子拥有权利选择自己的理想，拥有时间与空间去践行自己的梦想，用自己的眼睛和头脑观察、感受以及评价周围世界的时候，他才能具备真正自由、勇敢地独立创造自己生活的能力并健康成长。

2. 幸福渗透在教师的职业幸福中

教育活动是一种师生双向参与、共同创造的过程，教育活动并不必然是幸福的，只有蕴涵着幸福的教育才有可能孕育幸福的人。它既包括学生的幸福，也涉及教师的幸福，两者唇齿相依，互为因果，教师的职业幸福不仅关系到教师个人的生活质量，还关涉到学生的幸福以及教育的价值追求。

杨启亮教授在一次学术报告会上说，教师的职业境界有四个层次，一是把教育看成是社会对教师角色的规范、要求；二是把教育看作出于职业责任的活动；三是把教育看作是出于职业良心的活动；四是把教育活动当作幸福体验。也就是说，教师的最高境界是把教育当作幸福的活动，高尚、崇高等都是来自外在的评价，而幸福是行为主体的内在体验，只有与人的内在情感体验相联系的活动才具有坚实的基础和永恒的活力。[46]教师作为一种幸福的职业有其客观依据。教育丰富的客体内容使教师得以能够在职业活动中体验到丰富的知识含量、价值判断、情感体验、文化内涵，教育也最有理由成为一种幸福的职业。教师的幸福有着丰富的内涵，既有幸福的一般特征，又有教师职业的个性特点，是个人幸福与社会幸福的统一，物质幸福与精神幸福的一致，真诚奉献与自我实现的重叠，创造幸福与享受幸福的完美结合。“能给人以尊严的只有这样的职业——在从事这种职业时，我们不是作为奴隶般的工具，而是在自己的领域内独立地进行创作。”[47]教师的幸福就是教师在自己的教育工作中自由实现职业理想的一种教育主体生存状态，[48]教师的专业幸福是使教师在教育中进入一种生活的状态，体验到生命的自尊、自由、自觉、灵性和创造，[49]具有精神性、关系性、无限性。教师的精神享受体现在教师传递、探索文化知识的过程中，为自己的知识得到转化，自己的才干得以发挥而体验到的成就感。

教师在教育过程中言传身教，培育学生成长，与学生共同实现人生的价值追求，承担一定的道德责任，教师的德性正是教师作为有道德的人在实践活动中表现出来的职业素养。教师的职业幸福依赖于在教育过程中教师与教材、教师与学生、教师职业自我与个性自我三方面的融合关系之中。对于教师来说，幸福取决于在教育过程中是否促进了学生的成长与发展。教师在与学生的交流过程中，得到学生的理解、尊重与共鸣而感受到的职业幸福。对于学生来说，幸福是学生的基本权利，学生追求幸福是教育伦理的应然诉求。学生的幸福是成长中的幸福，主要体现在求知过程（乐于接受学习）与结果（个体的成长）上，是学生对学校生活感到满意的主观感受，是当下幸福与未来幸福的内在一致，个人价值与社会价值的辩证统一。

教师幸福的无限性则是把学生从生物的个体提升为社会的个体、从较低级的水平提升至较高的水平，这是时代赋予教师的社会责任和历史使命，教师的幸福也正体现在肩负着这一社会责任和历史使命上。教师幸福的无限性表现在时间上，主要指教师对学生在课业和人格上的影响具有终身性，教师的劳动把生生不息的人类文明联系了起来，因此教师所收获的幸福是超越时间限制的；[50]空间上，一代代伟人与普通劳动者正是通过教师的劳动而推动世界的进步与发展，从教师的劳动对整个世界的影响来理解教师职业的意义，教师的幸福具有空间上的无限性。比较而言，从理论层面考察影响教师幸福的因素主要体现主体和客体两个方面，主体因素包括教师的身心健康、道德修养、科研能力等；客体则指家庭、学校与社会。此外，还可以从教师的现实处境来揭示教师不幸福的原因，知识化身份的弱化、真理代言人身份的消解、急功近利面前的困惑、安身立命的尴尬……

为此，教师要充分认识到自己的职业含义，将自己的职业与自身的生命质量和学生的生活品质联系起来，不断完善自己的知识结构（包括本体性知识、背景性知识和条件性知识），提升道德水准和人生境界以及对教育活动的主体实践能力，在教书育人的生活中体会职业的尊严，在职业魅力的彰显中感受育人的幸福，在动态发展的过程中创建师生共享的幸福家园。

第三节　始作俑者还是受害者：教育现状中的教师

教师，无论在学校教育中，还是家庭对儿童的关注中，以及社会上对教育的品头论足中都是人们热衷的话题、关注的焦点。家庭、学校以至于社会都如此关注与重视的教师在现实中处于怎样的生活状态，又以什么样的角色参与教育实践与自我定位的呢？或许一名从事基础教育的普通教师给新任教育部长的一封信中能够清楚地看到基础教育教师的生存状态，并以此作为教师角色定位的凭据。

给新任教育部长的一封信[51]

——基础教育教师生存状态素描

尊敬的袁部长：

您好！

恭祝您接任中国教育的掌门人！

仔细看了您的简历，我发现您也是干教育出身的，应该对中国教育的现状非常了解，所以，我对于您将在教育部长的位置上大展宏图不持丝毫的怀疑。但我想，您毕竟在高校工作的时间长，恐怕您对基础教育的了解没有对高等教育的了解那么全面，那么透彻；而且，您现在又已置身于教育部长这一中国教育的制高点，我怕您在“一览众山小”的同时，也会被“浮云遮望眼”。正是基于这样的杞忧，我决定给您写这封信。

眼下，基础教育阶段的教师到底处于一种怎样的工作状态之中呢？下面是我写的一篇“年记”，比较准确地记录了我全年的工作内容和工作量，其中的量化标准不一定科学，但我还是相信您能够从中得到一些有关基础教育教师生存状态的基本信息。

一、我完成的书面“作业”

1. 教案：每学期按18周计算，每周6个教案，每学期共108个教案，全年共计216个教案。每个教案以600字计算，则全年完成129 600字的教案。

2. 教学论文：每年2篇（每学期1篇），每篇以1 000字计算，全年完成2 000字的教学论文。

3. 教学计划：每年两篇，每篇以600字计，全年1 200字。

4. 教学总结：全年1 200字（计算方法同“教学计划”）。

5. 听课记录：学校规定：每学期必须至少听36节课，若以每个听课记录300字计，全学年共完成听课记录21 600字。

6. 业务学习笔记：以每学期抄4 000字的业务学习笔记来计算，全年共完成8 000字的业务笔记。

7. 试卷分析：每学期最少两篇，每篇以600字计，全年2 400字。

8. 培优补困工作记载：学校规定：每学期每班必须至少帮扶两名学生，我带双班语文，每学期帮扶4人，完成4份帮扶工作记录，若以每份记录 300 字计算，全年共计完成 2 400 字的工作记载。

以上只是教导处布置的书面任务，还有政教处的书面“作业”，列举如下：

1. 政治学习笔记：每学期以 5 000 字计，全年共 10 000 字。

2. 班主任工作计划：每学期一篇，每篇以 600 字计，全年 1 200 字。

3. 班主任工作总结：全年 1 200 字。

4. 班主任工作论文：每学期一篇，每篇 1 000 字，全年 2 000 字。

5. 班主任工作运行记载：原则上要求每天都有所记录。若以每学期 18 周、每周 5 天、每天记 50 字来计算，全年共完成 9 000 字的运行记载。

6. 班会记录：以每学期 18 次班会，每次班会做 300 字的记录来计算，全年完成班会记录 10 800 字。

7. 作为班主任，我还得每学期为所带班级的每一位学生做一次书面鉴定，每份鉴定按 50 字计算，一学期共完成学生鉴定 3 000 字，全年 6 000 字。

8. 每年年底，还得填写一份个人工作总结（教育局的“作业”），其中包括一篇年度述职报告，总结中需要本人填写的内容不会少于 1 000 字。

以上书面“作业”，共 209 600 字。

二、我批改的学生作业

1. 我教的两个班都在 60 人以上，作业批改（家庭作业本或配套练习本，可任选一种批阅）一次不会少于 120 本。以每学期每本批改 50 次计算，全年完成作业批改 12 000 本次。

2. 学校规定：作文每生每学期不能少于 8 篇。我每年最少批改学生作文 1 920 篇。

三、我完成的授课任务

1. 每周每班上 6 节课，双班就是 12 节，每学期以 18 周计算，全年授课 432 节。

2. 学校规定：各班每天下午的一节自习由班主任负责，每周每班 5 节自习，每学期以 18 周计算，全年共盯自习课 180 节。

3. 学校在每天下午放学后，还以晚自习的名义补一节课，语文每周每班排一节，每学期我至少要上30节，全年60节。

4. 周六补课：初一、初二补半天，初三全天。我最少在过去的一年中，周六的补课上了70节。

以上授课任务，若以节数计算，共计742节。

四、组织、主持班会和家长会，接待家长来访

1. 每周1节班会，由班主任组织，每学期以15周计，全年组织班会30节（每节班会都必须做好班会记录）。

2. 每学期监考最少10场，每场相当于3节课的时间（每场考试120分钟），全年共计60节。

3. 每学期至少组织、主持两次家长会，每年4次。每次家长会都不会短于三小时，除去其他任课老师发言所占用的1小时而外，我支配的时间相当于3节课（120分钟），全年共计12节。

4. 接待家长来访（包括因我工作必需或学生犯较严重错误而请家长）。每次时间平均为1小时，以每周接待1人次，每学期接待18人次来计算，全年共接待家长36人次，用时36小时，相当于上54节课所需的时间。

以上工作虽用“节”数来衡量不尽合理，但不如此量化，实在难以说明已完成工作的数量和艰辛程度，更何况我从事的是教学工作，视野所限，再也找不出更好的衡量办法。将错就错，以上工作共计156节。

209 600字，12 000本次，1 920篇，898节。这些数字中还没有包括许多无法准确量化的工作，如临时替别人上课、考试出题、批阅试卷、参加各种会议和学习培训、处理班上发生的各种矛盾和纠纷、组织学生参加学校和年级的各项集体活动、协调任课老师和学生以及家长之间的关系、进行班级日常管理等等。

袁部长，不知道您看了我的这篇“年记”后作何感想，我却至今还清楚地记得，在那个年末的寒冷的夜晚，当我看了自己为完成这篇“年记”而计算出来的数据（这些数据都是据本人最保守的估计计算得到的，实际情况与此相比只多不少）时，我目瞪口呆……也正是从那时起，我才真正明白为什么长久以来我再也没有发现生活中的美，为什么现在的中小学教师普遍缺乏生活的热情和激情，为什么现在的学生普遍缺乏想象力和创造力，为什么……因为，现在的教师连静下心来思考的时间都没有！

每当看到媒体对“中国人为什么得不了诺贝尔奖”这个问题讨论得热火朝天时，我都在一旁窃笑，并且一遍又一遍地在心里默念着那个自以为是的答案：因为中国的教师只会（也许用“只能”更准确）埋头苦干，无暇仰望星空！

袁部长，请您相信：我之所以向您展示这些枯燥的数据，是因为我还对教育事业拥有满腔的热忱，对您和中国基础教育的未来充满期待。所以，我恳请您能够尽快采取果断措施，有效地改善基础教育教师的生存状态，为基础教育阶段的教师减减负、降降压，好让大家都轻装上阵。我知道这很难，但我想，有全国 1 000 多万基础教育教师的支持，多大的困难克服不了呢？

噢！对了，我忘了做自我介绍了。我是一名初中语文教师。目前，我在学校担任双班语文教学任务，同时兼任一个班的班主任。我相信：这样的工作量，对一个中学教师来说，绝对是再正常不过的。

敬祝

安康！

徐生坛

2009 年 11 月 3 日夜

一位教师以平和的笔调，精确的数据呈现给我们一幅基础教育教师生存状态的真实画面，既展现了教师的教学生活事实，也表达了他们渴望现状有所改观并能培养出卓越人才的心愿。

日积月累的超负荷工作磨损了老师对于教育原本的热情，单调重复的周期运转消磨了老师原有的工作激情，热情与激情的消融无疑发出一种信息，即教师俨然担当起现存教育体制的受害者角色，面对学生、面对家长、面对学校管理者、研究评价者以及社会上的各种评说，他们被夹在中间，忍受着来自各方的批评、指责与议论，或许是出于自身的防御心理，或许是出于自我尊严的守护，他们开始反抗与排斥他者的评说，并将这种排斥转化为拒绝与不合作，从而对任何教育改革的初衷心存怀疑，固守教学的惯例，沿袭以往的陈旧与粗暴，甚至不惜伤害学生以发泄心中的怨气与不满，主观上仍然固守教学和精神上的不作为以防敏感的教育改革所带来的不愉悦。这样一来，又因为教师自身的“消极不作为”姿态而成为阻碍教育改革、妨碍学生发展、影响学生幸福的始作俑者。

从体制的视角入手，现行的教育体制一方面保障着正常的教学秩序及人的全面发展的实现，另一方面又对人的多样化精神生命造成戕害。于是，对于教师生存现状的改变也就顺理成章地指向体制，期望通过体制的变革来消除现实中不合理的因素，使得教师不幸福的状况有所改进，这样，在现行体制下教师似乎扮演着受害者的角色。那么，我们该如何看待“人对压力和权力的态度问题”呢？“人对压力的态度根植于他所生存的真正条件”。作为物质个体的人，我们受制于来自自然和人的权力。“物质上的压力足以剥夺我们的自由并扼杀我们，我们只能依赖于自身的物质力量以及手中的武器抵抗或战胜这种压力。”[52]虽然“我们的精神并不直接受制于这种物质压力”[52]，比如我们信奉的真理，认可的思想，决不会因为压力的存在而失效。但这并不意味着人即使生于牢笼之中，精神也是自由的。也就是说，“思想和真理并不是独立于人的外在存在，人的肉体影响人的精神，人的生理和社会存在影响人的内心世界”[52]。当人受到较强的压力并感到惧怕时，他的精神也会被扭曲并导致瘫痪。更为可怕的是权力中常常携带着一种“含蓄的允诺”，比如拥有权力者承诺保持相对稳定的秩序，并让个人在秩序中占有一席之地而摆脱不必要的负担与应该承担的责任，进而获得安全感。正是屈从于这种威胁与允诺使得人丧失了运用自己全部能力的权利，这种能力原本能造就一个真正的人。

这一局面的造成并不能完全归咎于外在的权力，还源于“人对自己的不关心”。它说明这样一个事实，即“我们丧失了对个人重要性和独特性的意识，我们使自己成为外在于我们的目标的工具，我们既把自己当作商品来体验，又当作商品来对待，我们自己的权利和我们相异化”[53]。长期生活在按部就班的教育环境下，教师如同置身于一个惯习的潮流中而乐于不加思考地随波逐流，再加上日益健全庞杂的奖励与惩罚“允诺”，更使得他们越发难以自拔，即无暇也无需思考、发现自己真正的需要，更放弃了创造与挖掘自身潜能的权利。

从家长的角度来看，家长往往把自己对孩子的全部希望都寄托在教师身上，在家长眼里，教师不再是一个普通的人，而是一个能够造就自己孩子并承担起一个家庭重托的神圣的人。教师的要求、嘱托如同圣旨一般需不折不扣地照办，老师的夸奖、表扬赋予的是整个家庭的希望与期待，老师的批评与惩罚也给一个家庭带来毁灭般的打击。经常的情形便是，在“哀其不幸，怒其不争”的叹声中，还是把自己孩子的学业成绩乃至于前途命运的不幸指向教师，以对哪个年级期间的某门学科老师的种种“不是”而推卸了自己的责任，而简单地把教师看作孩子

“成”与“败”的始作俑者。

从学生的角度来看，一方面，追求精确性的知识教学，大量机械灌输式的教学方式以及僵硬刻板的评价过程都是导致学生丰富个性的磨灭、想象力与创造力日渐丧失的主要根源，就此而言，教师可谓是扼杀学生个性与创造性的始作俑者。另一方面，学生在面对“教化”过程中表现出的“沉默、顺从与乖巧，连同在集体无意识之中按照既有的教学活动规则享受着残酷竞争的快感，又在客观上默许、强化与助长”[54]了这种“教化”的不合理性，并在恶性循环中，学生扮演起了这种“教化”合理存在的始作俑者，迫使教师认可并继续这样的“教化”以延续已有的业绩，又必须承担“教化”后果的受害者。

就教师自身而言，其实，教师也是普普通通的人，并不会因为教师这一职业称谓而真的“伟大”与“神圣”起来，况且，在我们现行的体制下，很多才华出众的人并不愿意也不甘于做一名中学教师，这既无可厚非，也不言自明。尽管称不上“伟大”，但还是可以也应该彰显教师职业内在的尊严与价值，因为这一职业关涉学生的成长，涉及人类的未来，也没有理由不受到重视与尊重。

不论是始作俑者还是受害者，作为教学承担者的教师都应该反省自身，究竟在教育现状中扮演什么样的角色。显而易见，一方面，由于教师自身的素质以至于头脑日趋僵化，思维已成定势而习惯于形式化教学，对于学生的情感、心理发展需求缺乏充分的了解与必要的理解而缺少基本的教育民主与自由，更何谈关注学生的生命质量和生存状态。另一方面却“又摆出一个解决这些问题的庞大阵势。教师自己扮演了制造问题和企图解决问题的双重角色”[55]。因此，就师生的生存境遇与现实幸福而言，教师既是始作俑者又是受害者，既关涉学生的现在以及未来幸福，也涉及自身的生存境遇与生命质量。

第四章　寻回学生幸福的教育作为

依据受教育现状中学生的表现以及学生生存境遇的事实反省，我们不得不重新审视与思考：如何确保学生幸福地学习与生活。进而，确立学生幸福作为教育追求的价值取向以及尊严生活作为学生生存的理想状态就显得十分必要。如何提升学生的幸福感受，与其说是一个心理学认识，不如说是关涉师生生存境遇的教育关怀，因而需要的不仅仅是回答“是什么”，更是“怎么办”。正如前文所呈现的种种事实，关键的解决方案还是寻求学生幸福的教育作为。

第一节　学生幸福：教育追求的价值取向

尽管“教育包含有教导和学习的因素在内，但反过来却不一定成立。亦即并非有教有学的行为或活动都能称之为教育。因为教育本身还是一种价值的活动”[1]。可以说，“教育是社会与个人在精神和物质价值方面的投入产出的劳动实践活动，是一种创价活动”[2]。无论个体人的生存、发展还是享受以及幸福生活的追求无不依赖于教育赋予个体的能力，无不取决于教育对于个体生活意义进行关照和价值的提升，更何况任何一个社会的存在与发展所需的政治、经济、文化等条件终究是由“文化化的人”去实现的，教育的价值在于通过“文化化人”的过程将自然状态的儿童培养成为继承人类文化成果，能够担当社会责任的拥有智慧和力量的“社会人”。这一过程也说明了教育活动达成了社会、家庭和个人本身对教育价值的期待，进而，这一结果又会进一步刺激社会和家庭对于教育的巨大热情与投入，所以，培养人，培养什么样的人，不仅是社会、家庭的关注，更是教育活动本身的价值追求。

我们之所以关注教育价值问题，并不是为了对现存的教育价值进行静态的分析，而是为了价值判断并在判断的基础上作出正确的教育价值选择。故此，“在教育领域中的价值取向和价值追求才是教育价值问题的核心。价值取向直接包含着价值理想和价值追求的成分，因而我们将人们对价值的动态关照统称为教育价值取向”[1]。

纵观人类教育的历史，表面上似乎是各个时期历史事件的累积，实际上是人类教育实践在不同时期所作出的价值选择、价值追求史。在以农业经济和专制统治占据主导地位的古代教育，人们对教育的期待集中在传承文明、巩固社会秩序等社会性价值上，尽管如此，孔子却也发出“有教无类”(《论语·卫灵公》)的呐喊。到了响彻着教堂的钟声和骑士的马蹄声的中世纪，教育对个体人的尊重完全淹没在对上帝的膜拜与社会体制的关心之中。一直到罗马帝国末期，西欧经历了野蛮与文明、愚昧与智慧的激烈对抗，当文明与愚昧共存、落后与进步相伴时，不同文化因素的碰撞与冲突、同化并顺应为新型文化的兴起奠定了基础，致使一种积极、自由、理性、带有更强世俗性生活方式的新思想文化运动以不可阻挡之势必然产生了。文艺复兴高举人文主义的大旗，意在肯定和赞扬人的价值和尊严，解放人的个性，发展人的能力，重视教育对人发展的作用。体现在教育上，演化为以“人”为中心的人文主义教育，关注儿童的自身价值与自由发展，使教育真正回归到“人人都享受的权利”这一本原上。无论夸美纽斯试图“寻找一种教学的方法，使得教员因此可以少教，但是学生可以多学；使得学校因此可以减少喧嚣、烦厌和无益的劳苦，多具闲暇、快乐和坚实的进步；并且使得基督教的社会因此可以少些黑暗、困恼、轧轹，却能多见光明、整饬、和平与宁静”[3]，还是卢梭所倡导的“自然是美好的，出自自然的人是生来自由、平等的，因此应该以自然的美好来代替‘文明’的罪恶”[4]，无不把儿童置于教育价值的核心位置，把儿童自身的价值视为教育的价值追求。进入现代社会，美国迎来进步主义教育思潮，一系列教学改革真正把儿童放在了教育的中心地位，提出“教育要使学校适应儿童，而不是使儿童适应学校”的原则。以儿童为中心设置综合课程，增强课程对儿童的意义。揭示了教育的核心是关心儿童的成长，而对儿童的研究应该通过观察他们的自然活动和活动倾向来进行。[5]作为民主主义教育的先锋——

杜威更是明确地表明:“归根到底,民主主义的问题是个人尊严与价值的道德问题。”[6]如果说自由与平等从属于民主的范畴,教育的自由则意味着遵从理智的自由,运用科学的方法,走向一种美好的社会生活。这种平等体现在“基本的道德与理想意义”上的,意味着对于每个个体特殊性与差异性的尊重,意味着个性的充分发展,而绝不能以成人的标准抹杀儿童的尊严。简言之,每个人既享有平等的机会来满足各自的需求,也应该有机会贡献他可能贡献的任何东西。从世界公认教育的“四个理念”:“国际理解、回归生活、关爱自然、教育民主”,到联合国教科文组织提出教育的“四个支柱”:“学会学习、学会做事、学会共同生活、学会生存”,再到我国的素质教育主张提高人的“思想道德素质、文化科学素质、劳动技能素质、身体心理素质”。目前课程改革提倡为所有学生打好“基本知识、基本技能、基本态度、基本方法”并再一次呼吁“为了每个学生的发展”,以及我们的教育方针是使所有的受教育者,在德、智、体、美、劳诸方面都得到全面发展,无不代表着现代教育把社会和个人作为教育资源并在物质和精神方面“教育价值取向”所发生的巨大变化,体现出个人价值作为历史的必然已经进入教育价值选择的视野,因而对个体价值与尊严的认可以及儿童幸福的关心就成为近代以来教育价值取向的主流之一。

在教育视域中,儿童是有着可塑性和可能性的个体,这种对个体发展的假设不仅造就了儿童,也成就了教育本身,预示着教育朝向什么样的可能,又是以什么作为价值选择与归宿的。美国泰勒·本—沙哈尔博士所讲授的积极心理学成为哈佛大学最受欢迎的“幸福课”。他从人们司空见惯的汉堡入手,总结出了四种追求幸福的模式:其一,过程幸福,结果不幸福。比如一种诱人的汉堡、薯条等“垃圾食品”,人们享受的只是眼前的快乐,却为未来埋下了苦果。这一模式体现在教育中,则指盲目追求所谓过程的轻松与愉悦,用过度的花哨和渲染取代理性的思考与付出,得到的只是繁华过后的空虚。对于成长中的儿童来说,快乐既停留在现在,也意味着美好的未来,既满足儿童现在的需要和兴趣,也必须承担社会所赋予他们的责任与义务,一味享受眼前的即时满足,出卖的想必是未来的人生幸福。其二,过程不幸福,结果也不幸福。比如一种口味很差的汉堡,既不能使人享受即时的口感,也影响日后的身体健康。在学校教育中,则指那些对当下的学习与活动缺乏兴趣与热情,也对未来的幸福生活不抱希望与期许的人。他们无视老师的教化,拒绝家长的管教,或者上课不认真听讲,不按时完成作业;或者逃学,长时间呆在网吧以及公共场所;或者蓄意惹事以便和人打架,释放心中的空虚与无聊……也许可以从心理学、伦理学以及哲学的视角寻找他们不好好学习，认真做人的原因，也许也可以从学校的教育方式以及家长的管教过程中寻找他们放弃自我的根源，但是这些都不足以遮蔽成长中的人自己应该承担的责任。对自己尚且不认真负责，是不可能指望他对他人以及这个社会负责的，这样的人只能吞噬自己埋下的苦果，从不幸的过程中走向不幸的结果。其三，过程不幸福，结果幸福。这好比一种内含丰富的蔬菜和有机食物的汉堡，尽管口感很差，吞咽很痛苦，但吃下去却有益于身体健康。这一模式也成为现今学校教育的主导价值追求，人们总是习惯性地追逐下一个目标，忘却了儿童当下就有愉快学习与幸福生活的权利。

> 尽管“以苦换甜”是生活的常态，但如果把生活都说成“以苦换甜”就有可能掩盖了幸福生活的深层道理。生活中肯定还存在着比“以苦换甜”要好得多的行动方式，否则就难以理解充分显示着生活智慧的幸福行动，就不能理解幸福行动是如何达到生活意义的最大化的。[7]

如果教育的一切只为着儿童的未来，为着将来的社会需要与可能的美好生活而以儿童当下的幸福为代价，实际上忽视或否认了儿童作为人自身的价值，忽视儿童本身的教育不但无法有效促进人的幸福，相反却成为儿童幸福的桎梏。这种价值取向把儿童的现在与将来对立起来，致力于儿童未来的生活准备而不是今天的愿望。问题在于虽然儿童期盼长大，向往着未来，但他们此时此刻也有游戏、玩耍等现实需求。于是，教师要求儿童此时学习数学，而不是打游戏；此刻背诵英语，而不能嬉闹；那时必须坐在教室里上课，而不是去游乐场……这就导致儿童把老师的意图看作是对他自由、当下需求的蓄意侵犯，心怀敌意与不满地看待老师的善意关怀，难免发生冲突与碰撞，可是，老师的教导与关怀却是每个成长中的儿童所必须的阶梯，过程中师生双方都无法体会到愉悦与幸福，即使能够迎来所谓幸福的结果也是残缺的。过程不幸福意味着过程中的失败、挫折大于、多于成功快乐，其净余额就是失败与痛苦的，长期的失败与痛苦之于个体的身心将会是怎样的摧残与折磨，所以育人过程的不幸福想要结出幸福的果实看来是不合乎常理与逻辑的，用异常艰辛与痛苦的过程换来的想必也是扭曲的幸福与麻木的心灵，至少付出的代价太大了。人生总是要以某种方式度过，这个“度”的经历就是体验人生的过程，人们或者以读书或者工作的经历“度”过生命的不同阶段，所谓结果其实就是给你一个“度”的理由，以及“度”所达到的目标，真实而愉快地“度”过了历程中的每一时刻，最后能或者不能达到预期的目标都不失为一个幸福的人生。其四，过程幸福，结果幸福。好比一种好吃又健康的“幸福型”汉堡。意味着教育一方面要让儿童享受当下的学习生活，另一方面还要有助于儿童追寻美好的未来。过程幸福意味着过程中的成功快乐多于、大于失败与痛苦，从而其净余额是成功与快乐的。可以说，过程中的成功快乐多于失败痛苦时必然能够实现预期的目标，自然由过程幸福走向结果幸福。这种幸福的模式启示我们，教育关涉学生的幸福必须面向儿童当下的生活，遵循儿童不同发展阶段的规律和特点，充分利用儿童的需要和兴趣，在尊重儿童的意愿和要求下，从儿童自己的立场出发去挖掘他们的潜能，用内容丰富的未来生活的实质充实到儿童现在的生活，把匿藏在遥远地方的教育目标移植到生机勃勃的儿童当下生活之中，让儿童通过教学活动、校园生活把他们的现在与未来联系起来，在此基础上引导儿童认识自己未来的使命，并向着个性化的目标发展，能够体验学习的乐趣并享受美好的童年时光，又能关注自身以及社会的未来走向。

教育的价值追求不仅面向人类的幸福，也必须直面生活中的苦难。“生命如同一条毯子，苦难之线和幸福之线在上面紧密交织，抽出其中一根就会破坏了整条毯子、整个生命。”“如果没有痛苦，人只能有卑微的幸福，而伟大的幸福正是战胜了巨大痛苦所产生的崇高的生命的悲剧感。”[8] 幸福既表现为一种外部的状态，也体现在内心的品质。儿童幸福的外部状态获得或失去都很迅速，如给儿童一件新玩具，他马上欢喜雀跃，但这种情绪很快就消失了。内在的幸福品质却十分稳定，这是一种良好的积极乐观的素质，这种应对挫折的良好心态是可以从童年时期不断受挫和解决困难的过程中培养出来的。教育之所以存在，既是源于人们对美好幸福生活的渴望，也是源于对生活中各种挫折、失败以及由此而带给学生、教师以及家长等的种种痛苦的凝视。学校教育在培养儿童“幸福品质”方面起着重要的作用，教育者应在把握大方向的前提下营造民主自由的教学氛围，尽可能给予儿童选择的权利与机会，而不是以教师的预设和喜好强求一致。幸福是一种独特的体验，若非亲身经历，根本无法体会其中的愉悦和精神上的满足，因为在选择付出的同时，收获到的却是心灵上的慰藉和温暖。尽管有时学生在作选择时是痛苦的，也有可能导致失败，但他们可以从中“悟”出一点道理，这种痛苦与“悟”的过程有助于锻炼个体形成顽强的生活态度与生存能力，“自觉而积极地应对周遭世界的挑战，自觉地寻求把自己的可能性转化为现实的途径和机会”[9]。一个人只要在此生把他的潜在意识变为现实自觉，把他的生活态度与个体能力发挥到极致，就可以说是一个幸福的人生了。

教育自身的教育性价值，使我们看到无论是东方的孔子，还是西方的夸美纽斯、卢梭、杜威，他们不仅是历史事实的存在，更是闪烁着智慧光芒的教育价值理想。无论是进步主义思潮，还是人文主义以及教育公平的追求无不意味着社会、个人对教育更多的精神和情感期待，也反射出教育本身对基本人性的价值关心。由此，教育事实绝非自然事实，而是关涉个体生命质量与幸福追求的价值取向的“价值事实”，教育的价值取向也就成为超越静态的事实描述和价值分析的更为根本性的追求。

第二节　尊严生活：学生生存的理想状态

现实中具体、整体、活生生的人总是在生活中敞开并展示自己，个体只能在生活中实践人之为人，为人的过程就是人生活的过程。生活是连续而开放的，“教育只有渗透到生活之中才能达成对人而言的教育连续性和一致性，教育所培养的人的各种品质从根本上说乃是人的生活品质”[10]，教育正是通过回归并完善人的生活而使人体验生活的幸福。

教育过程重叠于人的生活世界，教育活动的展开以生活世界为背景而不是单纯的知识累积，教师、学生、教材与环境所组成的环路时刻向生活世界敞开，“一方面不断接受生活世界对教育可能发生的影响以及对教育的需求，另一方面又不断丰富生活世界的内涵”[11]，把人引向生活世界而拓展人的生活空间，引导人走进广阔的社会生活而理解人与世界的关系，借此个人与整个世界建立了息息相关的意义“牵连”。尽管每一个人的生活表象千差万别，但都不可避免地面临着失望、孤独、烦恼、恐惧以至于疾病和死亡等生活境遇，“教育把人引向与世界的意义关联的过程中也把人引向人的生活境遇”[12]，在应对各种生活境遇过程中培植诸如勇气、坚定、乐观以及平等与自由等内在品质，教育之所以伟大，正因为它致力于有意识地塑造人的心理品质。诸种品质充盈于学习与生活，自觉地消除人与人、人与世界之间的阻隔而践行完满的人生。

学生不仅生活在学校教育生活的境遇之中，也生活在对生活意义的探寻之中，教育问题的解决恰恰蕴涵在师生日常教育生活里而不是期待遥远的未来，作为成长中的个体具有无限的可能性，并且难以预测，问题在于并非所有的可能都会成为现实，很多时候很多人的“可能”终其一生也只是“可能”，而永远没有实现的“可能”。教育的使命正是在于促使个体在此生把他的“可能”最大限度地变成“现实”，使得每个个体的生命意志都在不断超越有限生存中追求无限存在，人对真善美的需求和对自我实现的渴望与价值追求是人的健康生存不可或缺的“似本能”，个体正是在对自我无限可能、生命意义的追求过程中体验幸福的。具体说来，教育者要深入研究课程的设计与结构，使得每一个45分钟发生原子裂变，产生有价值的教育反应，释放出巨大的能量并把这能量输送给儿童，使他们感受到学习的幸福、交往的幸福、生活的幸福、成长的幸福。“儿童不能等待着幸福的降临。他们是一些没有耐心的人。他们想在今天，在现在就得到幸福，想在今天，在现在就应该是幸福的人。”[13]教育者应该珍惜每一节课的教育价值，在与儿童交往的每一时刻让他们体会到快乐和幸福，也逐步成为有智慧、有经验的人。

> 对于一些人来说，人与人的际遇被看作是生活的本质，这种际遇所采用的形式就是生活的意义。际遇并不用于产生变化、提高声誉、确定新知识，或是成为别的事物的象征。际遇就是际遇。在际遇之中就是生活的本质。在际遇之中，生活被揭示或体验。学生不被看作是一个客体，一个“它”；而是被看作人类的伙伴，另一个主体，一个“你”，他生活在现在时刻或永远的现在的丰富性之中。从伦理的角度看，教育者际遇学生，不是作为具体化的角色和次要的范畴，而是作为人类的伙伴，需要基于友爱来接受他，而不仅仅是基于平等……教育活动的丰富性全在于此，即学生的相互际遇、与他们周围世界和教师际遇。教育活动就是生活——生活的意义在课堂中被证实和体验。[14]

此刻，不仅孕育着人与人的际遇，也润泽着生活的意义，诞生精彩观念的时间与空间。因为“无论一个人有多么无知，也不论一个人被‘沉默文化’淹没得有多深，他都可以通过与别人的对话接触来批判性地看待这个世界”。[15]还因为正是在现代社会技术理性的控制下，幼小心灵的翅膀被一点一点地折断了。精彩观念的诞生需要教师愿意接受儿童观念的姿态，并向儿童提供隐含着精彩观念的教育情境。世界好像向我们敞开，其实环绕在周围的事物对于儿童来说都是遮蔽着的，像一块具有巨大磁力的吸铁石吸引着他们。如果教育者以暗示的方式向儿童提供材料并创设问题情境引导他们进入其中，儿童的精彩观点就有了前提性的可能。“我们要以平等的尊重和真诚的爱心去打开每个学生的心扉，因为每一扇门的背后，都是一个不可估量的宇宙，每一扇门的开启，都是一个无法预测的未来。"[16]每个人的观点各不相同,只有在真实的并受理智问题的牵引下,学生才能运用自己的理智进入问题并自己去把握它、揭示它。儿童对事物的认识,对世界的看法都在这一过程中诞生,或许还有我们意想不到的收获与发现。尽管他的精彩观念在他人看起来并非新颖、奇特,多么的精彩,但对于儿童自身而言却是独一无二的,与已经产生的精彩观念一样的精彩。"教师越能帮助儿童诞生他们的精彩观念,就越有助于他们为自己这些观念的诞生而感到高兴"[17],这样,在将来的某一天,儿童或许也能够发现从未有人发现的精彩。儿童原本就具有精彩观念的潜质,他们的很多话语都承载着富有哲理的思想,一位聪明的孩子就为我们提供了有益的启示:

> 一位老师为了让不听话的儿子安静下来在旁边屋里好好玩几个钟头,以便他能安心地研究人类问题,竟然从旧杂志上撕下了一张五颜六色的世界地图,又将这张地图扯成了几十块小碎片,让他的儿子到旁边屋里去拼接,他还声称拼对了有奖。这位老师满以为可以换回足够的时间去研究问题,哪想到,孩子出去几分钟就拿回来请奖了。是什么原因让一个根本不熟悉世界地理的孩子能够迅速拼出世界地图?孩子的回答简单令人惊叹:
>
> "这个问题太简单了,您没看到这张世界地图的背面是一张人像图吗?只要从另一面看着拼,把人做好了,世界也就好了。"[18]

"人的全部尊严就在于思想。"[19]有了思想,人优越于自然界中任何其他物种,有了思想,人比宇宙中任何其他的东西都高贵,有了思想,看似脆弱如草的人却可以囊括整个宇宙。凭借思想人意识到自己的存在而从自然界中独立出来,显示出独特的优越性与尊严,但思想又必然会使人认识到人的存在所面临着的有限、忧虑、烦恼、悲哀、危机以及死亡等种种悖论:人自认为了解自己却又不自知;追逐幸福却又不愿意付出辛勤的劳作;不愿承受读书、工作之苦,却又无法忍受空虚和无聊……教育的使命在于把人从种种诱惑、无知、自我迷失之中解救出来,帮助个体追寻并创造生活的意义,在生活意义的追寻中守护个体生命的尊严。"尊严就是最能使人高尚起来、使他的活动和他的一切努力具有崇高品质的东西,就是使他无可非议、受到众人钦佩并高出于众人之上的东西。"[20]有思想、有尊严之生命个体,他的存在不单是活着的问题,还涉及为何、如何以及怎样生活之类的问题,所以,人类生命同时还具有精神以及文化的本质:尤其成长中的个体都不是固定的、实现了的终结,却是不断生发出新的可能性的合目的性的生生不息的个体。这样的个体并不受外在的自然或人为力量的任意摆布与控制，而是基于自我认识、自我理解基础上生发出自己的思想，将思想转化为实践的自觉自由的活动中争取更大的自由与自主，在“自我确证”的活动过程中确立“人”的存在方式，在追求自身的理想与目标中呈现独立个体人的“全部丰富性”，使人成为有着自我价值和尊严意识的人格主体，自觉挖掘生活的本质并彰显生命的尊严。

“真正的有尊严的生活、有主宰的心灵、有自得的生命，正是离不开对自己生命下功夫，对自己的积极自由。”[21]教育对这一古老而又现代的价值守护，贯穿学生生活的方方面面。显然，“教育不能允诺一个人一生的幸福与美好，但教育必须要在当下的教育情境中引导儿童去感受、见证、分享人性中的单纯、优美、丰富、高贵与和谐，这是他们见证美好人生的基础”[22]。首先，我们要乐于并善于倾听儿童自己的声音，发现、理解并尊重儿童的单纯与童贞，小心地保护并适当地引导儿童自己的思想。“在儿童时期没有养成思想的习惯，将使他从此以后一生都没有思想的能力。”[23]我们要知道，无论来自于家庭的温馨，还是老师关切的目光，抑或同学间的友爱与合作，每一段美好的记忆，每一次难忘的回忆对于儿童来说都是生命中最为健康、强烈、高尚的人性绿洲，这些美好、神圣的童年记忆将是他们人生中珍贵的资源。即使以后有了成人社会的经验，他们也能够依靠这些回忆起自己童年的爱好与梦想以及曾经经历过的人性感动，在那段纯真年龄时段形成的善的、美的、真的童年印记将有形无形地影响儿童的身心以及成年后的选择。以至于不管今后的人生会经历怎样的艰辛与磨难，不论当下的学习要承受何等的辛劳与困苦，“这些都将是一个成长为有尊严的人的重要的精神起点”。因而教育的作用在于“如何充分、有效地呵护、引导、激励自然而美好的人性。在任何时候都把美好人性的希望留给儿童”[24]，也就同时给这个社会留下希望的火种。其次，教育应该让儿童自小就懂得，个体生活在他人与天地万物之间，内心总该有一些东西是必须敬畏的，这种敬畏不仅体现在敬畏人的生命，也给予动物、植物的生命以存活下去的理由，在自己力所能及的范围内，帮助、拯救其他生命，并由对自然生命的敬畏上升到对精神生命的尊重。使儿童清楚地认识到一个人不可能想怎么样就怎么样，对人对事头脑中必须有一定的“界限”，什么事该做，什么事不该做必须有清醒的分寸，才能防止日后在肆无忌惮地征服自然、践踏自然以及他人的尊严的过程中满足贪婪的欲望，体现自身的“尊严”。我们可以从某些儿童的极端表现中洞悉现今教育所存在的顽疾，过多地专注于一个一个量化的分数、及格率和优秀率的高低，沉迷于浮华、概念化的大话、空话以及理想化的条条框框之中，往往丢失了教育最基本的东西，也就忽视了教育中人的存在与价值。在教育境遇中，当我们给予每个儿童以尊重，使得他们健康地意识到自我的价值并把尊重自身的需要放在首位时，他们就会逐渐意识到自己的所作所为有助于他人以及周围世界的美好，感到自己为人所属的用处与价值而生自豪感与责任感，进而会更加尊重他人和周遭的世界。教师还需随时聆听儿童的想法，了解他们的真正需要，而不是"强加预定的模式"，引导儿童更多地接触、观察、体验社会而不是束缚在课堂这一狭小的空间，时刻告诫他们牢记"自豪感和尊严感"，培植做人的勇气并"把明天操纵在自己手中"而"为人生做好准备"，这样，学生在毕业离校时就已经"充分武装起来"了，[25]能够快速地适应并融入这个变化中的世界。

虽然，现实中的每个人都存在各种各样的差异，尤其是生存方式的差异，但毋庸置疑的是个体作为人的生命尊严却是每个人的生存底线，我们在守护自身尊严的同时，也小心地守护他人以及周遭万物的尊严，凭借尊严的光泽找到生命的亮色，走出生活中的跌宕起伏，坦然面对生活中的种种境遇而步入自由自主的理想状态。

第三节 个体权利、生活目标、生活态度：赋予学生生活尊严的教育关怀

我们深信教育有赋予儿童以幸福的力量，而这一信心建立在某些确定的假设之上。学生的幸福意味着让学生有尊严地生活，这种尊严乃是体现在"人对自我、对他人乃至对人类当下和未来生存状态或生活境遇的主动审视与关怀，是人对当下和未来主客体关系、人与人的关系的多种可能性所作出的积极、明智地判断与选择"[26]。通过教育使儿童获得正当的权利意识，确立适当的生活目标并拥有良好的生活态度，从而走向有尊严地生活，进而能够体验当下的幸福并有能力追求未来的幸福生活。

一、个体权利是学生幸福的基点

学生渴望拥有权利，即被以特定的教育方式对待，能够享有高质量教育的机

会，可以支配自己的学习与生活，选择自己的梦想并实际探索，给予表达自己思想的时间与空间，这些既是学生的渴望，也是教育应该赋予成长中学生的应有关怀。

（一）学生渴望拥有权利

我们从一位高中生给教育部长的信中聆听学生真实的声音，窥视一个鲜活的生命对于权利的渴望与期盼。

尊敬的陈至立部长：[27]

您好！我是北京101中学高二(1)班的一名学生。和其他同学一样，穿着我们并不喜欢的校服，背着沉重的书包上学。主科的时候认真听讲，而到某些副科就实在不能坚持了——必须写作业。为了早睡觉，为了少背点儿书回家，为了能给自己挤出休息的时间，我必须写。于是课堂上(这个现象几乎出现在每个教室)出现了这类景观——老师在台上自我陶醉地讲课，而台下的学生，带着一丝紧张、一丝不安，像小偷似的埋头苦写。或者也有人看“闲书”，或者也有人睡觉。

这是一种可怕的现象，应该得到您的重视。在这样的被迫式的学习中，我们第一学会的不是别的，而是对别人生命的漠视。因为我们的生命在很多时候被别人漠视。当我们考不好的时候，当我们犯了错误的时候，许多老师、同学首先想到的，不是如何帮助他改正错误，而是怎样发泄似的教训他一顿(用许多受教育者和教育者不该使用的词语)，甚至还有体罚。一个国家，一个民族，无论其教育水平多高，如果其国民对整个社会都没有感情的话，对自身的生活和身边的人漠不关心的话，那这个国家也是无法进步的。

举个简单的例子，在对美国“9·11”事件的讨论中，我们中很多人竟是幸灾乐祸的，这难道是我们这个有着5 000年悠久文明的国家该拥有的品质吗？当那么多人失去了生命，失去了亲友爱人时，网上多少人说“活该”，学校里也有人说不过瘾，这种狭隘的民族主义充斥着中国人的心灵。那些无辜的人民(不仅仅是美国人民)，包括中国的同胞们都死在事故中，我们还能冷眼相待，难道这不是对他人生命的漠视吗？

中国人从古时就懂得宽厚，怎么这样的品质在当今社会却快要荡然无存了呢？我们的良知呢？我们的热情呢？

给我们上社会实践课的老师在最后一堂课的末尾，面对台下写作业、看书、睡觉、聊天的一点儿都不尊重她的学生，她快要哭出来地问我们：

你们的激情哪儿去了？

是的，每个教育工作者（也许包括您）都很头疼这个问题：他们的激情呢？我们给他们安排了很多的活动，他们怎么就无动于衷呢？说到底，就是因为我们被学习禁锢着。我们成了学习的奴隶。

为了学习，我们没时间到外面玩，我们没法拥有美丽的天空和阳光。我们这些祖国的花朵就快凋谢在书桌前了。一个根本不接触外界的人当然不会对外界产生感情。为什么学校就不能多组织一些外出春游的活动呢？让我们接触大自然，接触社会。我们不需要口号，我们想要的是实践！是尝试！是触摸新生的事物！我们也是求知的，也是会在学习中得到乐趣的。

可是我们学习的是什么？是陈旧的课本，陈旧的知识。教育应该永远走在时代的前列，而为什么我们的课本还是几年前的老版本呢？（譬如说劳技课，我真的很不明白为什么还要学焊接这些与我们以后的生活毫不相干的技术。如果换成学习安装电脑，我们一定会喜欢的多。）

我有个朋友在英国学习，他本来在我们班大概也就中等，但在那边他的劳技（自己设计并制作物品——桌子、自行车、保险箱等）是 A+，在这方面他比很多当地的英国孩子都出色，可他在我们班的时候谁都没有发现他的这个特长。为什么？为什么他的才能这么快就被挖掘出来？因为他们的学校可以选课，也就是说纵向发展的余地和时间比我们要多，当然就更容易发现自己的特长。国外优秀教育的例子并不少，我相信您知道的肯定比我多。那么我们为什么不借鉴、不学习呢？

奴隶般的学习使学生变得浮躁。他们太脆弱，一触即发。我们学会的不是面对困难，而是逃避困难；在教育的恐惧下，我们麻木了，对周围的事物和人冷漠，不尊重别人甚至他们的生命。对于“真、善、美”，我们甚至没有基本的认识！而如果基本的辨别善恶是非的能力都没有，我们上美术课、语文课乃至政治课，根本就是形式！所谓的素质教育，也成为了纸上谈兵。

请允许我的不敬。

教育需要改革。大不敬地说一句,“减负”没有错,可是减负的对象错了,这导致我们不但负没减,还越来越多了。解放学生不应该从下而上解放,应该从上而下解放。多建几所大学,多培养优秀的教师,比多印几千几万张试卷有效得多。我真诚地希望国家把教育当作最重要的事情,没有教育就没有未来!减掉高考的负,让孩子们有更多得到高等教育的机会。相信您一定知道教育的目的是培养人才,鼓励人才,而不是埋没人才,淘汰人才!因此,切不可在一层层教育的筛选之后,只剩下心理畸形的学习机器。

我们的想象力,早在小学的时候就被扼杀了。那些属于花季的纯真快乐,在哪儿呢?难道牢牢地压在书本的下面了吗?原本我们拥有快乐的权利!

另外我想提一个小小的建议,现在很多学校的老师都不合格,他们错误的教学方式给学生的心理造成了极大的创伤。既然社会有“下岗”,也应该给教师加些压力:让不关心学生、专业知识不够精湛的老师下岗,给那些称职的、在学生中有很好声誉的老师鼓励。

我们想要新鲜的空气!我们期待改革,期待得到重视!

希望得到您的回复。谢谢!

唐磬

2001年10月

中学生唐磬以“受教育者”的身份,以清醒的学生本位意识,提出了“成长权利”的问题,这是一个充满积极意味的质疑和呼唤。那么,人的此种需求是如何产生的呢?任何人类社会的前提性条件无疑都是个体生命的存在,有生命的个体随着劳动过程、语言的产生以及与他人的交往中逐渐地意识到自己与动物和其他人有着本质上的区别,与此相适应,产生了人我界限的自我意识。这种自我是一个人在其成长过程中逐渐形成的,承载着其家庭氛围、学校教育、生活环境、社会关系、文化熏陶等印记,秉持着个体自身的特征与品格“而构成了一个人最深刻、最内在、最本质的东西”[28]。自我代表着人之最实质性的存在,因此,每个人都会悉心地呵护、关照它,使它呈现出一种可接受的状态。问题在于是否能够维护好自我,并不单纯依靠我们自身的力量,更多的时候取决于他人对我们的态度。因为自我极为脆弱且容易受到伤害:我们完全可能因为他人的缘故而受到伤害,以至于自我意识被扭曲,甚至变形。如若一个人被动地并且完全受到他人的左右与控制，也意味着这个人已经失去了自我，“个体独一无二、独立自主的人的地位已经遭到了无情的嘲弄和践踏”[28]。这表明，人类生命自然地拥有一种需求，渴望脆弱的自我不受到伤害的需求，希望其个体性受到他人最起码的尊重。正是从这种基本的精神性需求中，产生了对权利的价值诉求。

同时，生活于社会中的个人必须同他人发生联系，意识到自己所处的社会环境，即社会意识的出现。“个体人的意识就是自我意识和社会意识的统一。”[29]正是由于两者的辩证统一导致了权利意识和义务意识的萌生，“即一个人可以从他人、从社会那里获得某种行为或不行为的意识，以及一个人应该向他人、向社会提供某种行为或不行为的意识。”[30]无论是作为权利还是义务意识主体的个人都是独立的兼具自我性和社会性。也就是说，“只有在个人需求或应得的利益明显地被忽视或被否定时，才谈得上个人享有某种主张其利益的权利”[31]。这里，我们把权利看作一种资格，是“对什么享有权利”（比如读书的权利、言说的权利和平等对待的权利）的看法，说明权利本身是不受他人干涉的，并不意味着一个人以某种要求换回某种权利。从社会发展的角度来看，人本然享有的权利使得人“像一个人似的”立足于社会而不会被社会或国家的权力所吞没。这样能够使得每个人都把他人当人看待，从而就可能在社会具体的物质生活和社会合作的制约下根据自己的自由空间采取行动，去追求幸福并自我实现，并以个人自我的发展推动整个社会获益而达到“共同善”，达到“人在感到自己是组成伟大整体的一个部分的同时，就和这个整体发生了联系，就认为他和这个整体连接在一起，最终懂得他们有权获得一切”的程度。[32]从而在尊重自己和他人的基础上，根据自己和社会的需要，通过个人自身最大的发展，依据“互惠原则”提出不同的权利要求以作为缔结人类社会的一个人的身份，实现个人和社会互动的良好状态、个人自我的价值以及“共同善”的愿望。[33]

> 当一个新的生命诞生时，它自身包含了神秘的主导本能，这将是它的活动、特性和适应环境的源泉。一个动物所置身的外界环境并不仅仅给它本身提供生理存在的手段，这种外界环境也为每一种动物所具有的特征提供刺激，由此，使它能用它自己的方式为世界保持普通的协调和守恒作出贡献。每一种动物都有最适宜于它的环境，每一物种都有它自己特殊的机体特征，这使它能对世界的总的体统的完善作出贡献。[34]

儿童也有着独特的心理潜能，尽管儿童的身体、心智和精神等方面尚未成熟与健全，但却孕育着巨大的潜能，隐藏着深不可测的秘密。这种潜能与秘密像细胞繁殖一样遵循某种模式，与低等动物的本能不同，儿童的心理活动、精神变化有时深深地隐藏着，有时在他活动的过程中才能逐渐被发现。这一特征恰好说明儿童有着个体特定的内心自由，它是个体的、隐秘的，同时又是精心策划艰难地形成的。这种自由是人之为人的自由，使得儿童能够优雅地与人交往，在遵守内在与外在的必要约束中快乐地学习与游戏，这些都是人的基本才能得以发展的天赋权利。儿童特有的潜能与秘密经过适宜的环境刺激，凭借适当的因势利导，逐渐构筑起一个精神世界，呈现出其独特个性，所以儿童不仅是肉体的生命，更是精神的存在。尽管儿童身上内藏着主导人类发展的本能——个人能量，他们的精神生命往往独立于、优先于所有外部的激发活动，问题在于人们并不充分信任儿童的力量，并不放心给予儿童本该拥有的权利，处处限制属于儿童的自由，人们不合时宜的干预阻碍的正是儿童个性发展的关键，打乱了儿童本然遵循的成长进程和内在规律，势必造就一些“年纪轻轻的博士和老态龙钟的儿童”[35]。儿童对于周围的人和事都有他独特的看法、想法和情感的，如果把我们的想法强加给儿童，如果用无数的桎梏去束缚学生，结果反而适得其反：越是受到约束，越容易肆无忌惮；越言论遭到限制，越会口无遮拦；越被剥夺的权利，越滋生出强烈的渴望。

（二）教育应该赋予学生成长的权利

早在1959年联合国通过的《儿童权利宣言》就指出，鉴于儿童的身心尚未完全成熟，在其出生前后都需要特殊的照顾和保护，他们享有本宣言中列举的一切权利并应当给予法律上的保证，使得儿童在健康而正常的状态和自由与尊严的条件下，得到充分的尊重，拥有成长的权利，进而身体、心智、道德、精神和社会能力等方面得到健康而和谐的发展。我国于1991年批准了《儿童权利公约》，并于同年颁布，制定了实施方案，即《九十年代中国儿童发展纲要》，强调儿童是祖国的希望和未来，“为他们的健康成长创造一个良好的外部环境，不仅关系到每一个孩子、每一个家庭、每一所学校，更是关系到我们整个民族的明天”①。在“以人为本”已经成为人们的共识，对于幸福与尊严的关注已经成为社会文明标志的21世纪，儿童权利的提出无疑是我国教育改革必须触及的根本性问题，我们的教育

---

①《未成年人保护法》1991年9月4日第七届全国人民代表大会常务委员会第二十一次会议通过。

方法不断改进与完善的基本依据。儿童处于其人生的奠基和形成阶段，教育如何使受教育者成长为一个“健全的个人”就显得尤为重要与必要。在受教育的过程中，使儿童按照适合于他的天性和能力的方式学习与生活，逐步蕴育儿童的人格、心灵和生命的尊严，培育自由而高贵的内在品质；参与课堂内外各种活动中体验并分享充满自主性、创造性、丰富性和自然美好的精神生活，形成尊重自己的权利，也善待他人权利的品格；“获得终身讲究‘生命质量’的生存意识；拥有以人性得到最高尊崇的人生状态为终极关怀和追求的能力与觉悟”[36]。教育对学生权利的关怀具体体现在这样几个方面：首先，每一个适龄儿童（“不论种族、肤色、性别、语言、宗教、国籍、或社会成分、财产、出身以及其他身份有任何差别的”①）都享有接受教育的权利，至少在初级阶段儿童所受的教育应该是免费和义务性的。儿童所受的教育要有一定的质量，既不断增进儿童文化知识，也有助于儿童精神世界的完善，并在机会平等的条件下发展个人判断力、道德修养以及社会责任感，逐步成长为有能力仰望天空的人。这里把接受教育的权利赋予世界上任何一个儿童，通过免费或义务性的措施保证这项权利落实到每个儿童，凭借机会平等的要求避免儿童受到忽视、歧视、体罚、虐待以及暴力时应有权利遭到侵犯。提高教育质量，以确保不同能力儿童的权利得到最大化，以达成真正的公平与卓越。2000 年联合国教科文组织通过的《全民教育行动纲领》指出：向所有人提供受教育的机会是一个“胜利”，但如果不能向他们提供有质量的教育，那只不过是一种“空洞的胜利”[37]。2004 年联合国儿童基金会进一步强调：这个世界必须意识到如果我们都希望创造一个和平幸福的未来，那么，为男女儿童提供平等的、高质量的基础教育，就是我们今天唯一的选择。接着又在 2005 年出版了《全民教育：必须重视教育质量》的检测报告。这足以表明重视教育的质量，把高质量的教育以及人才的培养视作国家乃至民族存亡的大业。如果教育没有质量势必走向平庸，势必浪费了投入的时间与教育资源，也埋没了儿童原本拥有的天分与卓越的才能。儿童潜能的挖掘，高质量人才的培养只有教育才能实现，只有依靠高质量的教育才能造就仰望并遨游太空的人，这既是每个儿童应有的权利也是世界教育发展的趋势，更是我国教育迫切需要关注的问题。

其次，联合国大会于 1989 年一致通过的《儿童权利公约》明确提出在尊重他人的权利和名誉的情况下，在不破坏国家安全或公共秩序或公共卫生或道德的

① 《儿童权利宣言》联合国于 1959 年 11 月 20 日通过第 1386 号(XIV)号决议。

情况下，儿童有自由发表言论的权利。这项权利涉及儿童不受国界的限制通过口头、书面、印刷、艺术以及儿童所选择的任何其他媒介的形式接受、表达或传递各种信息和思想的自由。这里平等地赋予每个儿童言论自由的权利，并给予各种选择渠道的自由，也明确地规定了必须遵守的“界限”与“约束”，表明儿童有根据自己的观点、想法表达自己意见，展示自己才能的机会，也有责任理性地遵从一定的尺度。儿童自由表达的权利不仅涉及思想和信息的传递，还牵扯到资料的获取，“确保儿童能够从多个国家和国际来源获得信息和资料，尤其是旨在促进其社会、精神和道德福祉和身心健康的信息和资料”①尤为关键。在当今这个信息化时代，确保儿童获得健康、丰富、准确的信息和资料，同时平等、自由地表达自己的想法与观点，既是儿童受教育权实现的一个重要方面，也是教育必须承担的责任与使命。

儿童和大人不一样，他们对人对事对这个世界没有偏见，怀着强烈的好奇心想要认识周围的世界，他们渴望以丰富多彩的形式言说自己的想法，表达自己的观点，发出自己独特的声音。而不是一味地揣摩老师想要什么样的回答，迎合他人口味地说着所谓的“标准答案”。也不是在一声声“你们凭什么看我的日记”、“你怎么可以查我的手机话费”、“老师就可以拆看学生的信件吗”、“为什么把我的考试成绩公布于众”的呐喊中，②以及“我所在学校的每个班的后门上都有一个专门供老师窥视学生课上、课下表现的孔，几乎每节课班主任都会不定时通过窥视孔察看学生的一举一动。这种行为不叫监视又叫什么？我们是监狱里的犯人吗？老师这样与监狱里的看守有异曲同工之妙的行为，令我们这些成长中的学生感到莫名恐惧和无比愤怒”[38]的控诉中捍卫着自己的尊严，声讨自己那一点点可怜的权利。况且，当一个人的权利被他人奴役，不但无处申述，或者当事人都没有意识到申述的权利的时候，奴役与被奴役之间已经不再是一个“事件”或者“案件”，而成为一种关系，一种状态，一种习以为常，这样奴役与迫害的关系就转化为“自己怎么这么倒霉”、“这个人怎么这么不讲道理”[38]的托辞，其实，亵渎的正是人之为人的权利。造成这一现象的原因除了制度本身的弊端之外，想必还有人们企图控制他人的阴暗心理与根深蒂固的文化顽疾。“每个人有他自己看待事物的方式，而且像其他人一样具有这样做的权利。因而可能有无数种彼此

① 《儿童权利公约》第 17 条。

② 摘自笔者 2009 年 5 月 14 号于 S 市某中学的学生访谈整理。

纵横交错的运动，却不可能有一个独立于个体经验的共同世界，因而也不可能有一种大家所共有并且对一切领域都有效的真理。"[39]这就意味着一个教育者必须是一个真正的倾听者，乐于并善于倾听儿童的话语，能听懂儿童日常教学范围内以外的深层含义，无论是谁，如果想了解儿童的世界，就应该倾听他们生存世界中各种不同的话语，懂得这些话语蕴含着的奇妙与惊喜。这还需要老师真诚地倾听并给予反馈，而不只是获取自己想要的答案，尤其要善于孕育新的精彩，耐心等待精彩的生成并及时捕捉精彩的瞬间。很多东西都是无法复制与再现的，特定情境、特定状态下出现的灵感，冒出的想法既是长期孕育的结果，也是教师循循善诱的收获，但却是稍瞬即逝的，过后的补救只能称之为一种"回忆"与"描述"了。因为错过了精彩的瞬间，也就错过了及时捕捉并给予鼓励和称赞的时刻，错过了肯定儿童的当下并对更多精彩诞生的期待，这种肯定与赞许不仅是儿童应有的权利，更是他们自信与勇气的源泉。

教育之所以谓之教育就在于具有启发性与诱导性，这就需要对结果进行恰到好处的反馈与评价以便继续前行或者有所改进，改进也是为了更好地前行。这就需要老师敏锐地观察并及时地给予恰当的反馈，教师期待的目光、兴奋的手势、赞许的微笑、肯定的语气、由衷的喜悦对于儿童来说既是当下积极思考、勇于表达的认可，也像催化剂一样积极地调动起各项感官，将各部分的功能调整到最佳状态而呈现出高水平的发挥。这种积极主动地刺激各项感官极大地提高了学生解决问题的综合能力，循环往复就会固化为人本性中的一部分而以个体的自信和面对问题的巨大勇气呈现出来，将人解决问题的能力推向一个个新的高度。试想一个人的成长如果沿着这样的路线积极上升，无论在智力、体力还是待人处世的能力上都积累了坚实的基础，内化为超凡的自信与勇气去挑战自我，化解困境，从而积极乐观地行走于天地之间。

再次，儿童的世界不是由理性与规则组成的，而是填充着感性和幻想的世界。教育只有留给儿童想象的时间与空间，他们才有机会询问"天为什么会下雨"、"花儿为什么会变红"、"手机可以看到图像吗"、"地球真的是圆的吗"、"为什么鸟儿会飞而我不行"这样一些"古怪念头"与"科学狂想"，才有可能参与并探究未知，正如《儿童权利宣言》所赋予他们享有参与社会生活的权利。这一权利体现在学校教育中则意味着学生有权参与课堂内外各种活动，学校应该为学生的"幻想"与"梦想" 创造各种条件，开设丰富多彩的活动与渠道让学生践行自己的梦想，行使自己的权利。海德格尔把"存在"看作是一个"普通"而又"自明"的概念，认为“存在”存在于人们的一切认识、陈述、对存在者的关联以及与自身相关的一切行止中。我们虽然生活在一种对存在的领悟中，但对隐藏着的“存在”意义却需要清晰的认识。“诸种科学都是人的活动，因而都包含有这种存在者（人）的存在方式。”这种“此在”为它的存在本身而存在，如此说来，在这一存在机制中，“在它的存在中对这个存在具有存在关系”，也就是说：“在它的存在中无论以任何一种方式、任何一种表述都领会着自身。”进而“随着存在者的存在并通过它的存在而对它本身开展出来的”。[40]儿童参与学校内外各种活动的过程也就是以“此在”的方式置身于其中，找到表现自己的形式，也在这种形式中意识到了自己的存在。这既是纯真的心灵得以展开的过程，同时也使儿童以自己的心灵领略教育为他呈现的这个世界的事事物物，开阔了儿童的视界，感受其中的自由与乐趣，拓宽了他们心灵的疆域，也丰富了他们的感觉与知觉。

“每一个孩子都受到可观察的偏好、兴趣、欲望、好奇心的激励，这些偏好、兴趣、欲望、好奇心强烈到可以使人渡过难关走向未来。”[41]学校应努力满足有各种需求的所有学生，学校教育使每个学生掌握必备的知识，又要考虑到学生特征和需求的广泛差异。组织各种兴趣小组，让孩子发现自己的兴趣，培养他的潜能，得到不同的发展。挖掘兴趣、爱好的过程，就是寻找人生方向的过程，有质量的教育正是通过给予学生参与的权利并于过程中审慎地关注每个学生的成长的，而不是统一地把“一跳可以飞过月亮”这样的“古怪念头”纳入某个“标准”或轨道之中。正如2009年12月11号北京举行的学生科技教育成果展示会上，当中小学生们在向公众讲解他们的发明和创作时，一张张稚嫩的脸庞散发出如同“宗旨”一样的快乐与自信，此刻，权利之于尊严，尊严之于幸福都得到了最好的诠释。虽然许多学生冒着考不上“重点高中”、“名牌大学”的风险，但正如一位获奖的学生所说，非常感激学校、老师，为他们提供这样一个展示自己的平台，即使学习成绩有所下降，但在“科技创新的天地里”他们感受到尊重，在思考、创作的过程中，感觉很开心、很快乐，完全忘记了“分数、升学的威胁”。[42]只是，在现有的教育体制下，面对升学压力的时候，不知道这样一张张发明创新的笑脸，还能灿烂多久？毕竟，权利的实现依赖于一定的条件保证的。

此外，《儿童权利宣言》中还有这样的表述：儿童应享受社会安全的各种利益，应有能健康地成长和发展的权利。这里把儿童的健康成长与发展看作是应有的权利，发展权也就意味着赋予所有儿童平等的机会和分配的正义。然而每个儿童都是不一样的，他们的生长速度、认知水平以及情感要求都有着巨大的差异。况且儿童并不是被动地接受关心和保护的客体,“他们是有着自我意识和尊严的个体,首先是他或她自己生活的主体”[43],这样,必须赋予不同的儿童以选择的权利才能体现真正的平等与自由,才有利于儿童自身的成长与发展,这就说明成长权中包含着儿童可以根据自己的喜好、兴趣与特点进行选择的权利。

在我国现有的体制下,我们知道依据儿童的地位,由于学生的身份,选择的权利对于他们而言无论在家庭还是学校,抑或社会都是难以如愿的。这就寄希望于教育营造一片民主的土壤,构建一种多元的文化,通过对个体儿童独特的关注而使得他们认识到自己的价值和权利,获得个人感受世界和认知世界的方式并确立可选择的方向,也就获得了个人自由选择的理性能力,才有可能作出自己的选择并勇于为选择承担责任。时下人们大肆攻击的应试教育,其危害并不仅仅在于导致学生的负担过重,更为可怕的是它以大规模的标准化形式排除了一切求异、自由选择的可能,对于学生、家长、教师还是学校都已经没有了可以选择的余地。个人选择的权利消蚀在这种大一统的教育体制之中,个人的价值湮没在应试教育的价值里,“受教育的过程就只是被动地接纳、吸收、熟记与模拟固化的知识,认同统一的价值取向,通过标准化考试而获得他人的承认与接纳”[44],从科举考试到现在每年全国大规模的升学考试不过都是殊归同路。因为没有选择才导致每年的某月某日,全国上千万的考生、家长、老师以及他们所在的学校如临大敌般迎战,唯一的分数将可能改变一个学生的命运,决定一个教师的教学水平,影响一个学校的教育质量以及主管部门的业绩;因为没有选择也就没有其他证明自己的方式,只能让个性、独创性、个体的权利以至于独立的思想都屈从于统一的标准与教化;还因为没有理性的选择才导致因恐惧他人的嘲笑、集体的遗弃而盲目地追随跟从,狂热地崇拜偶像。事实上,剥夺了个人自由选择的权利,也就掩盖了个人应该承担的责任,“个人选择个人负责个人承担”这一基本的为人准则消融在从众与跟风的平庸与惰性之中。

就个体而言,“只有当一个人有效地控制自己的生活并积极自主地构建自己的生活时,他才是拥有权利的。如果他既没有权利的愿望又没有能力去实现自我,那他就不需要任何权利,也不可能拥有任何的权利。所以,权利的实现尽管需有课程及教育制度上的保证,但它同样离不开个体的积极主动”[45]。试想学生对于自己每一天所必须完成的任务,必须参与的活动没有预知与掌控,今天该做什么,明天要做什么,完全在他人的支配与控制之中,这样的生活对于学生来说既没有意义也缺乏安全感,更不可能培养出有责任感的人。因为教化的过程已经演变为监狱化管理，儿童在这种类似监狱化的环境中生存，长大以后会制造出一个怎样的世界，已经不需要更多的预言与论证了。

从自我发展的角度来看，学生的自我选择能力是十分重要的关键性因素。基于事实与价值而进行的判断与选择，对于个体发展的质量，不仅是不可或缺的，而且密切相关，交互作用。个体自我选择的发生总是在对外界和自我及其关系将发生的现象有了认识并产生价值判断后作出的选择与行动。“不管最终主体是主动选择‘进’，还是主动选择‘退’，或选择‘保持不变’，都是基于学生个体的判断，而作出的选择，确定的方向。再进一步说，这种基于选择的自我发展，对处于今日变化急剧、生存环境中不确定因素大增时代中的每个人来说尤其重要。就整体而言，当今社会中每个人之人生历程，较之改革开放前确实有更多的机遇和可能”[46]，但也从另一角度说明，其中潜伏着更多的风险与危机。因此，人在复杂背景下的自我选择能力，并依此进行相应的自我发展，对于人生的意义与生命的质量，就显得更为重要与必要。

（三）拥有权利作为学生幸福的基点

始于1923年埃格兰泰恩·杰布（Eglantyne Jebb）女士拟定的《儿童权利宪章》，1924年得到救助儿童国际联盟认可为《儿童权利宣言》，到1959年联合国正式签发了这份《儿童权利宣言》，并于1989年又颁布了《儿童权利公约》，表明虽然路途遥远、举步艰辛，但儿童正走在获享权利的路上。作为权利主体的儿童有其特殊性，也就是说，拥有某种权利的主体与是否能够以主人的身份行使并维护这项权利之间并不存在必然的联系，因而人们总是从各种不同的角度解读儿童权利的涵义，造成儿童权利在行使中遇到诸多障碍与冲突。这说明我们必须搞清楚权利的本质包括哪些属性，哪些是一项权利之所以成立最基本、必不可少的要素。其一是利益。任何一项权利都是为了保护某种利益而成立的，正是由于有利于其中，一项权利才得以成立。这种利益有可能有益于个人，也可能有益于社会；有可能权利主体得益，也有可能收益的是与权利主体有关的其他人；既可能涉及物质方面，也可能涉及精神方面的。[47]比如儿童成长的权利中所具体涉及的受教育权既有益于儿童自身的成长，也有益于未来社会的发展，儿童是权利的主要受益者。其二是主张。只有有人对一种利益提出主张或诉求的情况下，才有可能转化为一种权利。因为之所以称为利益就有可能受到侵犯或者处于遭受侵犯的威胁之中，所以需要利益主体通过言语表明或行为来维护。例如在教育境遇中，儿童自由表达的权利经常处在被侵犯的威胁之中，即使给予学生言说的机会，也是按照预定的限制说着老师想要的话语，这其实也是对学生利益的侵犯、自由表达权利的变相剥夺。甚至儿童正常玩耍、娱乐的权利也常常以耽误功课，影响学习的名义而被家长或老师剥夺了。其三是平等。在相同条件下，权利主体承认自己与他人具有同等提出主张、要求的机会与地位。也就是说，每个儿童都可以提出成长权利的主张并要求被同等对待。其四是资格。个体提出自己的利益主张需要有所凭借，也就是说，一个人要有资格提出某种要求。“资格表现为道德资格和法律资格两种”[47]，比如学校教育中，儿童可以要求探究未知的道德资格，但不能说学校教育剥夺了学生探究未知的法律资格。在儿童受到虐待、体罚、暴力等情况下，儿童既有捍卫生命权的道德资格，也有受法律保护的资格。其五是权能。从不容侵犯的权威和个体能力的意义上讲包括权威和能力，尽管只有建立在相应权能的基础上的利益、主张或资格才能成立，但“除了权威的支持外，权利主体还要具备享有和实现其利益、主张或资格的机会和实际能力”[48]。其六是自由。指权利主体不受外界干预或胁迫的情况下，按照个人意志去行使或放弃某项权利的自由。如果儿童被迫主张父母、老师的要求或者违背意愿地放弃自己的选择，那么，这种主张或放弃本身就不是权利，而是义务了。

拥有权利意味着儿童独立的世界得到承认，而不再是从属于成人世界的“小大人”。意味着儿童可以按照自己的方式行使权利保护自身免遭伤害，儿童对自身权利的认识和态度直接或者间接地影响周围其他人对其所持的态度和行为，自尊者人尊之，预防侵犯最强有力的武器是自身的强大。人们总是一味地想着如何保护儿童，这是不够的。教育更多的时候应该教会儿童怎样保护他自己，日后才能承受命运的打击，经历各种不同的生活境遇。教导他们不要过多地在意富裕与贫困，必要的时候，“在冰岛的冰天雪地里或者马耳他岛的灼热岩石上也能够生存”[49]。真正受到良好教育的人是能够忍受生活中的欢乐与忧患的，与其费尽心思地教给儿童尽可能多的知识，不如教他们清醒地认识自己，充分利用自身的优势与长处谋求适合自己的幸福。虽说儿童应该受到家长、教师以及社会各方面的特别呵护与照顾，但很多时候个体还需依靠自己的力量，拿起权利的武器才能走出困境、渡过难关，迎接生命的彩虹；意味着每个儿童自由、平等的权利得到尊重，承认儿童各项权利的合理主张，潜移默化地强化了儿童的权利意识，使儿童逐渐意识到“我应该受到尊重，这是我的权利”，形成“我有权这样做”、“我应该对自己的行为负责”等观念，健全的权利意识透射出个体人格的独立与完善。“多给孩子以真正的自由”[50]，可以避免他们养成驾驭他人的想法。让儿童养成自己动手的习惯而不是找别人替代，把他们的欲望限制在自己力所能及的范围内而遏制其肆意地膨胀。“只有自己实现自己意志的人，才不需要借用他人之手来实现自己的意志。由此可见，在所有一切的财富中最为可贵的不是权威而是自由。真正自由的人，只想他能够得到的东西”[51]，只做他喜欢做的事情并从中体验幸福；意味着创设一种宽容、民主、开放的教学环境，认可儿童作为权利的主体并尊重他们行使权利的自由与主张，才有利于儿童自由驾驭自己的行为而不必时时看成人的眼色，充分发挥自己的想象与创造冲动而不至于被打断、指正或者得不到适当的强化而逐渐消失。这需要以问题引领教学的进行，以任务架接起科学世界与生活世界之间的桥梁。教材结构本身是封闭的，文学作品、童话故事、历史人物以及定理公式等已成为教材文本，如何使文本恢复成一个个栩栩如生的人物与鲜活的生活世界，需要情境的创设、问题的设计以及一个个阶段性任务的引导。透过这些活动他们可以寻找到无数的幸福，并从中发现适合自己的未来。为了让儿童经历这种过程，就要给他们提供与生活交流的机会，让他们更多地认识周边的世界，有时哪怕只是牵着孩子的手到公园里看看花草，抚摸一下小动物他们也会感到无比的幸福。其实，很多时候幸福源自于自己的内心，而不是外在的财富与地位；意味着儿童有参与课堂教学、学校管理以及家庭事宜的权利。从课程表的安排、课堂教学的形式、课程的设计、班会家长会的组织，到校规校纪的制定、校园绿化的布局、各种课外活动的规划以及家中每月的财务支出、外出旅游计划等生活的方方面面，允许学生参与一切与己有关的事宜以展示自我，行使权利争取自己的最大幸福。

所以，儿童对权利的渴望既是出于一种本能也是教育的责任，更是共建美好社会的基点。

二、生活目标是学生幸福的动力

人作为有意识的存在，其主要特征在于不断思考人为什么活着，生活的意义是什么，探寻生活的终极目标。古往今来，纵观东西人们都把幸福作为人的终极追求目标。教育通过有目的、有计划和有组织的人类活动传递个体生存所必需的知识技能，培植并提升个体内在的生命品质，为每个受教育者提供负载人类终极关怀的有价值的教育，赋予学生终极关怀并塑造学生的终极价值，使他们成为有灵魂有追求的人，使他们得以生命的本能从恐惧、压抑和束缚中解放出来，以严肃的态度对待自己的学习生活、人生价值、职业取向，即为学生终生的幸福负责。

（一）学生幸福需要目标的驱动

人生乃“人”之生，所以并不等同于纯粹的生命过程。生命过程是一种生物学概念，是人类和其他动物所共有的现象。人之生虽然以生命过程为前提、为基础但却不以此为本质。有学者认为人的生命具有“三重性”，即人有“生理生命”、“内涵生命”和“超越生命”。“生理生命”指人作为生物体的存活，可以用时间来度量的生命过程。注重“生理生命”的人期望通过体育锻炼、饮食调理等养生之道延长生命的长度与健康的程度，这既无可厚非也不容质疑，问题在于“生理生命”的长度终究有限，只有不断丰富其内涵才能延续生命的含量。“内涵生命”即人生经过的不同事件的总和。[52]亦即单位时间里经历的事情越多，内涵生命就越丰富，就等于延长了生理生命的存在。个体在生活过程中敢于直面严酷的现实，勇于接受各种人生挑战，长时间地沉浸于艰苦而紧张的学习或工作之中，尽管身心极为疲惫，却体验到了他人所享受不到的幸福，可以说“内涵生命”的丰富程度也就是人生的幸福程度。一个人的内涵生命无论多么丰富，“也会因为生理生命的限囿而成为有限”[53]。这就需要从丰富内涵生命的路径寻求自我的永恒与不朽，追求生命的超越。“超越生命”即指人的生理生命已经结束，但其不朽的著作、非凡的创造以及无私的奉献仍然受到人们的纪念与敬仰。体现为人在有生之年对生理生命限囿的超越努力，即人寻找永恒与不朽的冲动与努力。以此人的生命三重性来看，人生乃是以超越生命为内核的一种价值存在和物质存在的统一。失去生理生命，人作为肉体不复存在，人生就因无所托附而不复存在。但生理生命只是人生的必要条件而非充分条件。由于人本质上是一种精神性或价值性存在，故如果不致力于生命特质的超越，只顾眼前和肉体存活的“人”实际上不是真正意义上的人，其生命历程当然也不属于真正的人生。在此，我们需要对“内涵生命”的范畴作进一步的解释。假如人生的丰富是靠生理生命形式的丰富而实现，那么所谓内涵生命就是诱导人过花天酒地的生活，尽可能满足不同物欲和寻找满足物欲的尽可能多的形式而已。如此丰富的“内涵生命”等于没有内涵的生命。故内涵生命的“内涵”必须有价值支撑。有价值支撑比如生活目标的引导，人的真正的丰富性才能开启（因为它开辟了与动物生存完全不同的、更合乎人的本质的一大领域），人的生命才真正具有博大厚重、曼妙丰盈的特质，即实现精神意义上的超越。可见，人生意义的源头在于所追求的目标，而生活目标所解决的根本问题乃是其设计了判断人生质量高低的最根本和最终极的标准。

美国耶鲁大学进行一项调查，研究人员问参与调查的学生这样一个问题:“你们有目标吗?”只有10%的学生确认他们有目标。研究人员又问了第二个问题:“如果你们有目标,那么你们可不可以把它写下来呢?”结果只有4%的学生清楚地把自己的目标写下来。20年后,耶鲁大学研究人员在世界各地追访当年参与调查的学生,他们发现,当年白纸黑字写下人生目标的那些学生,无论是事业发展还是生活水平,都远远超过了另外一些没有写下目标的同龄人。这4%的人拥有的财富居然超过那96%的人的总和。那些没有明确人生目标的96%的人,一辈子都在直接间接地、自觉不自觉地帮助那4%的人实现人生目标。[54]

由此可见,明确的目标之于个体人生的价值意义。生活是一个过程、一种体验、一种探索、一种经历,包含着酸甜苦辣,涵盖着喜怒哀乐。而生活目标则是一种自我设定,也就是说个体选择怎样的体验、探索去经历其人生的过程。生活目标所提供的生活质量标准代表着人生的幸福含量,换言之,拥有了某种生活目标的人就是坚信只有朝着确定的方向努力、奋斗才能获得真正幸福的人。而没有健康的价值需求与追求的人,必定是远离幸福的人。并且,“幸福既然是人之为人意义的实现,那么谁对人生意义与本质的把握最透彻、追求最执著,谁获得幸福的可能性及质量就越高,即人生的境界决定着幸福的境界。从这一意义上看,提升个体的人生追求本身就是提升人的幸福水平的前提”[55]。对幸福的需求人生而有之,但无论是幸福的感受或创造幸福的能力都的确是一种有待开发的潜能。从可能到现实的重要中介就是全部教育活动,教育活动在帮助学生选择适当的生活目标,获得幸福人生所必须的能力上具有重要的意义。

对于成长中的儿童而言,生活意义很大程度上在于认识自己的前进方向和目标。这个目标可以是下一次单元测验所要达到的预期,可以是正在规划的探究活动,也可以是今后的人生方向。目标的迷失就是意义感的失落,当体会不到意义的时候也就感觉不到生活的价值了。对于儿童来说目标代表一种需要,或者说是需要转化为有意识追求的对象。凡是对自己的需要认识的越清楚越容易转化为明确的目标,进而主动思考自己行动的手段,其行为就越理智并且坚定。教育的使命在于帮助儿童逐步实现其近期的目标,通过一个个可以达到的目标而过渡到长远的生活目标。当个体感到自己的价值目标是可能实现的时候才会激发其奋斗意志,才感到生活是充实的和有意义的。换句话说,当人发现某种东西值得追求的时候,他的生活是有意义的,这里的意义也就是价值。儿童接受教育的过程也就是其社会化的过程,他们是通过获得一定的价值符号来得到社会的承认或接纳的，因而还要考虑未来的人生目标被社会或他人承认的价值。人们赞誉那些经过巨大努力而得到了社会价值目标认可的人，因为他们付出了巨大的努力，因为他们的付出有益于他人以及整个社会的福祉而赢得人们的尊重。教育需帮助学生确立适合自身的个性化目标，还需关注实现目标的手段必须合乎人之为人的道德水准而非背离人的本质。唯有如此，个体才能拥有对自我的合乎目的的认识自由、对社会的合乎目的的创造自由、对人生的合乎目的的发展自由，并从中获得了自信、赢得了自尊，而不再是功名利禄的奴隶，不再是只关注外部世俗需要的满足，而是返身向内，致力于自身生命的开拓、心灵的丰盈，从而提升、超越自我，幸福才有终极的意义。

幸福是主体人生意义实现和体味时的积极心理感受，故教育必须培养学生确立自身的生活目标。生活没有目标就是飘浮不定、没有方向的，方向感的迷失就是使命感的缺失，也就是生活意义感的缺失，幸福就无从获得。然而，目标是多样的、多极的，诸如工具性的、功利性的、社会性的、终极性的等等。并非所有的目标都是通往幸福之门的：对于一切沉溺于口腹之乐的人，快乐的时间是很短的，就是当他们在吃着、喝着的时候是快乐的，而随之而来的坏处却更大；对于采取卑鄙的手段获取所谓幸福的人，随之而来的是沉重的失落、深深的愧疚；对于以获取钱财为唯一目的的人，只能毁灭在贪得无厌的欲望中；对于追逐名利为人生宗旨的人，只能失落在虚幻的光环下。毕竟，得到一样东西不需要那么多不正常的挣扎和争夺，只有让儿童在公平、自由的环境里幸福地生活，愉快地成长，他们才能更从容，更高贵。那么，我们该怎样教育学生？又该使他们树立怎样的人生目标呢？纵观我们的教育，我们总是教导学生树雄心、立大志。竭尽全力地思考如何才能成功，怎样成为强者，以及律师、教师、医生等何者才是最为幸福的职业。于是，我们十分强调榜样的力量，并不时地推出一些榜样供学生效仿。然而，这种效仿、束缚并没有达到预设的目标，我们并没有造就大批的名人，也没有促使每个孩子成功，更无法仿制诸多的强者，相反，却留下了学习困难儿童、心理障碍孩子、人格缺陷少年种种不幸的产品。是什么原因使教育在一个具有完全合乎逻辑的理想目标下，却在实践中遭到抵抗从而使教育的结果在一定程度上偏离了预设的目标呢？要找问题的症结，研究的触角必须进一步前伸，对教育的前提性东西——人本质意味着什么，人的可能性究竟是什么予以追究。

（二）人本质之于幸福的内在关联

鉴于一切教育都是关涉人的教育，因此究竟怎样创造和构建体现幸福的教育是以人本身的内在规定性为前提和基础的。一种教育是怎样的,归根结底是受置身于这种教育中的人本身是怎样的影响的。认识人本来是什么,明晰人的可能性意味着什么,是认识学生的基础。沿着苏格拉底的思想可以定义为“人是一个对理性问题能给予理性问答的存在物”[56]。就类哲学的角度而言,人在本质上是一个“是其所是”又“是其所不是”的复杂而矛盾的动态存在。虽说人是从自然进化基础上产生的,但却是人自己活动的产物。我们“可以根据意识、宗教或别的什么来区别人和动物。一当人们自己开始生产他们所必需的生活资料的时候……他们就开始把自己和动物区别开来”[57]。从根本上说,人的生产活动就是对自然、自然性、自然关系的一种否定性活动,这种突破物种限定的否定性活动,也就必然突破了自然的限定而把人自己的生活、生命和命运从自然的手中转控在自己的手里。“这就是人的种种活动所具有的自由和自觉的性质。人凭借这样的活动,不但制造了人的生活、人的生存环境、人的对象世界,也创造了人的本质即人自身。”[58]如此说来“并没有什么与生俱来的抽象本质。也没有什么一成不变的永恒人性:人的本质是永远处于制作之中的,它只存在于人们不断地创造文化的辛勤劳作之中,因此,人的本性并不是一种实体性的东西,而是一种自我塑造的过程,真正的人性无非就是人的无限的创造活动。人的可能的根本特征就在于,它总是向着各种可能性行进”[59]。这也说明人是一种“矛盾”的统一体:人完全不同于物,却必须与物相伴;人依赖于自然,却又不断地否定着自然;人总是以自我为中心,却只能依靠他物实现自我;人的生命有限,却永远追求无限;人受制于必然,却又在享受着自由;人无法走出自然的存在,却能够超越自然的限定。[60]如此种种表明“‘人’是否定之否定的存在,是多重性、多义性、多向性、多面性的存在,决非单义、单一、单纯地存在,是存在于自我、小我、大我之中,具有生命性、非生命性、超生命性多重本质,表现为个体、类体多重形态,分属自然、社会、精神文化多重本性等”[61]。正是由于人是一个如此复杂多样的矛盾性、创造性存在,因此,学生决不是一个可以完全依据外在的力量便必然地被教育成为想象中的某一类人,学生本质上也是一个由其内在能动性推动的、具有无限多种发展可能性的动态生命创造体。

纵观现有的教育现状,不难发现,对于学生的把握来源于三种基本的认识:其一把学生视为一种可控的存在。对于这种存在,可以科学的计算,可以加以控制、加以塑造,通过恰到好处的教育,把有价值的东西强加在他们身上,完全可以塑造出理想的人。其二把学生看作是一个“容器”。学生个体是一个个需要填充的空间，可以用科学知识、操作技能为填充物，任意装载代表着人类美好愿望的“容器”。各种课程知识、教育内容可按其重要程度有序地进入并占据整个“容器”。这样就把学生的可能性发展看作是沿着某一确定目标的发展过程，教育的任务就是使受教育者尽可能快捷迅速地达致这一目标。其三把学生的发展看作是同质的线性发展。认为学生的精神成长是单一同质的累积过程，在自我人格中，学生的精神发展不可能出现矛盾性冲突。教育只要按照预定的、计划的、良好的精神品质教育受教育者，他们就会以此精神品格为基础统一、协调发展。

正是在上述认识前提下，我们的教育得以构筑并描绘出极具魅力的学生可能发展的教育目标：学生是完全可以加以塑造的个体，卓有成效的教育能够通过外力作用决定他们的未来发展，造就出成功的人、理想的人、“幸福”的人。无疑，上述认识及其在此认识基础之上描绘出的教育目标，阐释了关于人受教育的部分真理，反映了学生的本性中包含的可塑性一面。在现实之中，旨在塑造受教育者为己任的教育已被人们广泛接纳，并具体实施，就是对这一认识合理性的有效体现。然而，我们还需关注成长中的人更为重要更为复杂的另一面。学生在本质上既是一种生理意义上的存在同时也是一种超越生命的精神存在，并且学生个体的本真涵义更趋于一种动态意义上的不确定性存在，这种变化性存在实际上具有无限的丰富性和多样性。具体就学生的变化性存在而言，首先，学生的存在不仅具有可塑性，他们不单单是被动地接受塑造的、完全可以控制的存在，或可以任意填塞的“容器”，他们的成长不仅仅是一个被外力塑造的过程，更是一个自主自决的能动性创造过程，从生命本体性看待学生的未来发展，他们的能动性才是其发展的根本性力量。所谓能动性乃是指“学生的发展是个体潜在的可能在实践中逐渐转化为现实存在的过程。这一转化的实现，不仅有赖于个体先天素质和外部环境，而且有赖于个体逐渐形成的自我意识，有赖于其价值观、自主选择及在实践中的投入和反思能力，即个体对自己发展的自觉意识和能动作用，它赋予学生在一定条件下主宰自己命运的可能，因为，人不仅是先天因素与环境相互作用的产物，也是自我选择的产物”[62]。其次，学生的发展变化并不是单向地朝着某一预定目标的过程，“个体的存在在根本意义上不在于显现其存在的可预设、可注入的东西，而在于显现其存在的不可预测的创造性东西，成长中的个体在其本原状态上有着能动地成为其无限多种可能之所是的内在驱力”[61]。这样，人的发展具有多种方向的可能性，呈现出千姿百态、丰富多彩的样态。在具体的教育情境中，如果忽视、漠视，甚至排斥学生本质上的多种可能性，教育将无法满足学生的多种需求，无所作为于学生的各种可能性发展，也无法满足社会对于人才的多种需求。再次，学生的成长是一种兼容矛盾共生的发展过程，个体作为人的本原特征具有无限的丰富性、微妙性、多样性和多面性。实际上，人是由多种力量共同形成的一个动态发展系统，具有多种偶然和巧合的产物。教育只是影响人发展的诸因素之一，即使接受完全相同的学校教育，却仍然在学识、人格、品行以及精神境界等方面具有巨大差异的人比比皆是，换言之，每个人都是有着无数可能性的存在。

由此看来，我们的教育忽略了学生发展变化的另一动力源：来自学生内在精神的力量对其发展的影响。我们在强调教育、社会、文化以及环境等外部力量对学生的未来发展的影响之时，未能充分考察学生的内在精神力量对自身发展的巨大作用，未能充分认识个体生命的本质之于学生成长的内在关联性，也就是，未能充分了解学生的自我意识、自我教育、自我发展的力量之于个体的人生幸福有着必然、本质的关联。另外，由于只看到教育、社会文化等外在因素对学生发展的影响，将学生的未来发展视作外力作用下的必然发展过程，因而导致在教育理论建构中设置确定的、具体的追求目标都以这些因素为决定性条件，以这种确定的、具体的目标作为教育实践追求的唯一真理，结果使得学生的多种可能的发展受到抑制，造成追求“理想”与“幸福”的人的教育与最终产生出千姿百态多种残缺的果实处于不相容的尴尬境地。

（三）幸福体现在追求自身的目标

当前我们正处在市场经济的转型期，市场游戏规则及现代化进程要求每一个社会成员具有独特的能力、独立的人格，以及自主自由地选择适合于各自的发展目标，追寻自身的幸福生活。教育本是服务于受教育者的，教育本是促使受教育者追寻人生意义、获取幸福生活的手段。由此，学生的生活质量才是教育的目的，提高每个个体的生活品位，促使学生寻求幸福生活之路才是教育的根本使命。恢复教育应有的尊严，实现教育造就具有创造品质和独立人格的个体，承担起促进社会进步并开启学生幸福之门的使命，亟需确立学生在教育中的应有价值，亟需在学生的自由选择基础上对教育从目标到实践进行一种时代的转换。其一，从确认学生的多种潜能入手，构建更有效的教育目标体系：设置最低限度的教育标准，在达到最低标准之后，承认学生的潜在发展价值，不同发展取向。定期指导学生制订各自的阶段性小目标，通过一个个阶段性目标的解决，使得他们感到自己有解决这些目标的能力，充满信心地投入到问题的解决之中并逐步过渡到大的目标乃至于人生的发展方向。以往我们的教育总是设立一个固定的最高标准，促使每个受教育者向这一标准努力，让千差万别的个体拼命地达到一个固定的最高标准，势必会造成个体发展与目标之间的不平衡和畸形。而确认学生的发展潜能意味着认可个体独特的生活目标、人生价值、幸福追求，从而鼓励每个学生个性化的发展，独特的创造，耕耘各自的人生。其二，确认自由选择的价值，建立充分关注学生的主观能动性的教育培养目标。由于选择是基于个体的主观能动性之上的自由选择，承认自由选择的合理，就意味着认可受教育者自主的权利，而一旦教育赋予受教育者充分的自主自由选择的权利，便允许学生在符合其自身生长的向度自由发展，一旦学生获得了符合其自身生长的自由发展空间，每个学生的自由发展无疑会在真正意义上趋于实现。

学生的发展潜能受多种因素的制约，个体的发展水平是遗传、家庭、学校教育和社会文化等因素共同作用的结果，所以，每个学生的发展程度、发展向度，存在着相当大的差别。“生活本身是变动不定的，但是生活的真正价值则应当从一个不容变动的永恒秩序中去寻找。这种秩序不是在我们的感官世界中，而是只有靠着我们的判断力才能把握它。就人而言，判断力是个体主要的力量，是真理和道德的共同源泉。因为只有在判断力上，人才是整个地依赖于他自己的，判断力乃是自由、自主、自足的。”[63]这就要求教育留给学生较大的发展空间，更多自由选择的机会。因为，如果人被迫只顾及眼前的目标，他就没有时间去展望整个人生。事实上，一个学生拥有多少自由，他就拥有多少创造适合自身生活的机会，故学生的自由本身不是价值，而是学生生命价值的前提（当然，赋予学生充分的自由选择权利并不是无原则的放任）。拥有自由的空间、选择的机会，就赋予学生个性化地规划、设计自身的未来的权利。为着达到未来人生目标而辛劳，为着将来职业需要的知识而苦读，为着可能收获的硕果而探索，为着预期的幸福而憧憬。这样，他会在学习中感受到目标的价值、知识的丰富，体验到发现的喜悦，探索的艰辛，幸福的含义。这种情绪激荡着学生的惊奇、陶醉、自豪、骄傲的情感体验，构成了学生成长的心理历程。此刻，他不在乎他人的万贯家财、高官厚禄，而沉醉于自身的理想、自我的境界、自在的幸福之中。此刻，学习行为本身就是他们生活的乐趣和动力，就是对教育的最圆满的评价。学生似乎就是为了读书而读书，没有担忧，没有媚俗，纯净地沉浸在自身的理想之中。学习不再是任务、负担，而是生活，是真实的人生。追逐自己的理想，实现自身的价值时，人是最真实、最幸福的。此外还需指出的是，教育事业是一种面向未来的事业，不仅面向个人的未来,而且面向社会的未来,是个人走向社会的阶梯。教育作为"使人向善"的活动,它追求一种意义价值,创造一种道德生活。幸福源于意义的追寻,个体的幸福依附于合乎人性的道德水准。所以,学生通过教育创造道德生活,通过道德生活的现实转化,而获得幸福的人生。

我们可以把道德理解为"以善恶为标准,依靠社会舆论、传统习惯和内心信念的力量来调整人们之间相互关系的行为原则和规范的总和"[64]。道德从人的内在品性出发,使个人与社会融为一体,每个人在社会中的位置和应做的事情都来自他在该社会中的角色。这种角色与功能的内在根据使得个人与社会密切联系在一起,德性就是一个人在社会中要履行的品质,通过德性,个人可以达到与社会的和谐。也就是说,道德本身是社会现象的反映,一定时期的道德水准体现了一定的社会现实。由此可见,道德决不仅仅是纯粹的种种规范规则和行为标准,相反,它首要的任务是告诉人们如何认识自己的生活目的——对实现生活目的的手段有一个清晰的了解,并为实现一种善生活的内在目的而培植自我的内在品格和德性。因而,学生品性、德性的养成是内在的,又是需要在教育教学中形成的。教育活动对学生来说,既是为完成社会赋予的知识而获得,同时又是个人各种需要,尤其是精神需要获得满足的生命历程之组成,是获得与满足的统一。只有使学生在教育教学中不断修养而成的一种获得性的内在精神品质,既符合学生人格特质化的品行,又满足个体创造实践性凝聚而成的德行,成为一种习惯于欲求正当之物并选择正当行为去获得的个人品质时,学生的幸福便有了前提性的可能。

幸福是人性满足时一种积极心理体验,但人的社会性,决定了幸福的心理体验、获得幸福的具体手段必须合乎社会的道德水准、行为规范。正如亚里士多德所言的:"幸福即是某种德性","幸福即是合乎德性的现实活动。"[65]

> 假如一个人的某个行动本身是自成目的的(autotelic),并且这一行为所试图达到的结果也是一个具有自足价值的事情(autarkeia),那么,这一行动必定使他获得幸福。这种行动在操作上是创生性的,在效果上是给予性的。这是美好的人际关系的唯一条件,也是好生活的必要条件。[66]

换句话说,任何人都不能采取卑鄙的手段去追求崇高的幸福。这体现了一种"德福一致",而且是没有冲突的"德福一致"。"因为手段与目的的冲突会削弱甚至取消目的及其可能带来的人生意义。"[67]我们认为,幸福的主观感受决定了一个人是否体验到幸福，幸福的伦理观决定了一个人的幸福是否正当。因此，真正的幸福是心理体验和伦理规定的统一，是人性和善性的和谐。

三、生活态度是学生幸福的保障

教育学促使人类幸福的方式是为所有这一切幸福的实现而影响人、改变人，为人实现所有预设的幸福创造基本的生命条件，这种生命条件涉及到教育学对生命的态度。

（一）学生学习态度决定幸福的可能

态度指个体基于过去经验对其周围的人、事、物特有的比较持久而一致的心理准备状态或人格倾向。由认知、情感和行为意向三成分组成。[68]态度是一种内部稳定的准备状态，其主要的特征是评价性，即对一个对象的积极或消极的反应倾向，并且这种反应倾向具有跨越一切时间和情境的稳定性。个体对人对事的态度不是生来就有的，而是后天在家庭、学校和社会生活中，通过交往接受别人的示范、指导、劝说而逐渐形成的。[69]例如一个学生认真、刻苦的学习态度，就是他认识到学习对于自己以及社会的重要性，并不断地受到取得好成绩时的愉快心情的强化。态度在个人心理生活占有重要地位，它不仅是构成人的性格特征的重要方面，而且是人的理想、信念、世界观等个性倾向性的表现。例如，教师对教学活动积极热情的态度，就是与他们乐于献身教育事业，具有强烈的事业心和责任感分不开的。20世纪末，西方兴起的积极心理学把人的生命看作是一个开放的、自我决定的系统，认为“该系统既有潜在的自我内心冲突，也有潜在的自我完善的内在能力”，如果对个体实施积极、有效的干预，个体一般都能自己决定自己的最终发展状态。“因而主张以人固有的、实际的、潜在的、具有建设性的力量以及美德和善端为出发点，用一种积极的心态来对人的许多心理现象（包括心理问题）做出新的解读”[70]，从而激发自身内在的诸如勇气、乐观、希望、毅力等积极力量和幸福、快乐、智慧、责任感等优秀品质，并利用这些积极力量和优秀品质来帮助普通人最大限度地挖掘自己的潜力而达成人的健康、幸福的生活。这说明每个人的内心都具有这些积极的力量与优秀的品质，关键在于如何看待自己的潜能与特质，以怎样的态度去面对各种生活状态与生存境遇。

个体对人对事的态度是后天形成的，一旦形成了某种态度倾向就具有相对的稳定性，态度倾向也充分反映了一个人是否具有远大的理想，坚定的信念以及积极乐观的处事风格。教育有助于挖掘并培植每个人内心的积极力量与潜能，通过积极有效的措施发掘人性的积极性建设性，复归人性的理性精神，通过适当的教育以及周围环境的影响可以改变一个人原有的态度，由消极悲观改为积极乐观地对待学习与生活，不仅使得儿童在激烈的生存竞争中保持人之为人的尊严，“并在与其他生命形式构成的社会系统中充当着自己生活的主宰，使得人类社会在大多数情况下能以一种万物共存的方式而不断向前发展”[70]。文中我们把态度看作是人们面对生活时的心境，对于逆境困境的看法，以及以什么样的力量与品质对待各种生活现状与生存境遇。倡导教育有助于培养学生良好的学习与生活态度，认为生活态度是个体幸福的保障，影响个体的生命品质与生活质量。

激发并培植儿童内在的积极力量与优秀品质才是获得幸福的可能，而这些积极的力量与品质主要体现在乐观的生活态度，坚韧而顽强的毅力以及对人对己，对当下对未来的责任感。首先，乐观的态度源自个体对自我生命的接纳、肯定以及各种生活境遇的认同和珍爱。美国临床心理学家阿尔伯特·艾利斯（Albert Ellis）指出：人们的不良情绪或不良行为并非由某一外部诱发事件直接引起的，而是由经受这一事件的个体对它的不同认知和评价所引起的信念而导致在特定情景下的情绪和行为后果。也就是说，困扰人的情绪的并不是所遭受的事件本身，而是由当事人看待事件的态度决定的。例如两个学生同样是由于上学迟到而遭到老师的批评。一名学生会认为是自己比较懒惰，学习态度不端正所致，决心以后一定要好好学习，按时到校；另一名学生则认为老师故意为难自己，对这位老师产生敌对情绪并对这个老师的课也丧失了学习兴趣。也就是说，每个人的固有本性中有积极的取向，也有消极的倾向。个体有趋向于成长和自我实现的内在潜能，同时也具有非理性的不利于生存发展的生活态度，正是这种非理性的生活态度，导致种种不健康的情绪和行为。因而，个体对人对事的看法影响其情绪和行为，积极乐观的生活态度产生乐观的感受，如若一个人期望能有好结果的总体倾向，他就会充分调动自己各方面的积极力量朝着这个方向努力，理想的结果往往如期而至；如果一个人总是想着失败的各种可能，那么，要么他干脆放弃了自认为根本不可能实现的目标，要么调动不起自己各方面的潜能与力量而越来越偏离预期的目的。快乐纯粹是发自个体内心的，乐观的情绪产生于对自身生命意义的自觉，源于对其他生命以及整个世界的同情与关爱，这种积极健康的态度激发个体振奋、乐观、勇敢地面对学习与生活，克服诸多困难与障碍向着美好的理想驶进，进而感激并珍惜得来不易的果实，这种感激和珍惜就是一种满足的心态，有了这样心态的人就会感觉到幸福。

其次，任何一件事情都不可能一蹴而就，越是远大的理想，宏伟的目标，极致的幸福越需要坚韧的毅力，不屈不饶的精神支撑才能达到那云谲波诡的幸福彼岸。毅力体现出我们在面对困难、失败以及诱惑时所采取的态度，无论是解出一道数学题目，还是构思一篇作文，抑或熟记数以千计的英语单词，单单靠着“一时的热劲”、“临时的决心”都不可能坚持到底抵达幸福的彼岸，无不需要为达到预定的目标而自觉克服困难、不屈不饶的意志品质，这种“心理忍耐力”包含了自信、专注、果断、自制以及忍受挫折等内在品质，当与人的期望、目标结合时便释放出巨大的能量而支撑个体实现任何想追求的目标。每个人之人生历程，大体而言都是逆境占了十之六七，顺境也就十之三四，并且逆境与顺境两种境遇相互交替轮流出现，因而无论面对大事或者小事都必然会遇到重重阻力与困难，这就说明做任何事都需要坚韧不拔的毅力。况且，“思考人类的秉性乃至悲悯、忧伤之类的情怀，不仅与一个人的童年并不冲突，反而使一个人的生命更具有柔韧性”[71]。人生在世，许多痛苦必须面对，诸多的磨难只能承受，痛苦与磨难很多时候是无法逃避与躲闪的，所以只有使自己变得更为强壮，只有让自身足够坚强，才能保全生命，才有求助和讨回公道的可能，才能还生命以尊严与意义，从而坚定、自信地走出困境，步入美好的未来，况且逆境、挫折的情境更容易砥砺儿童的意志而增强必要的生存和竞争能力。换言之，只有顽强的毅力才能帮助学生克服恐惧、沮丧等消极情绪，不断增加他们应对各种困难的信心，解决各种问题的能力，从而将偶然的机遇变为可能，将不可能变为现实，幸福才有切实的保障。

再次，一个没有责任、价值感的儿童，会因为找不到自己在班级、学校、家庭中的地位与重要性而感到迷惘，从而失去展示自我、创造成就的动力，逐渐地为一些世俗的事物所吸引、诱惑而丧失美好的追求。“培养儿童的责任心与荣誉感非常有效的建议是：让儿童担当一些有意义的角色”[72]，使他们感到自己有价值，对于他人具有重要性，认识到自己在家庭与学校里具有一定的地位而乐于克服自身的弱点，增强战胜困难的信心与勇气。在学校里，通过让学生轮流担任老师的助手，帮助老师组织各种校内校外活动，通过结成一帮一学习小组，帮助学习成绩较差的学生使之提高，以分担相应的任务，承担一定的责任而培养责任感，锻炼解决问题的能力；在家庭中，通过有意识分派力所能及的家务并定期与孩子进行平等的交流与对话，不仅倾听他们的心声、感受，家长也以平等、尊重的态度回忆儿童世界的乐趣，述说自己的喜怒哀乐，商谈家庭的未来规划，使儿童觉得自己被以一个有责任、有尊严的人对待着，家庭、学校的一切都与自己息息相关，荣辱与共而倍感自身的责任与使命；在社会上，通过走访老人院、孤儿院，参观博物馆、动物园以及各种社区活动，了解人世间的孤独与无助，认识中华文化的博大与精深，领会人与万物惜惜相伴与和谐共生，从而认识到对于他人、家庭与社会富有不可推卸的责任。我们要让儿童明白，无论现在的学习、明天升入什么样的学校以及未来从事什么样的职业，都要付出自己的全部努力，争取在自己能够把握的范围内做到最好，并且享受奋斗的过程。当责任感成为一种习惯，成为一个人的生活态度，儿童就会自然而然地担负起应尽的责任。当一个人自然而然地做一件事情时，当儿童意识到责任在召唤的时候，学习与任务对于他们自身的意义就不仅仅是考试与升学，他们也不会因为考试的压力而觉得自己的自由受到了羁绊，更不会为了考试而学习，而是审慎地审视自我、他人与社会作出的理性的选择与坚定的态度保障。当一个人可以凭借自我的意识作出选择，依靠自己的力量积极乐观地生活下去时，人是自主的、自觉的、更是幸福的。

（二）教师教学态度制约幸福的实现

我国儒家创始人孔子，早在春秋时期的《论语》中就提出诸如“躬行身教”、“循循善诱”、“诲人不倦”和“因材施教”等关于教学态度的至理名言。在西方也存在着“人本主义”、“自然教育”以及号召遵循“科学人文化”的道路以期“民主主义”得以实现。如果说教育的使命在于培养拥有尊严的幸福的人，那么，教师的根本职责就是教书育人。如果把“态度看作是个体对人、物、事内在的稳定的反应倾向”[73]，教学态度就是教师对教学活动以及学生的一种心理反应倾向，这种心理反应倾向在整个教学过程中，通过与学生交往、家长联系以及社会的接触而有效地影响和改变学生的学习和心理倾向，使教师的教学以知识或行为的方式在学生中产生心理效应，而学生这种心理效应的产生就是教师影响力直接作用的结果。教师只有按照学生的心理需要时宜地激发他们的学习动机和自我实现动机，使外部的教学要求内化为学生内部的自我需要，使得每个学生感到他是自己生活的“主宰”而激发出师生双方的自我创造力，那么，教学就是旨在提供学生学习的机会、引发真实学习的发生而不是“填塞”固定知识的过程。在教学过程中，教师不仅是教学目的的贯彻者、科学知识的传授者、教学过程的组织者以及学生学习的指导者，还是学生精神的建构者和学习环境的创造者。因此，教育教学的效果如何，学生将成长为一个怎样的人，教师是一个关键性的因素，教师的教学态度将直接影响学生的学习效果，制约学生能否愉快、幸福地生活。

具体说来，其一仪容仪表反映教师的教学态度。仪容仪表代表一个人的精神风貌，教师穿着干净整齐的服装，态度和蔼可亲，表情自然大方富有亲和力，既体现了教师自身的职业尊严，也赋予儿童应有的尊重与要求，自然引导儿童穿戴整齐大方得体地待人接物，潜移默化地内化为自尊并尊重他人的意识，自然而然地吸引儿童的情绪以体现“亲其师而信其道”。反之，如果教师着装过于时尚，浓妆艳抹，儿童不但会效仿老师追逐时尚而影响学习，还会认为教师难以接近而产生疏离感；如果教师不注重自身的形象，头发蓬乱，缺乏充分的准备而紧张慌乱地讲课，情绪急躁而简单粗暴地处理课堂偶发事件，言语过激行为过火等都容易分散学生的注意力，降低学生的学习兴趣。久而久之，教师在学生心目中的形象不断异化而“不亲其师也不信其道”。

其二治学态度直接映射教师的教学态度。治学态度体现出教师在教学活动中良好的工作作风，表现在治学严谨，诲人不倦以及真诚地对待教学，热情地关心每个学生的成长，形成良好的师生关系，构建良性的教与学循环。比如学生回答不出教师提问时，教师耐心地说：“不要急，再想一想。”而不是：“坐下，怎么连这么简单的问题都不知道。”比如学生回答错误时，教师和蔼地说：“这位同学谈了他自己的想法，很好，其他同学还有不同意见吗？”而不是：“不对！坐下认真听。”比如学生的观点与老师不一致时，教师大度地说：“很好！请大家听听他的见解。”而不是：“没搞明白，不要乱说。”当老师诚恳地对学生说：“朋友，你是记不住单词吗？你试着拼读记忆，再分几个时段来巩固，终究还是要放到语境中记忆才可靠，最有效，这叫‘词不离句，句不离篇’——灵不灵你试试。”而不是诸如：“你自己给我先看一遍，再告诉我！”“说话这么大声音干什么？要死啊！”这样的话语带给儿童的又将是怎样的伤害与危害。当这位老师自信地对笔者说：“一本书是学不好语文的，我每天都给学生发讲义，讲义都是以前毕业学生的习作而不是用名家名篇，这样可以使学生没有距离感，不会觉得高不可攀，以平等的心态接纳这些优秀的习作，并暗下决心自己也能赶上并超过这些习作的。”当那位老师认真地告诉笔者“让学生写日记太沉重了，我把它改为写成长的记录，因为学生每天都要成长的”时，①无不透投射出教师真诚而敬业的教学态度，无不让人由衷地感叹能够成为这样老师的学生一定无比的幸运，必定非常的幸福。

治学态度还体现在教师的学术水平和业务能力。如若拥有丰富的知识，娴熟的操作技能，深厚的文化底蕴，引经据典信手拈来，触类旁通游刃有余，或口若悬河

① 摘自笔者 2009 年 9 月 17 号～10 月 22 号于 S 市某中学的田野日记。

滔滔不绝地阐述自己的观点，或点到为止留有余地地任由学生自己想象，或师生对答各种观点激烈碰撞……如此这般的课堂，如此敬业的教师本身就是一本令学生百读不厌的“好书”。随着时代的发展，新兴的知识与信息不断涌现，层出不穷，教师还要及时更新、扩充自己的知识信息，把握本学科的最新发展趋势才能满足学生日益增长的求知欲望，激发学生的学习积极性而赢得他们的信任和尊敬。是否具有渊博的知识与极强的能力是一回事，是否乐于并甘于长期默默地奉献却是另一回事，也就是说，教师真实的教学态度制约着学生幸福的实现。

这是一节由一位具有近十年教龄的青年教师任教的化学课，事先该校有关领导和任课老师讲了笔者要来听课，并征得了王老师的同意。整堂课听下来，可以说这是一节非常成功的化学课。具体表现在：当请同学走上讲台往试管里吹气，看试管里的紫色石蕊试液是否变色时，由于主动表示愿意亲身做实验的同学寥寥无几而教育学生要勇于为科学献身并列举古今中外献身科学的大科学家的事例。教学过程中每一个知识点，实验现象老师都亲自操作并严格规范地演示给同学们看，同时灌输化学实验的基本操作要领，要遵守的基本规则以及必须注意的事项。当讲解到生石灰的特征时，教师以“我国古代哪首诗体现了石灰系列的三个化学反应”这一问题而不失时机地渗透文学修养教育，师生齐声背诵“千锤万凿出深山，烈火焚烧若等闲。粉骨碎身浑不怕，要留青白在人间”的情境真的很动人。接着又由生石灰引到生活之中的干燥剂使用，达到学科知识生活化的教学目的。

接下来的一周，笔者在没有事先安排的情况下再一次地走进了王老师的教室，当上课的铃声响起时，王老师走了进来，看到笔者已经坐在教室里时轻声地说了一句：“怎么又来了。”可以说这节课并没有什么特别之处，基本上是先订正练习，哪些题目出错的同学多，正确的答案是什么。然后，按照教材的顺序机械地讲授新课，再后来学生口头记诵新的知识，比如几个碳原子和几个氧原子组成一个什么分子，什么试液遇到什么试剂变成什么颜色……最后由老师总结并归纳这节课的知识点。①

可以说，这节课里只有学科知识的学习，既减少了实验技能的操练也缺失了

① 摘自笔者 2008 年 11 月 20 号于 S 市某中学的田野日记。

科学素养与人文的关怀，更割断了科学世界与生活世界可能的相遇。如果付出成为一种态度，一种境界，那么学生的生活现状可能会更有质量，生存境遇可能会更有品质，幸福才有保障。

（三）教育境遇中学生幸福的态度关怀

儿童如同一个个含苞待放的花蕾，“从童年开始为生命的绽放积蓄着能量。每个花蕾都有沐浴阳光、吮吸甘露的权利”[74]，每个儿童也都生而有成长的权利——接受教育的权利、言语表达的权利、探究未知的权利、自主选择等权利。儿童需要的不仅仅是知识的沐浴，还有情感的关怀。这种关怀，可以是课堂上教师鼓励的眼神，可以是出门时母亲反复地叮咛，可以是路途上同伴默默地搀扶，可以是陌生人无私的捐助，也可以是师长严厉的批评……这些情境带有温度，孕育着美好的人性以激发儿童内在生命的力量，体会充沛而美好的情感，温暖今后的人生。“虽然身处逆境的花朵也会努力向阳生长”[74]，但这都不足以解脱教育不作为应受到的谴责。如果数学方程式和函数没有学会尚可以补救，如果英语单词和语文课文没有记熟也可以挽回，然而，每个人成长过程中不同阶段的情感缺失与伤害却是难以弥补的，每个儿童心灵上留下的阴影与人格的缺陷却是永远的伤痛。对于学生情感生活的不尊重，对于学生个体情感世界的漠视，会导致他们认为情感相比知识学习来说是不重要的，也不是高尚和应有的权利需求，轻信只有学习成绩好，出人头地才是最为重要的说教，渐渐地他们既不重视自己的情感也不尊重他人的感情和愿望，日后很可能成为肆意膨胀自己的欲望与野心的精神残缺和人格畸形的人；或者面对来自于教师与家长的情感压迫，他们会产生严重的逆反心理，唤起强烈的反抗意识，以至于坚定地捍卫自己尚处于朦胧状态的情感权利而误入歧途；或者尽管他们并不认可成人群体（包括教育者与家长等）对他们的说教和压制，但是权衡利害，觉得只有向成人群体屈服才能保全自己，于是用尽各种办法和成人周旋，就会慢慢养成欺骗的品性。以上种种既是我们不愿意看到的也是不应该发生的，充分说明情感健康之于学生幸福的不可或缺，以及教育应有的态度关怀。

> 中国学人有一种不良的习惯，对于学术，根本没有抉择一己所愿学的东西。因之，于其所学，没有不顾天不顾地而埋头苦干的精神，亦没有甘受世间冷落寂寞而沛然自足于中的生趣。如此，而欲其学术有所创辟，此比孟子所谓缘木求鱼及挟泰山以超北海之类，殆尤难之又难。吾国学人，总好追逐风气，一时之所尚，则群起而趋其途，如海上逐臭之

> 夫，莫名所以。曾无一刹那，风气或变，而逐臭者复如故。此等逐臭之习，有两大病：一、各人无牢固与永久不改之业，遇事无从深入，徒养成浮动性。二、大家共趋于世所矜尚之一途，则其余千途万途，一切废弃，无人过问。此二大病，都是中国学人死症。[75]

此段，熊十力对当时我国学人的治学态度激切批判。指出浮动性和共趋性乃是中国学人的两大病症。现今，这些病症似乎并无消失的迹象反有愈演愈烈的趋势，人们做研究过程中，一方面，史料失实、论证不充分、表述不严谨、论点缺乏新意和深度是目前学术研究普遍存在的现象。不肯下功夫多读书，不本着严谨科学的态度去获取第一手资料，撰写出来的东西多与事实有出入，出现舛误。另一方面，缺乏深入的研究，结论不是在所掌握资料的基础上仔细推敲得出的，而是照搬照抄空话、套话，或者经不起推敲地空发一番议论以赢得速度和数量，或者无病呻吟地编造着所谓“动人”的故事以博得同情和怜悯。尽管这是总体的文风与治学态度，但教育有责任以理性、客观的态度对待儿童，以真实、勤勉的态度培育儿童，以造就踏实而富有个性的人。

人民教育出版社新版的初中语文教材第五册中曾有过题为《悲壮的两小时》这篇课文，文中有这样的叙述：1967 年 8 月 23 日，前苏联著名宇航员弗拉迪米尔·科马罗夫在驾驶“联盟 1 号”宇宙飞船归航的过程中，当宇宙飞船返回大气层后，需要打开降落伞以减慢飞船速度时，科马罗夫突然发现降落伞出现故障无法打开了。科马罗夫将和“联盟 1 号”一起在着陆基地附近坠毁。苏联当局在此过程中对于这一情况做了实况直播，并请科马罗夫的家人在科马罗夫生命中的最后两个小时与他告别。随后文章对科马罗夫这一英雄人物在生命仅剩下两小时的壮举作了极为生动的描写，入木三分地刻画了他在最后时刻的心理活动与豪言壮语。以至于相关的教学目的、教学大纲都号召学生认真学习科马罗夫勇于为科学献身的精神和爱国主义情怀。然而，这一教育材料所描述的却是虚假的事实和伪科学的，如果我们本着科学的态度和严谨的学风是不难查明真相与事实的：

> 前苏联宇航员科马罗夫于 1967 年 4 月 23 日凌晨 3:35 驾驶“联盟 1 号”升空。按计划，在 48 小时内，他将在轨道上与随后发射的“联盟 2 号”对接并交换宇航员。但是当“联盟 1 号”在午夜飞过拜科努尔上空时，“联盟 2 号”并没有按照原定计划发射。
>
> “联盟 1 号”的飞行过程碰到了许多问题，然而灾难发生的真正原

因至今仍然是苏联方面的一个秘密，外人只能根据能够得到的一些信息进行分析。显然，“联盟1号”的一个太阳能电池板没有充分展开，致使飞船电子设备工作时产生的热量不能有效散发，导致姿态控制系统失灵，飞船在轨道上的第15圈飞行发生翻转。由于燃料即将耗尽，在第17圈飞行时得到允许返回地球的指令。由于姿态控制系统失灵，飞船在制动点火的关键时刻不能保持稳定，科马罗夫显然想通过滚动的方式稳住飞船，调整飞船的方位以便点火，但是失败了。到18圈的时候，飞船的旋转和滚动使主降落伞在打开的过程中发生扭曲，不能张开，然而，备用伞也与主降落伞缠在一起，科马罗夫最后一次尝试又告失败。飞船以500千米/小时的速度在离预定的着陆地区1 000千米之外撞上地球以后，所有的通讯全部中断。[76]

教育学生为科学献身以及进行有效的爱国主义教育本是教育的职责，也是教育应有的作为。然而在我国现行的高考制度下，被亿万中学生奉为“圣经”的学科教材必须具有科学性与真实性，否则有一天，当学生们发现自己极为信奉的教材、极为敬仰的教师竟然堂而皇之地打着爱国主义的旗号欺世盗名时，他们将会怎样看待冠冕堂皇的说教，看待自己所接受的教育以及将要面对的这个国家？教学过程中，不仅应当告诉学生这篇资料错在哪里，而且应该让他们从中吸取教训，作为未来的接班人，必须既具备文学修养，又懂得现代科学，才有能力为他人，为社会以及这个国家有所作为。

现今，生活在网络世界中的我们，获取信息之方便迅捷是此前任何时代所无法比拟的，当然也同时为“复制”、“粘贴”、“剽窃”与“抄袭”打开方便之门。我们还有极为丰富的书籍、报刊可以阅读，考证、查询、证实真伪较之以前具有极大的便利与条件。在时下追求数量和速度的浮躁风气影响下，更为关键的还在于人们的教学态度，尽管引导学生费时费力地深入而科学的研究难度很大，但却是培养踏实勤勉的治学态度的必经之路。

教育很多时候并不是无视儿童的本能，而是把这种本能看作是应该受到限制，或者至少“应该顺从外部标准的可憎的特征”[77]。如果把顺从、符合标准看作教育的目的，那么，儿童的个性就被看作调皮捣蛋或不守纪律的根源而遭到压制与规训，再把顺从等同于纪律，便导致儿童丧失对新鲜事物的兴趣，反感变化与进步，恐惧不确定性和未知的东西而“依靠外部的压力来达到外部的目的”[77]。这样一来，客观上由于事物本身模糊不清，以及一厢情愿地认为群体成员的地位、能力都高于自己，进而主观上缺乏自信、焦虑、过分依赖他人以及盲目崇拜权威和看重秩序等心理倾向，而导致在认知和行为上不由自主地趋向于跟大多数相一致的“从众”现象。教育原本该从两个方面培植儿童的个性，其一，“一个人必须有他自己的目的和问题，并且能自己观察、反思、提出建议、检验建议以证实自己的假设的能力”[78]。其二，个人的观点、兴趣爱好以及处理问题的方式不必顺从于统一的“标准”和单一的“模式”而受到压制，儿童树立积极的心理运作信心，不再一味地服从、顺从别人的观点而极大地释放了自身的潜能与创造能力，同时享受作为一个独立个性的人所应有的创造乐趣与尊严。

第五章　守望学生幸福的教育图景

尊严生活尽管作为学生生存的理想状态，但却是教育追求的价值取向，体现学生幸福的最好的存在样式。早在我国的先秦和西方古希腊古罗马时期，人们就在不遗余力地探寻幸福的足迹，现如今，当我们进入教育场域时，却也面临学生捍卫尊严的生活现状与种种不幸的生存境遇，不仅是为了教育"如其所是"的努力，更是为了学生的成长，都需要我们有勇气、有能力进一步思考和谋划：如何扭转不幸的境遇以守护学生的幸福。无疑，对于教育而言，这种思考乃是本源的价值追求，对于学生而言，则是彰显自身价值与尊严的可能路径。那么，学生幸福的教育路径何在呢？

第一节　课程变革：学生体验幸福的教育路径

"课程"一词源于拉丁语 currere，意指"跑道"（race-course），转义为"学习之道"。也就是说，学校为了实现教育的目的、目标，就得向学习者提供预先计划好的教育内容，借以发展他们的品格、开发他们的潜能。这种教育内容的系统组织，一般谓之"课程"。[1] 自有学校教育以来就有课程与教学的存在，教育总是关涉"教什么"和"如何教"的问题，然而，课程并不是固定的恒久不变的，因为"任何一种课程都是那个时代所追求的'国民素养'的最集中、最具体的反映。可以说，'国民素养'就是在凭借学校教育中的课程使人类文化的精华内化成人的种种识见、能力、品格的过程中形成起来的"[2]。这说明,课程总是随着时代的发展,社会的需求,学习者的实际而不断变革以实现教育为社会服务的目的。纵观各个不同历史时期的课程变革:20世纪初,从学科课程转向经验课程,50年代末到60年代初,从经验主义课程转向注重学科结构以追求卓越知性的学科课程方向,70年代以来,课程不再一味地强调"学科"、"知识"、"卓越知性",而以"人性"、"个性"、"自我实现"以及"完整的人"等概念充斥着课程领域,预示着课程步入关注人本身,关涉人的自我实现以及人生幸福的方向。

关于课程的类型,主要分为学科课程与综合实践活动课程,这里以这两类课程为例阐述渗透探究取向的课程变革之于学生幸福的内在关联,表明学科课程与综合实践活动课程之间的差异不在于学习方式的不同,而在于学习的内容与所要解决的问题不同,通过探究意识的渗透,学习方式的变革,试图"构建学科课程与综合实践活动课程一体化的'课程连续体'"[3],以实现学生在学科课程中领略学习的乐趣,在综合实践活动课程中体验探究的魅力。

一、学科课程中领略学习的乐趣

(一)学科课程之于学生幸福的价值诉求

"学科课程旨在发挥学科知识(学科逻辑)对人的发展价值,它所解决的基本问题是每一个人的心理经验与学科逻辑的关系。具体包括单学科(如语文、数学、外语、物理、化学、生物、历史、地理、音乐、美术、体育等)与综合学科(如科学、品德与社会、历史与社会、综合艺术等)。"[3]通过它们学生不仅可以了解千百年来人们对于这个世界的认识,而且可以和其他国度的人们共享人世间的真善美与分辨人世间的假恶丑,由此,个人的视界得到了跨越历史、超越时空的拓展。教育的使命正在于引导人"走出自身"而与人类普遍的精神对话,然后再"返回自身"以获得自我的成长与发展。学科课程以最集中、最重要的方式体现了人类普遍的精神活动,因此,对于学科课程的理解与处置就不仅是解决课程问题的根本前提,而直接"决定着教育情境下人的'生存方式'以及人在教育中的命运"[4]。总的说来,学科课程对于个体的效用,至少包括这样四点:可以使个体获得某些谋生所需的知识、技能;使人获得学科知识体系,并形成一系列心智能力;通过对知识的理解而获得关于世界、社会与人的意义框架;通过对知识的运用而获得某种生活方式的信念并据此而生活。[5]具体而言,各个不同的学科又以自身独特的特性与优势给予个体多元的滋养与熏陶:语文学科通过对个体听、说、读、写的基本训练以掌握基本知识、基本技能,这里的基本技能不仅涉及书面和口头交流的能力,还包括信息处理以及解决其他问题的能力,以获得高水平乃至于批判性思考问题的能力。语文学科不仅有益于个体的成长发展也是其他学科传授知识的工具,更是源远流长的文化传统之所以传承与弘扬的载体。数学既有各种实用价值,又有学科本身内在的趣味。以逻辑推理和创造性为特征的数学的魅力正在于它的奥妙和向智慧的挑战,其实用价值主要在于如何把数学运用于人们日常的工作之中。其一"数学是建立表达式和关系式的科学。从一串数字到几何图形,任何事物都可以抽象,都可以建立等式。数学探索抽象事物中可能存在的联系,这种抽象并不考虑是否与现实世界的事物相似"[6]。其二数学也是一门应用科学。可以在工业、商业、农业、医学、政治、经济以及物理、化学等社会和自然科学领域应用,完成一系列实际任务并解决现实生活中的问题。其三数学是重要的科学语言。提供了严格地分析科学概念和数据的原则,从而为科学数据分析提供了有力的工具。其四数学和科学具有很多共性。数学学习有益于增进人们的理解能力,发挥想象力以及逻辑推理的相互影响,有助于拓展新的空间,开辟新的研究领域。其五数学具有欣赏性。通过让学生探索并欣赏数学本身的结构而使得学生体验和感受智力活动所带来的兴奋与乐趣。外语也是一门工具类的基础课程,对于个人来说,"作为吸取和交流信息之工具的外语,已经是人们在激烈竞争的社会中生存的重要手段",有助于个体了解并领会西方的文化与传统,认识并理解西方的历史与变迁,从而取其精华去其糟粕地为我所用。对于国家而言,"也已成为国家交往与国内发展必不可少的工具"[7],基于掌握世界最前沿的动向与趋势情况下发出自己独特的声音。物理课程既具有课程本身的"内在价值"也具有社会工具性价值。所谓"内在价值是指课程作为一种活动具备了一切有内在价值的活动所具有的特征。人们正是意识到课程获得固有的标准(例如优异的认知特征和广泛的认知内容等)而不是出自它们所引起的后果采取从事这类活动的"[8]。也就是说,物理课程本身有助于学生认知与求知能力的开发,由于物理课程的内容经过一定选择以后重新按照不同年龄阶段学生的认知水平和认知规律整理编排,在培养、训练并造就高科学素质人才方面具有物理学科独特、鲜明的作用。过程中,学生无不为"人类在洞悉物质世界结构和揭示物质演化发展运动的规律的进程中所表现出来的智慧和力量所叹服,并深刻感悟人类在发现自然界最普遍基本运动定律的漫长历史中所形成的一整套科学思想和科学方法"[9]。物理课程还具有某种外界的目的赋予的社会工具性价值,比如通过中考、会考、高考等层层物理学科考试升入大学,以便将来成为物理学或相关专业的专门人才做好准备。以此相适应的,物理课程的内容存在着一味地强调系统性与完整性的弊端,从而不同程度地忽视了学生自身的兴趣与发展需求等外在价值取向。"化学是研究物质在原子和分子水平的变化规律以及变化过程中的能量关系的科学”[10]，系统地化学知识学习使学生了解物质的组成、结构、性质及其变化规律，熟悉数以百计的化学元素及其所组成的万千化合物和无数制剂、材料的原理与性质，在此基础上逐步综合应用有关的多种科学知识对酸雨、臭氧层的破坏以及水污染、环境污染等社会问题提出明智的治理办法。为此，在化学教学中，设置探究性内容，学生针对所感兴趣的问题，通过自己的探索活动提出个人的解决方案并加以实验验证，培养学生的知识创新能力。引导学生认识化学在制造了大量自然界本不存在的物质的同时，也对自然环境造成了很大的破坏，为了传承人类的文明，必须时刻反思科学对人们的意义与价值，以达成人性的完善。生物课程的学习有益于满足学生日常生活的个人需要，帮助学生解答周围的社会现象与问题而改善人类生活质量，研究人和自然环境的关系并以当前的社会问题为基点探讨道德、伦理、价值等关乎人类生存质量与幸福生活的论题。历史教育通过帮助学生了解过去，认识现在，并理解过去与现在之间的联系而作出正确的人生选择，形成并完善个体的人格。其次，为学生参与社会生活做准备。“通过使学生了解人类在社会发展中所作出的各种重大贡献与抉择”[11]而意识到自身肩上的使命与责任，据此在日常生活中作出正确的社会选择而成长为富有责任的公民。再次，为日后的职业取向作准备。学生通过对不同历史时期各个领域的丰富背景资料和范例的学习，“形成分析、判断、比较、思考的能力”[11]，为以后所从事的职业做好基本的知识与能力储备。地理教育首先可以使学生获得基本的地况地貌知识与观察、观测、实验制作等技能，这些知识技能不论对于个体的衣食住行还是日后所从事的社会实践活动都具有切身的利益与价值。其次，学生通过对地理知识的学习而认识“分析、综合、抽象、概括、推理等基本思维形式，与地理学科内在逻辑融合之后”[12]，形成特有的地理思维方式。再次，地理学科教学可以使学生意识到人类有义务尊重自然界中有生命和无生命的一切，把伸张正义的涵义扩大到对整个地球环境的关心和爱护而自觉树立环境伦理观。地理学科把学生置于国际大背景下思考和分析本国、本地区的现象与发展，引导学生从全球范围以及人与物相互依存的角度去认识和把握现实世界，从而“学会尊重与理解、竞争与合作、关心和交往”[13]等全球意识与国际视野。音乐的动人之处就在于对生命的真诚与执著，音乐以人的生存意识为中心，体现人的本质，表现人的情感，并以真善美塑造人的心灵。其一，音乐教育的重要价值就是审美教育，“丰富学生的审美情感体验，使其具有一定的审美能力，让生活变得丰富多彩，人类日益文雅并充满爱心”[14]。其二，音乐具有创造性发展价值。作曲、表演和听赏的过程就是音乐全部的创作过程，就学生而言，“无论是表演或者欣赏的过程都必然伴随着创造性的表现而产生丰富的联想和想象”[15]，以及音乐的不确定性也给予学生想象力和创造性充分发挥的空间。此外，音乐教育具有表现与社会交往的价值。音乐如同一根纽带把不同国度不同地域的人们联系起来，尽管人们素不相识远隔万里却可以共享美妙的音乐，却可以同时深深地陶醉于一段动人的乐曲与美妙的旋律。通过对人类凝聚着真善美等价值追求的美术作品的欣赏与学习，能够陶冶学生的情操，提高审美能力。“美术能以一种再造的环境和氛围唤起人们更为微妙的感受和体验，从而引导学生参与文化的传承和交流。”[16]美术课程通过丰富学生形象储备而发展学生的感知能力和形象思维能力。我们知道，仅有理智和知识并不能使人幸福，美术以其特有的形、色、质唤起人们的情感体验，以维系人们内心的和谐与人性的完善，幸福才有可能。“体育课程对于学生最直接、最显著的价值，是促进身体的正常发育和身体健康水平的提高。”[17]人在运动过程中，情绪和各种心理感受都会发生相应的变化，运动实践使得学生获得体育与健康知识和技能的同时，还能提高个体心理健康水平，进而增强适应社会的能力。

随着知识经济与信息社会的到来，学科课程的学习已经不再是人们获得各种知识、技能和能力的唯一渠道，也不再是人们谋求生存和工作所必需。教育更为关注学生的生活质量与生命品质，如何体会学科课程之于个体成长的内在价值，如何在学科课程中领略学习的乐趣乃是学科课程之于学生幸福的价值诉求，毕竟，健康的身体与健全的身心对于任何一个人的人生幸福都是不言而喻的。

单纯“灌输”与“接收”课程知识的过程如同复制陈旧的历史与俘获个体身心一样，迫使学生沿循他人的视野看世界，逼迫学生接纳他人的观点与思想，误认为标准答案就是学科课程的标准，也就是衡量现实世界的准绳，忽视了世界本身的复杂性，自我与他人所固有的丰富性。可见，人与课程知识的关系不再纯粹是“发现知识”与“占有知识”的过程，而要探寻并建构人与课程知识的意义关联。这样，课程知识的绝对正确性和价值无涉开始遭到质疑，逐步从“灌输”与“接受”为主转而走向“理解”与“探究”，试图以开放的心态和批判的精神全方位地审视课程知识与人的生存之意义关联，以使人之生存日趋人性。就学科课程的变革，“要基于探究原则和学科逻辑的内在要求加以重建，并从学科的视界对生活作出独特的解释，建构出独特的意义，才有助于学生的个性发展”[3]。

（二）领略学习的乐趣——一个学科课程的案例研究

从我国古代的“六艺”（礼、乐、射、御、书、数）到古希腊的“三科”（文法、修辞、辩证法）“四学”（算术、几何、天文、音乐），再到近代以赫尔巴特为代表，基于夸美纽斯、洛克和卢梭所倡导的学科教学思想，为适应迅速发展的资本主义工业大生产，以培养人“多方面的才能”为理论依据，提出设置多种课程的教育主张，由此奠定了学科课程的学科地位与教育价值。而今,学科课程早已成为世界各国学校教育的主流,处于每所学校的主导地位,陪伴着每个儿童整个的童年时光。下面我们介绍一堂精心设计的公开课,旨在学科课程中灌输探究意识,启迪创造智慧。通过教师引导,学生自主探究而激发学生的好奇心,提高他们浓厚的学习兴趣和探究意识,以及对科学实验的关注和热爱,从而初步建立"世界是物质的,物质是不灭的、永恒存在的"辩证唯物主义物质观。

1. 教学现状分析

这里主要介绍上海浦东新区某中学一位具有20多年教龄的高级教师执教的化学课。由于初三(2)班学生整体有着较强的理解能力,思维比较活跃,具有丰富的想象能力和探究实力,学生已经认识了元素符号、化学式的书写和含义,知道近十个左右的化学反应并能熟练写出相应的化学反应式。能够比较清晰区别出分子和原子,了解问题探究的基本程序和环节。鉴于此,谢老师意在与同学共同探讨质量守恒定律的过程中理解质量守恒定律的含义和简单应用,感受探究学习的环节,提高学生想象、抽象思维和分析、推理的能力;通过演习原子是化学变化中的最小微粒的行为表象,感受微观实质与宏观表象之间的联系,进而从微观的角度分析一切化学反应遵循质量守恒定律的本质原因。质量守恒定律是初中化学中的一个重要化学规律,是分析物质在化学反应中的质量关系的理论依据,它的应用贯穿于整个中学化学。本节内容在初中化学里有着承上启下的作用。鉴于学生已经掌握了元素符号、化学式、分子和原子等初步知识,对化学反应的认识开始了从"质"到"量"的过渡,也为之后化学方程式的书写和计算的教学奠定了学科基础,所以本节课的内容不仅是本单元的一个重点,也是整个中学化学的教学重点之一。

2. 教学思路设计

学生在教师引领下追寻学科发展的历史足迹,探寻事物演变的历程与趋势,便会获得一种对该学科知识的亲近感,增强他们主动求知、探索的欲望,也获取一份仰望天空的勇气。学科课程中渗透探究意识其目的在于通过启发、引导学生自己去"发现"和"研究"问题的过程中独立地掌握科学知识并保持"一种对新奇事物的兴奋感,其程度要高到足以吸引最能干的人到科学探险的事业里来"[18]。古今中外不乏仁人志士,或许由于中学时代一堂精彩数学课的启发而立志于歌德巴赫的猜想,或许由于痴迷于某个奇特的现象而献身于探索微观物质世界的奥秘,或许被博大精深的文化吸引,或许沉醉于美妙绝伦的艺术作品,或许受到物质世界的启迪,或许被历史人物深深的感染与震撼……都足以激发学生最原始、最本能的研究热情与冲动,都足以触动他们本能的创造欲望与激情,甚至可能会为此立志终身。

学科教学并不是让学生简单地接受所有的学科知识，而是让他们通过研究、发现而形成批判性思维，逐步形成检验、证实真理与事实的科学创造能力。“也就是说在充分论证学科知识正确性和绝对意义的同时，也需要适当说明它的发展性和相对意义”[19]，使得学生从发展的高度把握事物的本质，以培养科学创新精神与钻研能力。对于初中生而言，在化学课上运用探究学习的方式还处于启蒙与尝试阶段，不宜步子过大或者难度太大，要根据学生现有的认知水平和心理特征，分小步按阶段尝试进行。以教师引导下的实验为基础，以思维为重点进行合作探究式教学。着重体现新课程标准下的教学理念，体现学生在探究学习环境下的合作与交流。主要突出以实验为基础，引导科学发现；以思维为核心，开展问题探究；以学生为主体，促进知识内化；以小组为单位，建构研究氛围四个特征。采取实验探究法：变抽象为形象，激发兴趣，化难为易；合作学习法：通过交流讨论，合作实验，提高合作互助的团队意识，形成合作学习的氛围，增强自主合作探究素养；信息技术与课程整合法：化抽象为具体，提高学生的想象力；讨论归纳法：培养学生的分析推理能力、归纳总结能力等。具体教学环节按照创设情境→发现问题→大胆猜测→提出假设→设计实验→理论分析→得出结论→理解应用。正如下面的教学流程图详细地展示了这堂化学课所遵循的步骤与设计思路：

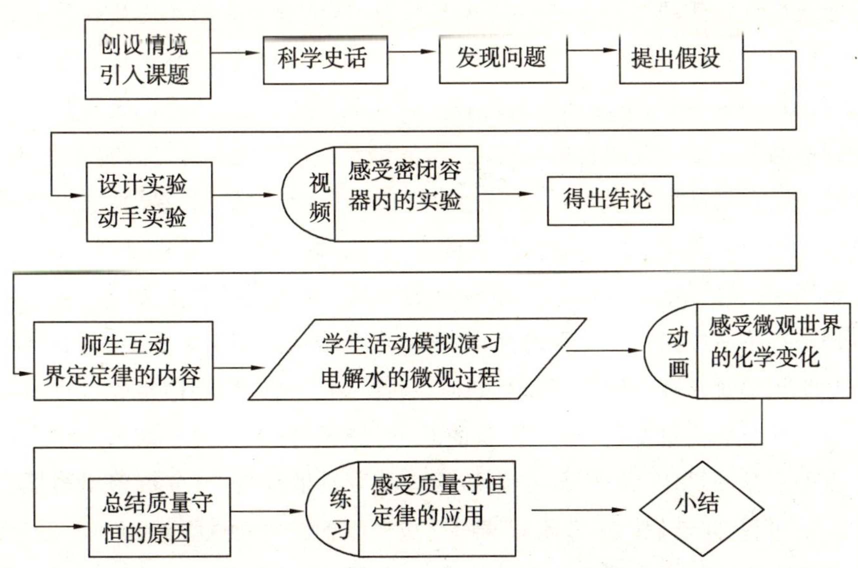

3. 教学过程描述

上课伊始,映入我们眼帘的是一幅生活中曾经常见的图景:洁白的桌布上面放着一根燃烧的蜡烛和一盒火柴,随后蜡烛化为一堆蜡烛油。这时,老师问学生"一根蜡烛放在空气中燃烧,最后变成了蜡烛油,在这个过程中质量发生了什么变化?"有的学生说"质量不变",有的说"质量减少"。老师启发道:"燃烧的蜡烛变成了蜡烛油,质量没有改变?" 于是,同学们同声地回答到"质量减少了"。接着,大屏幕上打出了这样的史料:1673 年,波义耳将金属放在空气里燃烧,结果发现反应后的固体质量增加了;1756 年,罗蒙诺索夫在密闭容器中煅烧金属锡时发现煅烧前后容器及物质的总质量不变;1777 年,拉瓦锡重复罗蒙诺索夫的实验,得出了什么结论呢? 三位科学家又在研究什么问题呢? 由此引出本节课要研究的主题:化学变化前后物质的质量是否发生改变? 作为探究同学们大胆地提出了自己的猜测:化学变化前后物质的质量增加、化学变化前后物质的质量减少、化学变化前后物质的质量不变三种假设。

下面进入到设计实验,学生动手做实验以验证假设的阶段。第一个实验探究硫酸铜溶液与氢氧化钠溶液反应前后的质量变化。同学们分成四个小组,首先小心地把硫酸铜溶液与氢氧化钠溶液倒进有刻度的量杯里,轻轻地放在电子秤上称量反应前硫酸铜溶液与氢氧化钠溶液的质量,认真地观察并精确地记录下化学反应前物质的质量。然后把两者混合,等化学反应结束之后再称它们的质量,同学们惊喜地发现物质的总质量不变。第二个实验探究大理石与稀盐酸反应前后的质量变化,精确称量大理石与稀盐酸的质量之后,小心翼翼地把称量好的稀盐酸滴入盛有大理石的烧杯之中,仔细观察两者发生化学反应时的变化,变化结束后再精确地称量化学反应之后物质的质量,同学们惊异地发现物质的总质量减少了。同学们完成了两组实验之后,老师就刚才实验的情况进行总结,分别请同学回答了第一组和第二组实验的结果,指出了同学做实验时存在的问题并现场严格地按照化学实验的操作步骤,规范地重新演示了一遍这两个实验,使得学生了解自己存在的问题以及如何改进。通过密闭容器内实验大理石与稀盐酸反应前后的质量变化,得出物质的总量仍然保持不变这一结论。结合学生自己做的实验反思什么原因导致化学反应前后质量减少了,分析密闭容器内演示实验的过程,同学们得出密闭容器中反应产生的二氧化碳无法跑出容器,而敞口容器中产生的二氧化碳气体都跑到空气中了,所以称出的重量就相对密闭容器中进行要减少的。其实质仍然是化学反应前后物质的总质量保持不变。由于第三个实验存在一些危险，所以教师没有让学生做这个实验，而是自己演示、讲解操作步骤并与同学们共同观看第三个探究白磷燃烧前后质量变化的视频实验。首先在一个锥形瓶底部铺一层细沙，将一小块白磷放在细沙上，试塞住锥形瓶口橡皮塞上的玻璃棒正好能接触到底部的白磷。将装有细沙、白磷，带有橡皮塞、玻璃棒的锥形瓶整个放在天平上称量，天平达到平衡后，取下这套装置，打开装置上的带有玻璃棒的橡皮塞，在酒精灯上加热玻璃棒的前端，当玻璃棒灼烧至红热时迅速插入锥形瓶中并塞紧橡皮塞，可以看到白磷在锥形瓶中燃烧产生白色的烟，待反应停止，锥形瓶冷却后，重新整个放回刚才的托盘天平上，可以看到天平仍然处于平衡状态，这说明反应前各物质的总质量与反应后各物质的总质量是相等的。并对之前介绍的“1673 年，波义耳将金属放在空气里燃烧，结果发现反应后的固体质量增加了”这一史料进行了分析，指出其问题所在以及何为正确的结论，使学生对每一个遇到的现象，每一份资料都有正确的认识并了解其中的缘由。师生从生活情境入手，回顾化学学科的历史发展，发现问题并提出假设，根据实验设计并亲自操作而得出质量守恒定律，界定为参加化学反应的各物质的质量总和，等于反应后生成的各物质的质量总和。

接着进入到学生模拟演习电解水的微观过程。六位同学在老师的指导下分角色扮演电解水的过程，四个学生头上戴着标有大写的 H 以示这是一个氢原子，另两位学生头上戴着标有大写的 O 以示这是一个氧原子，当老师发出口令“请你们快速地结合成水分子”时，六个代表独立原子的学生在同学们的笑声中慌乱而有秩序地走到各自的位置上以示他们成功地结合成了两个水分子。当老师说：“现在我让你们分解，马上分解。”于是，六个代表不同原子的学生分别自信地跨出一步以示他们分解为各自独立的六个原子。老师接着说：“请你们在通电流的情况下迅速结合成两种新的分子。”六个学生你看看我，我看看你，似乎在思考，似乎在猜测，我站在你的左边，他又挤到我的右边，似乎在探究，似乎又在质疑，伴着同学们阵阵的笑声，随着老师鼓励的眼神，终于组合成两个氢分子与一个氧分子的队列，六位同学笔直地站在各自的位置上，稚嫩的脸上露出了纯真的微笑，头上大写的 H 或 O 标志也仿佛在述说着化学的魅力，诠释着科学的奥妙与神奇。

整个过程使学生深刻认识到原子是化学变化中的最小微粒，分子是可以分割的，而原子是不能分割的，但是可以重新组合，化抽象为直观，使学生从微观角度真正体验化学的实质，既启发了学生的思维，也培养了学生自主合作探究的科学素养。

随后，以动画的形式强化学生对微观世界的化学感受。就学生分角色扮演的经过以原子模型的动画形式重新演示其变化过程，形象而逼真地演示出六个原子如何组合成两个水分子，在通电的情况下两个水分子迅速分解为六个原子并重新组合成两种新分子的过程。再一次使学生清晰地认识到原子、分子之间的关系以及化学变化的本质，更加深切地感受到微观世界的奇特与魅力。

从创设情境引入课题，到历史回溯发现问题，就问题提出大胆的假设，再到设计实验、操作实验以验证假设，通过视频大理石与盐酸的反应与学生的实验进行对比，采取对照实验的科学方法说明学生所作的第二组实验中发生化学反应之后物质的总质量减少的原因以及“1673 年波义耳将金属放在空气里燃烧，结果发现反应后的固体质量增加了”的问题所在，进而指出拉瓦锡实验发现了质量守恒定律，并说明一切化学反应都遵循质量守恒定律。归纳出由于化学反应前后，原子的种类没有改变、原子的数目没有改变、原子的质量也没有改变等原因导致化学反应前后物质的总质量不变这一结论。总结出分子可以分割成原子，原子作为化学变化中的最小微粒虽然不能再分割但可以重新组合成新的分子这一化学变化的本质。借助学生角色扮演而直观、形象地感受微观物质世界的化学变化，并通过动画模型以强化学生的这一感受，体会化学课程的科学性与研究性，感受学科课程的学习乐趣与探究魅力。不失时机地以波义耳所做的化学实验为例，教育学生如果对某个化学现象或者某个问题感兴趣，要采取各种不同的方法，在各种不同的情境中进行实验验证，才能有所发现、有所创造，经历了常人无法经历的艰辛的同时也创造了真正的奇迹，体验到他人体会不到的极致幸福。

下面一个环节是练习质量守恒定律的应用。先让学生解释之前做过的镁带燃烧的实验，为什么镁带燃烧前后质量由 0.24 克变为 0.40 克呢？根据质量守恒定律，参加化学反应的物质有镁和氧气，也就是说，参加反应的物质的质量总和是镁的质量和氧气的质量总和最终应该等于生成的氧化镁的质量，即 $M(Mg) + M(O_2) = M(MgO)$这样一个等式。因为这是一个化学变化，而所有的化学变化都遵循质量守恒定律，因而镁带的质量加上氧气的质量总和才等于生成的氧化镁的质量，即可说明镁带燃烧之后质量反而增加了这一化学现象。那么，质量守恒定律在现实生活之中又有哪些用途呢？假如有这样一则广告：“水变汽油、柴油，经济收入惊人，技术转让，请有识之士加盟。”老师问学生：“如果你是老板，你是否加盟？请谈一谈你的想法？”一个女生站起来肯定地说：“我不会加盟的，因为水是由氢元素和氧元素组成的，而汽油、柴油等主要成分是碳氢化合物，水里面没有碳元素，根据质量守恒定律水是不可能转化为汽油与柴油的，所以这是一则具有欺骗性的广告。”通过辨别虚假广告的练习，让学生认识到化学变化中的质量守恒在日常生活中的重要性，以达到理论联系实际，联系社会生活的学科教学目的。接着，老师又在大屏幕上打出这样一道练习：某有机物在氧气中燃烧生成了二氧化碳、水和氮氧化物，你能猜测出这种有机物的元素组成吗？一个学生立刻站起来说：“一定有碳元素、氢元素和氮元素，可能有氧元素。因为二氧化碳里有碳元素，水里有氢元素，氮氧化物里有氮元素，根据质量守恒定律，化学反应前后原子的种类不改变，元素的种类也不会改变，所以一定含有碳、氢、氮三种元素，可能含有氧元素。”老师和同学们都对这个学生的回答表示认同与赞许。

通过这个练习使学生掌握从已知的反应物或生成物的元素组成推断未知物质的元素组成，培养学生观察生活、分析问题的能力。

在老师的指导下，学生又完成了这样几道练习：

① 下列叙述正确的是(B)

A. 因为“质量守恒”，所以煤燃烧后产生的煤渣的质量一定和所用煤的质量相等。

B. 铁丝在氧气中燃烧后，生成物的质量比铁丝的质量增加了。

C. 100 克酒精和 100 克水混合在一起后，质量等于 200 克，符合质量守恒定律。

D. H_2 和 O_2 形成混合物的质量等于其反应后生成水的质量。

② 思考：某物质在空气或氧气中燃烧，生成二氧化碳和水，则该物质的可能元素组成是________。 答案：$A+O_2 \longrightarrow CO_2+H_2O$

③ 蔗糖在隔绝空气的条件下加强热，生成二氧化碳和水，则在蔗糖的组成中一定含有________元素。 答案：蔗糖$\longrightarrow CO_2+H_2O$

进一步强化化学反应前后，元素的种类不变这一依据。

④ 蜡烛燃烧前的质量为 a 克，燃烧后的质量为 b 克，生成的 CO_2 为 c 克，水蒸气为 d 克，则产物共<u>c+d</u> 克，参与反应的 O_2 的质量为<u>c+d−a+b</u> 克。

蜡烛+氧气$\longrightarrow$二氧化碳+水

$a-b$　　　　　　c　　d

⑤ 实验室用 2 克氯酸钾和二氧化锰的混合物共热制氧气，充分反应后称量反应后固体混合物的质量是 1.04 克，则反应中生成氧气<u>0.96</u> 克。

学生准确地完成了上面的五道题之后，进入到化学反应前后原子的种类和数目不变这样的拓展问题练习。

⑥ 神舟四号的成功发射与回收，表明我国的航天技术已有了突破性进展。在飞船的火箭推进器中装有液态肼(用 X 表示)和液态双氧水，它们混合时的反应方程式为：$2H_2O_2+X \longrightarrow N_2+4H_2O$，则肼(X)的化学式为($N_2H_4$)。

⑦ 已知黑火药爆炸的原理可用下式表示：

$S+2KNO_3+3C \longrightarrow K_2S+N_2+3X$

X 的化学式为 CO_2

⑧ 根据化学方程式：$3Cu+8HNO_3 \longrightarrow 3Cu(NO_3)_2+2R+4H_2O$

推断 R 的化学式：NO

经过了大量的应用、思考与拓展问题的练习，学生已经充分理解了分子分割产生原子，原子的重新组合形成新的分子这一化学变化的实质，完整掌握了化学反应前后原子的种类不变、原子的个数不变、原子的质量不变这一质量守恒定律。能够运用这一原理解释所遇到的化学现象，把所学到的学科知识用于解决日常生活中所遇到的问题。教师以“人类为什么要研究化学变化过程中的质量守恒?”这一问题引发学生继续这一课题的思考，并一再强调我们学习化学反应，不仅要定性地知道物质之间可以进行化学反应，同时还要定量地认识到得到一定量的新物质，需要多少原料，产生多少污染，以便更好地利用物质之间的反应造福于人类。而今人们开办的各种化工厂都是利用质量守恒这一伟大定律来采购原料的。……清脆的下课铃声打断了老师精彩的言说，阻止了学生生动的表演，唤醒了我们沉溺已久的思绪，留给学生、老师以及听课的我们却是久久地回味与不尽的思索……

4. 教学结果发现

无论是生活情境的创设，还是科学史话的介绍，为的是发现问题并提出假设。从设计实验到动手操作，再到变换实验条件，观摩规范操作，从而得出科学的结论并界定定律的内容。无论是学生分角色模拟演习电解水的微观过程还是观看动画以感受微观世界的化学变化，都直观、形象地从微观的角度体验化学的实质与神奇。经过总结与归纳，将宏观反应与微观解释联系在一起，从本质上掌握化学变化中的质量守恒并建构知识体系，通过各种不同类型的练习以巩固所学的知识并掌握其应用范围。整堂课学生时而睁大好奇的眼睛，时而不解地皱着眉头，时而盯着变了颜色的试液，时而怀疑地互相对视，时而认真地记下电子秤上的刻度，时而开怀大笑，时而信奉地点点头，时而无比崇拜地凝视着讲台上的老师……这节课是那么的愉快、自由，每个环节、每个步骤包括所举的例子都似乎信手拈来轻松自然，殊不知，这样的课老师课前付出了辛勤的汗水，为了要言之有据所列举的例证翔实而必须翻阅大量的资料，并根据学生的接受能力与认识水平进行筛选，选择切题而又符合学科课程原则的史料与例证才能换来生动、自由的教学氛围。而这样的教学“正是儿童所向往的。儿童对充满现象、富有戏剧性的东西和能给他们带来强烈情感体验的东西最有兴趣，也最容易接受”[20]。这也无疑是化学作为课程资源优于其他课程的独到之处，也是其关注儿童个体成长的独特之处。

始于18世纪60年代，以蒸汽机的广泛应用为标志的第一次技术革命，到发生于19世纪70年代，以电力的广泛应用为标志的第二次技术革命，以及始于20世纪40年代，至今仍在发展的，以原子能、电子计算机和空间技术的广泛应用为标志的第三次技术革命，都证明了科学技术的伟大力量，都印证了科学技术之于人类福祉的决定作用。而今随着科学技术的迅猛发展，知识与信息量的急剧增加，未来的文盲将不是目不识丁的人而是没有掌握科学的方法去解决实际问题的人。学科教学要在传授学科知识的同时培养学生的观察力、想象力、思维力和创造力，因为学科课程“不仅可以学到作为知识活动结果的知识结论，而且可以学到反映在认识活动过程中的研究方法，从而学到运用知识和发展知识的方法”[21]。“科学方法是人们发现真理和改造自然的桥梁和手段。”[22]科学研究必须建立在大量的科学实验基础上，充分发挥想象与科学思维，有效地透过现象，分析各事物之间内部的联系，挖掘并抽取隐藏在现象背后的本质，进而对纷纭复杂的现象给予清晰的说明与解释。因而在特定的情境下激发学生的想法、观点，捕捉学生瞬间的思想火花极为重要。因为，思想的火花、精彩观念的诞生都是瞬间的、情境化的，后来的描述也许只能称为一种回忆与解读，而绝非创造性的知识建构。教师如何借助自己的观念对学生进行富有个性的、充满智慧的启迪，而使学习者在特定的情境中诞生自己的观点的教学，对于学生的成长具有不可替代的价值。

学科课程的任务不仅在于传授学科的理论知识和实践技术，还在于通过介绍学科的发展事件、历史渊源而再现学科的思想演变，使学生吸取渗透于知识之中的科学思想而形成对诸如主观和客观、理论和实践、人类和自然、个人和社会等一系列根本问题的正确认识。从1673年波义耳所做的实验到1756年罗蒙诺索夫的实验，再到1777年拉瓦锡所强调的“一切都要从事实出发来讲话”，即使面对富有声望的前辈如波义耳和罗蒙诺索夫等所做过的实验以及得出的结论也不轻信，而是自己重新实验以得出科学的结论，这才创造了化学史上具有颠覆意义的质量守恒定律，质量守恒定律这一伟大的发现也创造了一段科学佳话，体现了一位科学家的执著和为科学献身的精神。正如一提到放射性元素人们就想起居里夫人孜孜不倦的研究精神，谈到相对论就难以忘怀爱因斯坦的痴迷，他们在学科领域的功绩连同他们为真理而献身的高尚情操，科学而严谨的治学态度，一同滋润着儿童幼小的心灵，给予他们多方面的养育与教诲。

在人的一生中，童年时期是最为重要的。一个人的性情与人格、智慧与追求、心胸与视野，很大程度上都是在这个时期奠定的。毕竟，儿童既有探究的天性，又有犯规的习性，既有学习的需求，又有玩耍的本能，因此教育不能无视儿童现实的处境和身心的需求，让他们在实践中不断尝试、探索，在教育过程中自我学习、磨炼，从而自己选择成为什么样的人并把握安身立命之根本。此外，还要养成儿童对他人、社会和民族的深厚感情以及报效的情怀。如果每个儿童都有关心、关注国家的前途和命运的情怀，那么，我们的未来也就有了根本的保证。试想，一个儿童在学校里，在童年时期，能够经常接受这样的教育，经历这样的课堂，是一种怎样的幸福呢？或者说，一个儿童，如果在童年时期错过了这样的课堂，如此的教育，又是一种怎样的遗憾？我们只能祈愿更多的儿童能够体会这种幸福，而不是去明了那份遗憾。

二、综合实践活动课程中体验探究的魅力

（一）综合实践活动课程之于学生幸福的现实蕴涵

19世纪末至20世纪初欧美以及日本等国从儿童的自身经验和儿童生活出发，以杜威实用主义哲学为理论支撑，编制出学科知识统一于儿童活动之中的综合性课程，第一次将课程综合化思想推向了高潮。20世纪70年代以来，联合国教科文组织发表了一系列强调教育回归生活世界、培养儿童社会实践活动能力的报告、文件，并确立了“学会认知”、“学会做事”、“学会共同生活”、“学会生存”四个面向未来的终身教育宗旨。随着20世纪80年代的到来，概念重建运动试图创建一个开放的、多元理解的、不断创生和丰富的课程领域的价值日益凸现出来，课程研究的焦点开始从渐进的、实践的课程开发转向课程理解，人们把课程置于一个广阔的背景下予以理解和诠释，视课程为具有现象性、美学性、国际性、历史性和文化性等特征的复杂会话，人们可以参与到这一会话之中，从不同角度

认识、述说、反思并探究课程，这样，课程不再是等待阅读与表征的静态文本，而是供多维度考察的动态会话，引导人们建构更具深度的课程理解并给予合理的解释。在此背景下，世界各国的课程改革更加关注向“生活世界”回归，拆除学校、家庭、社会、自然之间的藩篱，让儿童能够自由地与教师、与家长、与社会、与大自然对话，在对话过程中运用自己的知识和经验了解他人，认识社会，关注自然。1986 年召开的第 40 届国际教育大会《最终报告》进一步指出：“为了应付现代世界的挑战，科学教育应该少一些以这一门学科或那一门学科为中心，反之，应该显得更加综合化和更具跨学科性。”

“综合实践活动课程”的内容主要涉及研究性学习、社区服务与社会实践、信息技术教育、劳动与技术教育等。具体目标包括：学习解决问题的基本方法，掌握基本的生活技能；参与家庭、社区活动，体验社会责任；走进并认识大自然，增进关爱自然、保护环境的意识；培养积极而负责的生活态度，发展主动获取知识和信息的能力，养成自主解决未知问题的态度与习惯。在综合实践活动课程中儿童探究世界的途径至少有两条：其一，儿童在教师引导下进入问题情境并确立要解决的问题，就问题提出各种预设及相应的解决措施，教师指导学生通过现场观察、访谈、网络等收集信息并对获取的材料进行整理、归纳与概括，确定所要解决问题的假设并设计方案，具体实施研究过程并得出相应的结论验证最初的假设，对研究过程进行总结及撰写报告，采取墙报、展览、研讨会或口头汇报等形式进行研究成果的汇报与交流。可以说，这是一种自“启蒙运动以后受科学的影响而发展起来的”[23]“科学地”探究世界的途径。其二，儿童在成人引领下进入社会，走进大自然，以儿童自身的眼光观看、倾听他人，欣赏、观察现象，进而反思并描述所看到的世界，理解并反省世界的“诉说”，从而更客观地认识社会，理性地看待自然，丰富而完整地表述自身的“诉说”。“无论西方欧洲大陆的现象学和存在哲学所倡导的悬置既有成见，让世界‘在场’并‘诉说’的思想，还是我国儒家关于‘天人合一’、‘泛爱万物’的主张”[23]都是这一“艺术地”探究世界的重要认识论基础。

综合实践活动课程并不在于传统意义上的“传道、授业、解惑”，而在于通过师生的合作“激发”出学生自己的问题，只有“激发”出来的问题才是学生“视域”中的问题，也意味着学生作为思想主体真正参与到教学的过程，意味着在教学过程中每个学生的思想与教师以及其他学生相遇、碰撞、冲突并融合的过程，这说明综合实践活动课程不是一次性地解决问题而意在把学生引入属于他们自己的

“问题”之中，并通过指导与帮助不断扩大他们的“问题意识”。“问题意识”是个体学生走进世界、认识世界进而关爱世界的起点，任何研究都要有对象，即需要探究的“世界”。作为探究对象的“世界”必然充满着疑问与问题，正是那些萌生于儿童头脑中的对世界及其事物的“好奇”与“疑问”把他们引入对世界的“探究”与“研究”之中。这样一个满足儿童好奇之心、切合心灵思索、充满“问题”的世界才真正属于儿童自己的世界，进而“内在地、实质性地把学生个体与外部世界连接在一起”[24]。

作为以“问题”为中心的综合实践活动课程，乃是一种开放性的课程形态，一种广延性的课程形式，一种创生性的课程存在。这种开放性体现在课程追求的不是确定性的知识或结论，而是建立在一定知识基础上的对广袤世界的开放性的“问题意识”，课程实施过程就是把个体带入对他人、对社会乃至于整个世界的“问题”之中，学生经由教师的指导，家长、社会人士的帮助，在探究这个“世界”的过程中产生问题并寻求解决问题的办法中认识世界、了解他人。课程形式的广延性主要指时间和空间上的延伸，课程内容不再局限于教材，而向图书馆、实验室、田野、网络、社区街道以及社会大课堂延伸。课程形式不再拘泥于学校授课，而扩展到访谈、观察、调查、实物分析以及座谈等各种形式。每堂课始于“师生课前必要的知识、经验和问题准备”，一堂课的结束往往预示着一个问题的起点而不是终点，不是要求学生简单地完成老师布置的课外作业而是通过“课堂上激发、累积起来的问题意识把他们引向课外、引向对世界的积极主动的探求与思索之中”[25]。这种积极主动的探求与思索不仅有助于个体在有限的教学活动中学会获取知识与信息，并对现成的知识进行思考、形成判断、提出质疑、进行选择，进而加以改造并灵活运用，提升创造意识与创造能力。

创造性活动是主体体验幸福感受并获取幸福能力所不可或缺的，因为唯有创造才有人类自由的合目的性的活动过程；唯有创造，主体才能更深入地参与教育活动，获得幸福的感受性就越强。“创造作为人的优秀能力的表现，作为制作世界中新的、前所未有的东西的力量，证明人的强大和他的无限可能性，而产生最高的精神享受。从审美观点看，创造——这是自行生长的美。”[26]在课程实施过程中，教师虽然有着受动性的一面，他要受到教育规律和种种客观因素的制约，但同时他又有着主动性的一面，他能利用各种有利条件和自己的主观因素，对教育活动作出最佳的选择，对教育过程作出最佳的设计，对教育对象作出最佳的挖掘。这就是创造，是教师对自身、对内容、对过程、对对象的创造，教师自身也在创造中发展。同时,学生也在进行着创造,这不仅体现在他们在教师引导下对知识的选择、消化和重组,而且体现在他们能够运用基本知识演绎复杂问题的探索。“如果创造性一词不被误解的话,儿童自己体验到的快乐,就是理智的创造性带来的快乐。”[27]通过创造,学生寻到了知识的源头、体验到了发现的快乐。通过创造,学生领略到创生的神奇,体验到了探究的魅力,并因此而获得了对幸福的真实理解。因为人之所以幸福,是由于他可以设计着自己的梦想;人之所以幸福,是因为他可以实践着自己的梦想;人之所以幸福,是因为他可以创造着自己的梦想。

(二) 体验探究的魅力——一个综合实践活动课程的案例研究

我国当前基础教育课程改革的一个重要举措是从小学至高中设置综合实践活动课程,以呼应基础教育回归“生活世界”的理念,以实现学校教育关注学生当下的幸福并致力于培养学生有能力追求人生幸福的教育理想。这里,主要介绍上海浦东新区某中学朱弘老师所设计的综合实践活动课程“上海石库门探寻之旅”这一案例。由于之前朱弘老师和初一(1)班的学生共同规划并完成了“我为老师的 office 出谋划策”这一探究课题,学生收获很多,意犹未尽,想把学到的知识延伸并拓展下去,于是开始寻找建筑方面的选题。在寻找建筑资料时,一篇文章登着这样一段话引起了学生的关注:“20 世纪 90 年代初期,上海开始了大规模的重建和开发。不少石库门老房子被拆除,取而代之的是一幢一幢的高楼,一片又一片充满怀旧风情的老房子渐渐消失,人们才意识到要去保留这些上海独有的艺术品。”[28]这时,学生们纷纷提出“为什么要拆除石库门”、“保留石库门有没有好处”、“我们可以在原有的基础上改造石库门吗”、“我们又能如何改造呢”,带着这些疑问,师生一起开始了“上海石库门探寻之旅”。

1. 研究过程描述

(1) 了解石库门

现在上初一的学生大都是 20 世纪 90 年代中后期出生的,几乎都没有见过石库门,也不了解关于石库门的情况,更谈不上住过了。所以第一步先让学生查找有关石库门的资料,了解它的历史由来、文化特征、建筑风格以及地理分布,以便对石库门有一个初步的了解。通过去图书馆查阅资料、上网搜索、购置图书等手段,学生们对上海石库门有了初步的认识。

上海的石库门住宅兴起于 19 世纪 60 年代的太平天国起义,由于战乱,江浙一带的富商、地主、官绅以及数以万计的苏南、浙北难民纷纷举家拥入上海租界寻求庇护。为了充分利用土地，外国房产商不再讲究雕刻，而是追求简约，建筑结构由多进改为单进，排联式中西合璧的石库门住宅应运而生。石库门脱胎于江南传统砖木结构二层楼的三合院或四合院形式，坡型屋顶带有老虎窗，红砖外墙，弄堂口有传统式牌楼。大门一圈石头的门框，二扇实心黑漆木门，配有一副铜环，门楣做成传统砖雕青瓦顶门头，外墙细部采用西洋建筑的雕花刻图，由此得名“石库门”。20 世纪 10 年代以后，老式石库门逐渐被新式石库门取代，新式石库门在外观与内部结构上都发生了很大变化，在占地面积与建筑用材方面都进行了合理化改进。到了 20 世纪 30 年代中期，随着新式里弄和花园里弄的兴起，石库门逐步沦为城市下层居民的栖身之所。如今，包括中共“一大”会址纪念馆前后南北两个地块“整旧如故”的新天地石库门已成为上海最时尚的渊薮，当你徜徉在上海太仓路黄陂南路的石库门弄堂，宛如身临意大利威尼斯的街坊。一门一景、一户一品，游客、店主、居民熙熙攘攘，创意、时尚、休闲相映成趣，一幅新时代的石库门文化画卷映入人们的眼帘。

石库门的主要元素有大门、天井、厢房、客堂、后天井、水井、附屋、天井围墙、厢房山墙和后围墙等。最早的石库门一般为三间两厢两层。[29]石库门里弄最多的时候有 9 000 多处，曾占上海市区全部住宅面积的六成以上。石库门的冷暖连接着时代的冷暖，石库门里的声音也就是历史的呼唤，传出历史的回声。[30]中国共产党诞生在望志路(今兴业路 76 号)一幢典型的石库门建筑中。位于茂名北路甲秀里的两层楼砖木结构石库门则是一代伟人毛泽东于 1924 年来上海时居住的地方。唐山路业广里老式两层石库门房子是夏衍旧居，记录了 20 世纪 30 年代旧居主人的革命生涯和石库门的“左联”情结。1931 年新华艺专教务长汪亚尘从欧洲返沪后也居住在泰康路北面的建中里 115 号石库门，并起斋名“隐云楼”。还有位于虹口区东横浜路景云里的叶圣陶旧居，著名作家茅盾、冯雪峰曾是叶圣陶的邻居，都为两层楼老式里弄石库门住宅。就连我国普通邮票第 23 组《中国民居》中的上海民居图案都是石库门的建筑。此外，上海许多名人的旧居都是典型的石库门，这里就不一一介绍了。

翻开一页页资料文本，打开一扇扇新奇的天窗，尘封的历史开启孩子们童年的想象，绚丽的文化吸引着儿童幼小的心灵，古老的建筑仿佛在述说着历史的沧桑，美丽的石库门似乎在呼唤着孩子们的到来。

(2) 走进石库门

带着憧憬与向往，满怀期待与好奇，朱弘老师带领学生们走访了位于上海卢湾区、徐汇区等地的石库门建筑群作实地建筑考察与历史文化探寻。考察主要分为两个阶段四个小组进行，第一阶段为朱弘老师带领初一(1)班的学生于2007年10月1～2号第一次走进了石库门。第二阶段为朱弘老师带着预备(3)和预备(1)班的同学以及部分学生家长于2009年5月1～2号又一次探访石库门。第一阶段的考察由老师带队于2007年10月1号早上8:00正式出发，路线是从茂名路经复兴中路靠近思南路的复兴坊，这一阶段的实地考察分为这样四个小组：第一组主要观察石库门的建筑特征，第二组考察石库门周边的居民生活环境，第三组负责对居住在石库门附近的居民或者游客进行无结构采访，第四组详细地勘察上海石库门中名人旧居里弄的名称、地址、样式并拍摄照片。

学生们了解到，居住在卢湾区的有些石库门小区的居民普遍认为那里的生活设施很多都是合用的，加上年时已久得不到及时的修缮，呈现出“脏、乱、差”的局面，公用的晒台很少，晾晒衣服很不方便。进一步考察发现走遍整个石库门小区就只有一个垃圾筒，因为垃圾筒太少，所以垃圾堆随处可见，令人难以置信的是很多垃圾竟被随手扔在屋顶上，再看外墙早已被大大小小的牛皮广告和涂鸦的痕迹掩盖了昔日的雕刻与装饰图案。很多老式弄堂太窄，如果发生火灾，消防车无法开进来，那将会付出惨痛的代价。走进石库门住宅，则惊奇地发现有些楼梯狭窄而陡，尤其夜晚上下楼十分不方便。有的同学发现了一扇不到1.6米高的门，给居民的出入带来诸多不便。住宅内公共设施陈旧，空间狭小，物品堆放杂乱，食物与用品堆放在一起，垃圾得不到及时的清理等弊端比比皆是。

走到卢湾区瑞金街道思南小区时，孩子们偶遇上海同济大学的教授夫妇，这对退休老教授热情地接待了学生们，和蔼、详细地回答了孩子们的各种问题。夫人感慨地说：“自解放前就一直居住在这个石库门的老房子里，现在是三家人共住，由于大家彼此比较熟悉，比较了解，有困难大家帮忙，邻里关系相处得非常好，就像一个大家庭一样，很有家庭气氛。相比而言，住在新式楼房里的人际关系比较疏远，或者根本不认识对方，像我们这种老年人会感到孤单与寂寞，楼层较高生活上也会有诸多的不方便。”教授接着说：“我们都是退休老师，早上起床后便去小区里锻炼身体，买菜，回来就打扫房间，有时也参加社区或社会活动，我刚才就是去参加了‘大学生运动会’的接待工作。”当然，他们也提到如果邻居关系处理得不好就会吵架了，另外，这种老房子的隔音效果不太好，设施比较陈旧，有利有弊的，最后，教授夫妇与师生们愉快地合影留念。当遇到外国游人时，学生们用简单的英语与他们交谈，然而外国朋友却用着生硬的汉语说：“这个地方很好,不需要拆掉,如果拆掉了很多东西都丢失了。"

学生们走到上海卢湾区幽静的思南路上,沿马路东侧的73号(原马思南路107号),是一幢西式小楼房,为三层花园别墅,这就是当年中国共产党代表团驻沪办事处,亦称周公馆。既然是当年党的驻沪办事处,为何又称周公馆呢?原来,这其中有一段曲折。1946年中共代表团租下了这幢房屋,原意是作为中共办事处,但国民党当局不同意。到了6月18日,从南京来沪的董必武果断地说"不让设办事处,就称'周公馆'",因此而得名。又看到在繁华的淮海路以南,思南路东侧的香山路上(原莫利爱路),坐落着一幢欧洲乡村式样的小洋房,这是我国伟大的民主革命先行者孙中山和夫人宋庆龄1918年至1925年间在上海的寓所。听附近的居民说,原来位于思南路87号的一幢坐北朝南的四层西班牙式洋房就是梅兰芳的故居。当年,虽不豪华却颇为温馨的小楼前,总是栽有不少花卉草木,前庭则有一片绿茵茵的草地,透着悠闲与舒适。由于近年来这里翻新的缘故,"老""旧"的质感已很难找到,不过却为我们寻找梅兰芳的足迹多了一份留恋。还有位于复兴中路553弄的何香凝旧居,孩子们激动地拍摄并驻足查看。途经复兴公园时,师生们稍作停留也查询这段历史,获取意外收获。上海复兴公园为本市唯一的法国式公园,基调为规则式园林布局。园内花木、乔灌木总数达140种、1万余株,其中以参天悬铃木之多而居本市公园之首,还有七叶树、椴树、枫香等名贵树木。位于公园中部的毛毡花坛,又称沉床园,一年四季以各种不同的花色或叶色,配合成地毯一般的图案花纹,故亦称地毯式花坛。加之彩色喷泉伴于其中,成为复兴公园的特色景区。公园北部高6.4米,重70多吨的马克思、恩格斯双人塑像,是1985年8月5日恩格斯逝世90周年纪念日落成的。在鱼阳里,一幢砖木结构的老式石库门房子,原是上海共产主义小组的活动场所。1920年8月22日,经陈独秀倡导,俞秀松、施存统、袁振英、叶天底、金家风等八人在这里宣告上海社会主义青年团成立,俞秀松任书记。1921年初,中国社会主义青年团成立,这里为团中央机关。

孩子们进一步观察到,瑞金路上思南小区的老式房屋以及位于淮海路上的鱼阳里石库门建筑,都有标准的石库门晒台和独有特色的木头百叶窗,上面有各种精美的石膏雕花。他们欣赏到一处最正宗的老上海石库门,所有的门楣上都有四个字,并且都带有一个"德"字,如:天命有德、德彰万邻、唯德是福等,既雅致又美观。此外,在大门、在外墙、在楼梯、在房间内壁、在天窗……随处可见典雅精美的图案,处处可寻昔日独特的艺术。

第二阶段学生们与家长、教师共同完成的石库门实地调查则制定了详细的“石库门探究调查问卷”，采取有结构访谈的方式，主要实地考察石库门建筑老房子的结构弊端，居民的建议等情况，回来后根据了解到的房子结构提出改进措施并设计、制作改进后的石库门草图，通过研究报告、家长、师生研讨会、话剧表演以及陶艺制作等形式展示研究成果，重温逝去的岁月，畅谈家长的感悟，聆听教师的体验并收集学生的收获。

除此之外，“石库门探究小组”的成员们带着各自的疑问，按照各自的研究意向不定期地走进石库门，不间断地向父辈们询问、采集石库门里的故事。

(3) 认识石库门

通过对“石库门里的一天”的情景描述，进行跨越时空的对话，借助一个个鲜活的人物，凭借一个个来自生活世界的故事，孩子们理解了他人、了解了历史，更认识了石库门的真正含义。

背景：记录发生在2007年石库门老房子里的人与事。

(涉及的人物：小昊—徐昊，陈阿姨—陈欣莹，顾嫂—顾洁云，张阿婆—张艾惟，欢欢—吕雪依，洋泡泡—陈梦凡，吕阿姨—吕思成，王伯伯—王励苇，晟晟妈—李晓烨，赵阿叔—赵旭旻，外公—张临池，周阿姨—周欣颖，诸大伯—诸正彦，小郭—郭晓霖)①

幕一：

场景：一幢石库门老房子外有水龙头，门前有两盆花，门上还有两副春联，内容是：开开心心迎新年，高高兴兴办奥运。陈阿姨手下有一个脸盆，里面有水，还有床单。

清早，小昊出门，看见陈阿姨在洗床单。

小昊：早上好！陈阿姨，饭吃过伐？

陈阿姨：吃啦！侬呢？

小昊：吃了吃了！早上好，顾嫂，侬早饭还没有吃啊！

这时顾嫂正在公共厨房里煮早饭。

顾嫂：早，呒没呢。陈阿姨，侬今朝哪能汏介许多的床单啊！

陈阿姨：是啊！吃力死我了！

顾嫂：你等一些，我吃好早饭，帮侬一道汏！

① 摘自笔者在上海浦东新区实验学校的田野日记。

陈阿姨：勿搭界咯，快汏好啦！

顾嫂：哎呀，都是邻居客气啥么子呀！（拿着早饭进去了。）

正在这时，张阿婆路过她们身边时不小心摔倒了。陈阿姨、小昊、欢欢赶忙跑上去搀扶。

欢欢：张阿婆，侬哪能了，掼到啥地方了？

小昊：张阿婆，侬要紧伐，假使啥地方疼就告诉我。

在一旁玩耍的小孩洋泡泡也上去帮张阿婆一把。

洋泡泡：阿婆侬没事体吧！

张阿婆：谢谢倷，我呒没事体！

陈阿姨：张阿婆下趟走路慢一点，有事体就叫阿拉好咪！

张阿婆：谢谢侬，我晓得了！

欢欢、小昊、陈阿姨把张阿婆扶了起来。洋泡泡把散落在地上的菜拾起来递给阿婆。

张阿婆笑了：谢谢倷，真是远亲不如近邻！太谢谢倷了。

因为张阿婆的摔倒，引来了很多邻居。

吕阿姨：哦，是欢欢吗。欢欢最近了忙啥啦，寻勿到侬吗！

小昊：对啊！我长远勿看到侬！

欢欢背着旅游包，笑着说：我去西藏旅游啦！

吕阿姨：原来长久勿看到侬，欢欢侬出去旅游啦。

这时，欢欢突然想起她旅游回来带来了很多礼物，于是把礼物分发给每一个邻居。

幕二：

场景：一幢石库门老房子外放着：板凳、竹椅、躺椅、蒲扇、一条较薄的毯子。夜幕降临了，石库门里的人都出来乘凉，天边留下一抹夕阳红，大家扇着扇子，说起了往事。

王伯伯：晟晟妈啊，侬还记得年轻的辰光吗？那个辰光啊，我天天登拉侬屋里窗下唱歌，结果侬屋里那一堆邻居冲出来倷我一顿臭骂。

晟晟妈：是啊，那时候大家拉海一道，人多地方少，挤啊，矛盾多啊。现在那些房子才叫宽敞，漂亮。就是，邻居都不串门，冷静得很。侬还记得那趟儿子来接阿拉去那面的住，没两天就回来了，还是勿习惯……

此时赵阿叔插话进来。

赵阿叔：就是，还是大家一道儿热闹呢。

洋泡泡缠着一位老人：外公，外公，阿拉石库门到底是哪能来的？石库门啥辰光有的啊？

老人：好，外公来帮侬讲，其实阿拉这石库门，历史非常悠久。唻啦太平天国的辰光，洪秀全挥师南下，江南这带的老百姓因为打仗，全涌到阿拉上海来了，一些外国的商人，趁机造了石库门，算起来这算最早的商品房了。这种房子，一开始有铜钿人才住得起，后来世道不好，有些人就做起了房东，倷一幢石库门分成好几家，租出去。这就变成了七十二家房客。解放后政府倷石库门分给了阿拉老百姓，所以阿拉屋里才能住搿搭地方。

洋泡泡（点点头）：葛么老早搿搭地方的生活也介开心啊？

老人：老早和现在可勿一样哦。（老人陷入沉思。）

洋泡泡：外公给我讲讲以前的事嘛。

老人们（王伯伯、晟晟妈、外公）转过头来：搿搭地方的故事多来西咯……

时间倒回到20世纪80年代，仍然是在这石库门弄堂。那时，小小的一幢石库门住宅中，往往要居住着七八户人家，每户人家的房屋面积小、水电合用、隔音差，大家都为能占用更多的公用面积而盘算着，彼此计较水电费用，如果有人大声说话，家家听得到。为此，矛盾时常发生。

剧一：公用面积争夺

背景：这里涉及的人物有毛豆子—张尊力，大妹—茅云清两人。毛豆子和大妹已经是十几年的老邻居了，生活中，两人却常常会为了“公用面积”而起矛盾。

大妹：这房子就是小啊！屋里东西已经堆勿老了。对了，索性放到走廊里去，正好占点地方！

茅阿姨倷箱子放拉走廊上，毛豆子屋里亭子间的门边上。毛豆子下班回来后，看见自家的门边放了一个大箱子，堵住了中间的路。

毛豆子：是啥人啊？有毛病啊，吃饱饭没事体做了，屋里厢着火了还是哪能啊，硬劲要倷箱子放拉人家这里……

大妹闻声赶来……

大妹：侬这个人哪能讲闲话介缺德！箱子是我的，哪能？

毛豆子：哪能？介许大的箱子放拉搿搭地方做啥，挡牢了我回去的路了。

大妹：侬搞搞清爽啊！这条走廊又不是侬一个人的？这是阿拉的公用面积，

每个人都有使用权的！

毛豆子：说到“公用面积”我就气，讲啥么公用面积，还不是又变成你屋里啦？才堆倷屋里的碗盏家什，破破烂烂，年纪还没大就已经开始像老头老太拾破烂了！

大妹：啥意思阿，侬讲讲清爽，啥破烂啊，瞎七搭八点啥么子！

毛豆子：唉！讲侬两句哪能了，明明是侬自家有错在先，抢了公用面积，妨碍了人家的生活，还好意思呀。现在，请侬把侬的箱子倷开！

大妹：我凭啥听侬的？侬是我的啥人啊？侬叫我做啥我就做啥啊？

毛豆子：侬这个不讲道理的人！侬的破烂倷回去！

大妹：我今朝就勿搬，哪能？

毛豆子：侬勿搬伐，相勿相信，我马上就倷箱子丢特？

大妹：侬敢！

毛豆子：是侬自嘎敬酒不吃吃罚酒的！（果真当场就把箱子扔掉了。）

大妹：好极了，让侬做得介绝！（说着，就上前和毛豆子厮打了起来……）

剧二：水费之战

（人物：张阿婆—张艾惟，来弟—孙嘉璐，朱家阿爸—朱玮）

张阿婆：啊呀呀！倷来看看哪，这个号头水费来了！

来弟：几钿啊？

朱家阿爸：啊？贵了5角啊！

来弟：勿可能！把我看看！

张阿婆：哪能可能贵介许多？

朱家阿爸：对啊，阿拉屋里老少用的啊，就平常烧饭，汏汏衣裳啊！

来弟：侬还讲得出口，上趟我就看到倷小鬼头拉水龙头白相水枪哦！

张阿婆：要死唻！

朱家阿爸：嘿，倷屋里勿是汏菜汏个五遍的，汏浴汏介长辰光的。我老早才没讲过，侬倒讲我了？

张阿婆：停，反正勿是我的事体，我一直老省咯，倷今朝一定要讲一讲是啥人屋里负责！我是肯定勿会多付一分呀！

来弟：我勿是帮侬讲了么！是伊拉屋里用得多！

朱家阿爸：七搭八搭！

来弟：等一歇，还有赵家没问唻？

朱家阿爸：对！讲不定是伊！现在寻他算账去！

来弟：葛么好唻，大家一道去讲讲清爽！

剧三：噪音矛盾

（人物：阿二头—高智威，面疙瘩—赵旭旻，大块头—唐芷晴）

阿二头：噢哟，当这个大块头的隔壁邻居就是触气，昨夜晚道又吵到半夜里，一家人家像是吃隔夜饭长大啊！

面疙瘩：阿二头，我看啊，伊拉肯定是存心的，白天勿吵，天天晚道吵，跟阿拉过勿去。

阿二头：大块头，侬搿搭家人家哪能素质介低？天天吵，真叫大吵三六九，小吵天天有。声音么像只破锣，又响又难听！

面疙瘩：是的呀，吵得阿拉觉也睡不好，第二天还要上班唻！

大块头：侬受不了，侬可以搬场呀！又没人让侬住了我隔壁老。再讲这是阿拉屋里厢事体，管侬屁事，十三点！

阿二头：什么，你这猪头三！哪能讲闲话的，阿拉小毛头半夜里把侬吵醒，穷哭八哭，哭坏掉了，侬负责啊！

面疙瘩：难怪侬家里的老是要帮侬吵，碰着啥人也受不了侬。

大块头：侬啥意思，敢这么讲我！

面疙瘩：我看侬寻相骂。

阿二头：哪能？想打相打啊？

大块头：打就打！侬还以为我怕侬啊！

让我们重新回到最初的一幕，继续夜幕下的闲谈，继续石库门里的故事。

幕三：

晟晟妈：就是啊，还是现在好啊，政府贴钞票，帮阿拉维修房子。地方清爽了，水、电表分开了，房子隔音好了，邻里矛盾少了，人的素质也提高了。

王伯伯：是啊，现在阿拉生活得多开心，每家人家和和睦睦，快快乐乐！

外公：有事体大家帮忙，有好东西大家分享，就像一家人家一样。小人老人大家照顾。

周阿姨：侬欣赏着介美的月亮，吹着介清凉的风，又有介多和睦的邻居，侬讲，其实住在石库门里还不错，对伐？

大家一起附和：对、对，太对了。

顾嫂：但是，我听说现在上海房价涨了，有些开发商为了赚钞票，打起阿拉这的石库门的主意来，要拆掉石库门，造商品房！

赵阿叔：葛哪能来事呢，这勿是大家要分开了吗？

诸大伯：这是有历史价值的呀，应该作为历史保护建筑保留。

周阿姨：按我讲呀，光等着拆迁通知来，不是个办法。阿拉呀，应该用自己的实际行动来保护石库门！

诸大伯：是呀，要么，明朝阿拉去居委会征集大家的意见，然后再讨论哪能付诸行动，这才是个实际的办法，侬讲是伐？

顾嫂：嗯，太好了！没想到住拉石库门里的阿拉有朝一日还能“保护”石库门呢。

小郭：到辰光政府再发现需要石库门来保存上海旧时代风貌个辰光已经晚咯！说勿定到辰光阿拉还能问伊拉讨“石库门保护费”呢！那阿拉可就勿得了啦！阿拉就火啦！

众人：哈哈哈哈……（*众人渐渐散去。*）

洋泡泡回家后一直在思考关于石库门拆迁的问题，睡着后做了一个梦……

在他的梦中：

哐哐哐哐……推土机在不停地运转着，正在无情地摧残蹂躏着与老邻居们朝夕相处的好朋友石库门，可是看到这情景，老邻居们再怎么着急，再怎么无奈，也还是无济于事，取而代之的是那所谓的代表上海现代化新风貌的高楼大厦。

洋泡泡被吓醒了，发现身上都是汗，拿了扇子扇了一会儿，又睡着了，没想到又做了一个与之截然相反的梦。

哈哈哈哈……弄堂里面玩耍的孩子们快快乐乐，无忧无虑地嬉戏着、玩耍着，尽情享受着石库门的魅力与带给他们的自由，老邻居们还是照常在弄堂前有说有笑地交谈着，好一派和谐的景象。大家都承诺好要好好保护石库门，让石库门的未来更加光彩夺目！

（4）思考石库门

经过了解、走进而认识了石库门，洞悉了石库门的冷暖人情与百年历史。石库门经历了历史的洗礼与冲涮，也镌刻着这座城市的文化底蕴与建筑特征，也许时尚渗透着怀旧，而上海怀旧的经典则体现在石库门弄堂，这座城市一边不断寻求物质上的进步，一边不忘那一份璀璨浮华，这本身体现了石库门独特的魅力：让昨天、明天，相聚在今天。

① 石库门的文化意蕴

文化体现在人类从昨天走向明天的进程中留下的印记，包含人类行为的精神内涵。它是一种生活氛围，更蕴含着一种时时刻刻可以感受到的精神气息。上海作为中西文化交融、结合的大都市，海派文化是具有上海地方特色的文化氛围，其最显著的特点是在开放性和变革性中孕育着一种实实在在的进取精神，促使上海在引进、吸收外来文化的同时，也与时俱进地灵活应变。

石库门是中西合璧的产物，也是华洋混居的开始。总体上采用的联排式布局来源于欧洲，外墙细部有西洋建筑的雕花图案，门上的三角形或圆弧形门头装饰也多为西式图案，[31]西方文化的烙印深深地刻在了石库门上。然而又保留了天井、客堂等中国传统的东西，石库门的生活方式又引出了弄堂文化，石库门里的精小空间养成了居住者的精致化处事方式，石库门中西合璧的建筑设计松动了人们原有的价值观念、审美态度、文化立意和城市理念，也造就了上海人思想开放、性格随和、思路敏捷等群体性格。一方水土养育一方人，一种生活方式孕育了一种文化意蕴。

石库门不仅反映了城市的生活空间，而且直接摄入经济、政治、社会演化的全息像。这里涵盖老房、往事、旧情、遗产和历史，兼有和谐、交融、温情和尴尬、无奈与艰辛。这里有历史环境下的石库门建造、时代变迁下的石库门起伏、商业运营中的石库门改造、生活方式里的石库门睿智、人物命运中的石库门博弈。这里承载着石库门从封闭空间走向开放的启迪，石库门里的人们在困惑和抗争中觉醒而引发拓展的精神，在吞吐西方文明中形成自己的文化风格而生发出创新品格，面对激烈的竞争中求得生存和发展而引发出竞争意识。同时滋长了追求简约的审美情趣、经济实惠的价值观念、亲和相助的生活诗情以及不断进取的精神风貌。

“亭子间”、“客堂间”、“厢房”、“天井”以及“二房东”、“白相人嫂嫂”、“七十二家房客”等与石库门有关的名词都已成为温馨的记忆。[32]以中西融合、新旧结合为基调，集餐饮、商业、娱乐、文化为一体，兼传统石库门里弄与充满现代感的上海新天地可以领略到上海历史文化和现代生活形态的完美组合。这里保留了当年的砖墙、屋瓦，以及巴洛克风格的卷涡、圆券形的门洞、层层的线脚、券心石上卷草式雕刻和青砖的墙面等里弄建筑的特征要素，[31]老唱机也悄声地述说着逝去的时光。而每座建筑内部则按照 21 世纪现代都市人的情感世界、生活节奏与生活方式度身订做，一户户隔墙全部被打通与摩登与时尚相遇，镶嵌在墙上的透明的玻璃门窗、门上的金属把手，陈列在台上的纤细、精美的工艺品以及墙壁上每一处霓虹画无不体现出传统与新潮的碰撞，每一处细节都经过现代风尚的装饰来凸现，……在老式石库门里又凝结一个个新的风花雪月的记忆，当怀旧与流行交融，传统与时尚辉映，抒写出另一种精致、优雅的文化韵味。

透视石库门命运的起伏，从最初的石库门老屋到新天地的演化，从东方明珠到整个城市的拔高，正说明上海的高度本身就意味着一种对世界的包容和与世界同步的胸怀。

② 石库门的建筑情怀

石库门是欧洲联立式住宅与中国传统的立帖式砖木结构相结合的独特的房屋类型，一进门就是一个天井，两侧是左右厢房，天井后为会客、宴请之用的客堂间，再往后又是一个天井，有一口水井，后天井后面便是作厨房、储藏室之用的附屋，直通后门，坡型屋顶带有老虎窗，二楼有出挑的晒台，大门以石料作门框，配以二扇实心黑漆厚木门，以木轴开转，配有门环，进出发出的撞击声回荡在历史的上空，述说着石库门人家的悲欢离合与时代风云。整座住宅前后各有出入口，当大门关闭，连接天井围墙、厢房山墙和与前两者同高的后围墙，形成一种“闹中取静”、“安闲独立”、“温馨私密”的独特石库门空间。石库门布局中利用天井通风、采光，人们可以在这里观赏满天繁星，静候月亮的浮现，感悟四季冷暖。在风雨雷电中寻求庇护，在世态变换中舒展心扉，在紧凑局促中延伸时空，在隐秘独立中触摸世风。厢房利于起居，客堂用作会客宴请，水井、附屋、晒台便于生活，……在急遽的社会变迁和时代转型中，石库门建筑以其亲情感、地域感、悠闲感和安全感而赋予居住者独特的人文关怀与情感慰藉。随着石库门的演变，附屋的坡顶改为平顶，上面搭建一间小卧室，即亭子间，也是石库门建筑既关注空间紧凑，追求使用效率与经济利益，又兼容独立意识、合作意识的最好脚注。

石库门的建筑情怀还体现在空间布局的系统思考。进门入户，出门有弄，支弄通总弄，然后接街面，从私密空间，到半私密空间，再到半公共空间，直至公共空间，依次排列，有序组合，空间含蓄，融洽亲密。[29]同时，既有总体上的联排式布局和外墙细部的西洋雕刻，加上门上的三角形、圆弧形和长方形门头装饰也是洋派风格，又有中国住宅文化的传承和沪上地域特色的保留。当你漫步在石库门建筑群的大街小巷，细细品味上海的这些居民住宅，那独具神韵的老房子本身就是一道道美不胜收的风景与情感回忆。

2. 研究结果发现

从某种程度上说，研究的过程就是从被研究对象（人与物）中获取研究者认为有价值的东西，然后将它们“译解”成为我们自己理解、认识世界的方式，其目的在于获取生存的本领而成为一个能使自身幸福，又有益于他人与社会幸福的人。走过了“上海石库门探询之旅”，经历了从教室步入“生活世界”的旅程，沿途学生们看到很多美丽的风景，也受到深深的震撼与启迪，一路上与孩子朝夕相伴的家长，对学生指导帮助的教师，也留下不尽的思索……

（1）教师的体验

目前，我国中小学阶段的教育基本上还是局限于课堂教学，校园生活的空间场域，远离真实的生活世界，学生学到的东西脱离生活世界的真实，远离现实社会的现状。开展综合实践活动课程让学生走出校园，走进生活世界的大课堂，去了解他人，体悟现状，认识大自然，去阅读生活这本大“书”。也把家长、专家和学者请进来，缩小孩子与他们之间的心理与地域距离，听父辈讲那过去的事情，寻找石库门老屋折射出来的文化意蕴，探寻石库门建筑与现在生活小区的人文差异，破解“熟悉的陌生人”而寻回其乐融融的人性诠释；请专家谈课程的涵义与读“书”的方法，并帮助、协助儿童走向生活世界，实现“学会生存”的教育理想。拆除学校、家庭与社会三者之间的篱笆，改变原来封闭小学的形式，沟通学科知识与现实生活的联系，整合各种学科知识之间的关系，综合多学科、多渠道的课程授受方式。石库门建筑是上海特定历史时期的产物，许多孩子并不了解这一段历史与其中孕育的文化，通过“上海石库门探寻之旅”这一综合实践活动课程的开展，让学生在关心未来的同时，也能获悉发生在自己身边的历史，也能感受所生活的世界中蕴含着的文化魅力与人文关怀。

课程实施过程中，教师由“说教者”变为“聆听者”，从“传授者”变成了“组织者”，由“灌输者”转为“开发者”，从“蜡炬成灰泪始干”到“享受教师职业幸福的人”。无论学科课程还是综合实践活动课程，真正有利于学生成长的好课都不是预先备好的，而是课程实施过程中随时和学生互动、调整生成的。预设的重点和难点对于每个人来说并非一致的，进度的快慢对于不同的个体来说也是不同的，教师以欣赏的眼光看待学生，以足够的耐心等待孩子的思考，才能在一定程度上听懂学生的思想并理解学生的理解，才能得到想要得到的回答。这样的课程没有过多的统一规定与预设目标，给予儿童充分的自由与空间，也许只有老师放开思路，才可能有学生思维的不受框限，开放心态，才有学生仰望天空的可能与勇气。教师不再是纯粹的“传授者”而是指导、帮助学生的组织者，尽可能地保护、引发孩子的兴趣与天真、可爱的童心，课程并不只是涉及单一的学科，也无关乎考试分数，尽可能地给予积极的鼓励与适当的肯定，让孩子对所做的事情感兴趣，觉得有意义，就有了研究与生成的前提。学生进行研究的意义并不在于是否让他们认识了石库门，走进了“生活世界”，而是只有孩子置身“生活世界”用自己的眼睛和头脑观察，感受以及评价周围世界的时候，只有当他们发展起自己的理念时，才能真正、健康地成长。研究过程中，通过与学生各自的兴趣点联系起来而生成的新课程激发他们对探究活动的兴趣，达到教育的目的。我们发现，实施过程中捕捉到一点符合儿童的兴趣、爱好，抓拍到瞬间的精彩与光亮，给予有限的空间与自由的话，学生的表现与回答，他们的创生与发展潜力都超出教育者的想象与预设，都赋予教师意外的收获与欣喜，这时，教师同时“给予”并“收获”而真正体会育人过程中的快乐与满足，真正享受教师职业的幸福，在乐于并善于“教书育人”的过程中过有质量的人生。

(2) 家长的感悟

家长把陪伴孩子研究石库门称为“探寻我们所生长的地方的历史”，之所以很多家长都愿意参加到这一探究课程之中，既是源于子女学习的需要，又是找寻自己逝去的童年。当领着孩子重新走进石库门弄堂时，看到老弄堂里公用的水斗，狭窄的木楼梯，摆放着的洗漱用品，还有那枯陈斑驳的马路，这些都是老上海人当初“家”的记忆。看到弄堂口小孩子在踢毽子、滚铁圈、挑橡皮筋的情境时，儿时的记忆又仿佛浮现在眼前，而且父辈们小时候的毽子都是妈妈做的，更勾起昔日温馨的“家”的回忆。就人口而言上海的居住空间相对狭小些，人被环境塑造，环境反过来也造就人的性格与处事方式，石库门老屋孕育着许多人文情怀与文化的意蕴，用心进入石库门里，每个孩子都以自己的眼光发现精彩的东西，去感受、体会逝去的岁月，去聆听父辈们讲述发生在老屋里的故事才是石库门的草根文化的精华，还有那些名人故居(老洋房)所附着的文化内涵，这两块就是上海真正的文化历史精髓。老屋不仅仅是景点，也是建筑、是课程、是历史、是文化，更是学校……借助世博会的机会宣传上海石库门，让世界认识石库门，让历史留住这一段难忘的记忆，把传统文化保存并传承下去。通过查找相关的书籍，多次地走进石库门，去寻找、去感受里面精彩的故事。作为课程的探寻之路，我们希望孩子走进石库门到底寻找什么？寻找天真，如果孩子天真，我们这个国家是有希望的。(周立波)

学校开设这样的综合实践活动课程，让儿童认识、了解这一段历史，使孩子重温父辈经历过的生活，承载现在与今后的生活以历史的积淀与文化的熏陶，由此而承担历史赋予的使命。研究的结果并不重要，过程更为重要。学生们走进社区，进入石库门人家，既扩大了学校的知名度，也锻炼了孩子表达、沟通、合作等多方面的能力，需要考虑研究之前的准备、问题的确立、研究计划的设计、背景知识的寻找、研究过程的部署等一系列步骤。这时，课程不再是知识的灌输，也不只是石库门本身，而是做中学，学中做，做的过程中提升、锻炼自身的能力，锻造今后的学习与生活所必需的素质。石库门探究似乎为孩子打开一扇通向生活世界的天窗，引领他们走向社会，走进真实的生活，自己去挖掘、探寻课堂上不能学到的东西，放飞遐想的思绪，开启儿童丰富的想象。或许有的孩子由此而对建筑设计痴迷，或许有的从此喜欢上绘画，也有对摄影感兴趣的，对采访乐此不疲的，对雕刻久久不能忘怀的，更有立志科学研究的……这诸多种种兴趣与爱好的激发，探究欲望的启迪不正是综合实践活动课程的真正涵义与价值所在吗。

在路上，孩子们与各种各样的采访对象相遇，有知识渊博的大学教授，耐心地回答学生们所有的提问并不断提醒："慢慢说，没有关系，他问好了，不行你再接着问。"并感叹道："你们的活动非常好，太有意思了。应该走上社会，与他人交流，一定要注意安全。"有慈祥的家庭主妇由衷地说："老房子我们住了四五十年了，生活方便，邻里和睦。"有新婚夫妇喜悦地表示："这里距离单位很近，避免了上下班路途的奔波。"也有进城务工人员疲惫地说："住在这里老房子相对房租要便宜些，在周边找活干也方便。"还有公务繁忙的工薪族感叹道："我们父辈开始就一直住在老房子里，现在老人已经不在了，我们还是愿意留下来看守老屋，小孩在附近的小学读书，我们也在市里上班。"也有外国朋友兴奋地说："It's very beautiful, I like it, thank you."各种类型的采访对象都积极、热情地回答学生们的各种问题，无不关心地询问："小朋友，你们是哪个学校的呀？今年几年级了？"后又豪爽地承诺："没问题，你随便问好了……"人们都把孩子看作希望，美好的未来，全社会都在关心他们的健康与成长，这份来自家长的支持、社会的帮助、大自然的关照正是孩子们在"石库门探寻之旅"所获得的另一份收获与责任。

(3) 学生的收获

走过了石库门探寻之旅，见证了石库门里的悲欢离合，经历了完整的研究过程，体验到了其中的酸甜苦辣，也拾到了成长历程中所需的金色麦穗。从最初的查找资料开始，到资料的筛选、整理与归类，研究问题的提出，研究设计的制定，研究方案的规划，以致后来的制作问卷、采访、访谈、撰写研究报告以及研究成果的展示等都是在家长、教师的帮助、指导下学生合作完成的。学会了摄影的技术、拍照的艺术、提问的技巧、速写的方法、采访证与家长志愿者证件的设计与制作，还有采访需注意的礼仪、举止与形象以及组织一项户外活动的日程安排等。如何与选定的陌生人打交道让人家接纳自己，并接受采访，鉴于访谈的信度、效度与覆盖面而选取不同类型的采访对象，考虑怎样使他们把真实的想法说出来，获取自己想要的信息。沿途捕捉到一个老奶奶推着一个老爷爷缓缓走来，边走边亲切交谈的画面，也瞥见一个“红领巾”快步上前搀扶一位盲人的瞬间，还看见三五一群的阿婆们开怀大笑的场面，更有亲切地抚摸孩子的额头并递给一瓶矿泉水的感动，人间的真情与人性的善良触动着儿童幼小的心田。尽管石库门里陈旧的公用设施、破损的屋顶与晒台、风雨中摇曳的电线断头、咯吱咯吱响的狭窄楼梯以及弯腰驼背的捡垃圾者和沿街乞讨的残疾人也在述说着生活的艰辛与困苦，此刻，孩子们明白还有很多人仍住在破旧的老屋里，还有许多人依旧贫困，也有更多的人需要帮助与关心。也懂得了社区需要改造，社会存在很多有待解决的问题，思考参与社会，服务他人的意识而成为一个负责任的公民。

既然走进了生活世界，就不得不经受生活中的风吹与雨打。采访过程中有突然忘记了采访词的尴尬，有坐车奔波晕车呕吐的窘迫，有天气炎热连续采访流鼻血的悲壮，也有小组成员意见不一致争吵、推搡了起来的局面。面对所遇到的各种各样的问题，身体与心理、外部与内部的、课程与课程之外的，都不曾阻挡学生们探究的欲望，也无法阻止他们中途下车“吃顿新的排骨年糕”感觉“味道好极了”的天真与无邪，举着一根掉汁的冰淇淋给“老师解解暑”的可爱与单纯。正是源于极大的热情与研究兴趣，化作战胜任何困难的勇气与力量，在探究中体会成功，感受快乐，从中认识到服从安排、统一行动、团结合作之于研究的意义所在，这过程本身又何尝不演绎成了他们人生路上幸福的记忆。

尽管刚踏上研究的旅途，却严格地按照科学研究的要求，技术规范地操作。从相关书籍的阅读，影片录像的观看，到“角色扮演”的演练，再到实地的考察与探寻，无不体现严谨的态度与科学的规范，虽然综合实践活动课程没有学科中失败的打击，也不计较分数的高低，却在充分发挥个体自由与个性中实现科学态度的养成、研究方法的把握以及痴迷于科学研究的兴趣。通过对石库门象征性标志的改进设计而制作的陶艺作品，采用话剧、小品表演重温石库门老屋的生活以及研究报告的撰写与汇报等一系列活动展示学生自己的风采，表现他们的才华，还孩子以完整、多彩的童年生活。现在，学生们正计划借助2010年上海召开世博会的机会，参考“北京胡同一日游”的成功案例，模仿“北京胡同一日游”的实施框架，进行“上海石库门一日游”的设计与规划，彰显石库门建筑的时代性、文化性特征，弘扬上海文化的传统与精髓。包括设计LOGO、制定方案，实施计划、礼品包装盒个性化的设计，宣传册封面、颜色、内容以及英文译本，各种证件、名片的设计、制作等一系列的活动都在计划与进行之中，或许这一过程本身很好地诠释了“课程为何要综合”以及“如何综合”。

第二节　文化场域：学生追逐幸福的教育空间

教育既不是价值中立、文化无涉，也并非具有完全普适性、客观性的活动。“教育不是完全以事实发现和知识积累为目的，以严密的归纳方法或逻辑体系为依托的科学活动，而是一类以价值批判和意义阐述为目的的价值活动或文化活动。”[33]教学中的每一环节均渗透、体现着特定的文化与价值，均与其所处的国家或地区的民族背景、历史文化有密切的联系。文化正是借助于教育而达成人的社会化及价值意识的构建，而教育也正是在文化的传递和选择过程中，不断改组和重建文化并促成文化价值体系的转换。可以说，一定社会的教育总是背负着一定的文化使命，而教育变革脱离不了文化的命脉。因而，教育理想深深植根于文化价值观之中，同时也受更广阔的社会、政治、历史和经济的影响。

“人是文化的产物”这一句话隐含着“文化本身是一种教育力量。”[34]或者说，一个生存于特定文化环境中的个体即使不接受学校教育，却也经历着“文化化”的过程。“文化所具有的教育力量，是文化系统作用于它的创造者、继承者——人类所表现出来的功能属性。存在于特定时空中的文化，构成一定的文化环境，对生存于这一环境中的人的习染——塑造，实质上是文化本身所具有的教育功能。”[35]认识到文化自身的教育力量可以使我们清醒地剔出不利于人类进步与人性完善的消极文化因素，在审慎思考与积极实践中构建与社会文化协调一致的校园文化，在创设自觉主动的文化场域中达成学生的幸福追求。

作为特殊文化形态的校园文化，不仅在某种程度上反映一个学校的本质，也体现着社会文化的发展方向，不仅由教师和学生共同营造，也潜移默化地陶冶着其中的教师与学生。无论是学校的地理位置、建筑设施，还是等级与类型，再到图书馆、资料室、实验室以及校风校纪、文体活动、社团组织和校园艺术等都构成一个学校的校园文化，都孕育出一个学校的文化场域。从校园里的一张字符到一幅图画，从格言警句到温情画面，无论一山一水、一草一木，还是一座塑像、一个造型都仿佛在“述说”着历史，表述着思想，畅想着未来，无不构成校园文化的有形部分，无不渗透着师生辛勤的汗水，凝结着师生智慧的结晶，散发出师生对校园、对生活无比的关心与挚爱。置身于这样文化场域中的儿童就好像在一个充满诗情画意的世界里徜徉，在知识的王国里行走，在这个美丽的精神殿堂里漫步，一切都富有教育意义，即学生是在一个独特的“文化场域”中追逐着幸福。

课堂是学校教学的场所，课堂教学是传承人类文化的基本途径。课堂教学不是文本性的而是文化性的过程，教科书和文化氛围是课堂教学进行的基础，课堂中的学生、教师、作者以及各自对文本的解读形成复杂的对话。人与人、人与文本之间超越时空、跨越时间的对话过程中进行着“传承”与“创造”，“所谓‘传承’是指模仿他人文化的活动，所谓‘创造’则指建构自己文化的活动”[36]。儿童通过“传承”他人的文化而在混沌的世界中“创造”自己的轮廓，并以自己的“创造”为基础，进而扩大与发展他者的文化“传承”。在“传承”中，儿童超越自身经验的局限，融入他者的文化世界，以此为基础思考自己，“区分自己与他者的界限，形成自我意识”[36]，这样，儿童在不断的“传承”与“创造”中螺旋式上升，正是我们谓之成长的历程。这实际上揭示了教学活动内在的价值目的，通过文化引导促使学生关注自己的内心感受和精神世界，不断反省自己当下的生活状态与生存境遇，审视自己的人生意义和生命价值。从本国独特的文化、历史、政治和教育环境出发，提升学生对生命、人性、生态等问题关注的意识，在理解和尊重的基础上实现文化的交流，在开创人类共同美好愿景中了解现状、理解他人，在认识人类共通的人性基础上实现人道的国际秩序，这既决定着我们当下的生活质量，也将会影响人类在地球上的继续生存。然而，任何一种文化传统的传承和延伸都必须以认同和尊重人类的基本价值和相应法则为前提，这就要求把对民族文化的审视置于世界大文化背景之下，不仅可以免于陷入狭隘的民族主义情绪在自大与自卑之间游移，又可以在发掘出民族文化的精华，立足于本民族而又同时注目全世界的境界和胸怀中找到民族文化与个体幸福的结合点。

如今，历史的车轮飞转，科学技术迅猛发展。人类的生存并不仅仅为了描述，理解世界，还在于创造世界，不仅仅为了“读”“书”，更为重要的在于“写”“书”。东西方文化相互渗透，东西方文明互相交融，东西方人们彼此理解，不仅努力去读懂对方，并已经开始携手谱写人类新的篇章。

结语　幸福人生:教育境遇中学生幸福的诗情展望

冯友兰先生用"觉解"解释人对于其所做之事的认识程度,指出通过"觉解"人认识到各种事情之于个体的不同意义,这些意义的集合就构成个体的人生境界,并由此划分出"自然境界"、"功利境界"、"道德境界"、"天地境界"四种人生境界。当一个人只是出于"本能"或者"社会的风俗习惯"处事,没有或很少有自己的觉解,那么他就处于"自然境界";当一个人完全处于功利要求处事,清醒地意识到自己或为财产、或为发展、或为荣誉而行事时,那么他就处于"功利境界"。处于自然境界、功利境界状态的人,是人现在就是的自然产物的人。当一个人认识到自己必须有益于他人与社会做事,按一定道德准则处事,他就处于"道德境界";如果一个人的行为符合整个宇宙的法则与全人类的利益,我们就说他达到了人生的最高境界——"天地境界"。唯其在"天地境界"里,"人不再为物欲所奴役,为世俗的功名利禄所累,而是以一种坦然的超功利的豁达态度去体验天地人生,内心有一种淡泊的宁静与澄澈感;在这种生活境界里,人不再囿于因果链条的框架去看待世间一切事物,而是以一种审美、艺术的眼光去鉴赏天地人生,汲取天地的灵感与精华,以充实自己的人生"[1]。处于道德境界与天地境界状态中的人,则是人应该成为的精神创造的人,也是人从体验真实的幸福到常人无法体会到的极致幸福的历程。

人生境界的问题关涉人的"存在问题",而学问和教育的根本意义就在于"说明和回答人类应该怎样存在,人生应该怎样度过这类人类最重要的目的,但功利主义的风气则使学问'成了政治和经济的工具',人们认为唯有实利的知识和技术才有价值,结果'做学问的人都成了知识和技术的奴隶'"。"学问本来是为了阐明人类的基本生态和人存在的根本”[2]，而教育原本是把这种学问传播下去。受政治和经济操纵的教育其后果正是束缚人的自由与天性，践踏人的尊严，湮没人的自身价值，个体完全淹没在体制的规训与经济效益的追逐之中。

我们是否行走得太快、太远，以至于忘记了为什么而出发，又遗忘了要去的地方？“人被宣称为应当是不断探究自身的存在物——一个在他生存的每时每刻都必须查问和审视他的生存状况的存在物。人类生活的真正价值，恰恰就存在于这种审视中，存在于这种对人类生活的批判态度中。”[3]认识自己和成为自己是分不开的，自我认识是人存在的一部分，正是依靠着这种认识自我的能力，人成为一个对自我、他人以及社会负有责任的存在物，一个富有道德的主体。我们自然不否认教的权力，“问题在于教的权力是否可以凌驾于儿童的意愿之上，是否可以扩张为对学生的控制，是否应当贯穿于儿童生存的所有时间和空间？”[4]教的权力究竟在多大程度上制约着儿童成长的权利？当我们以各种崇高的理由却制造出种种不公平的现状，当我们以各种“合理”的借口逼迫学生无条件地接受沉重的课业负担时，我们剥夺的不仅仅是儿童的自由，更是他们正当的成长权利与本该拥有的美好童年。对于儿童，传承与憧憬同等重要，不清楚过去又凭什么展望未来，没有美好的憧憬又如何更好的前行？因为，我们深信，幸福的童年是一个人一生幸福的源头，童年的不幸也是一生不幸的开端。有质量的教育应该是童年的发现者与保卫者，不仅仅体现在赋予儿童无忧无虑的生活，更是要以充满人文关怀的教育相伴，让他们在理性的选择、乐观的态度中负责任地面对自己、他人以及即将步入的社会，在人生目标的追求过程中彰显自我的价值与生命的尊严，不仅造就儿童的幸福更为这个社会种下安全与美好的种子。生活的意义孕育在生活之中，只有正确地看待生活，抱着乐观的态度去生活，才能从生活的点点滴滴中体会生活的意义，进而体悟人生，达到较高的人生境界而获得人生幸福。

“真正崇高的人性不是去同情不如自己的人和事，而是能够被比自己伟大的人和事所感动，只有这样，人性才有可能不断被塑造、被开拓成更加美好的人性。”[5]因而教育教学过程中提供一种人性的角度，采用非线性的、多侧面的结构，而使各种思想各种声音相互碰撞、争鸣，试图为学生呈现多个切入点，而不至于殊途同归显得十分重要与必要。这就需要把教学定位于倾听和理解，定位于理解每一个人的独特性并聆听其精彩观念的诞生，兴趣得以伸展，潜能得以发挥，实现仰望天空的理想。所谓关注并仰望天空，体现在“不局限和拘泥于个人或本民族的一己私利、一席之地”。“不顾自我利益，那是不客观的”[6]，但是，如果心中只有自我、只顾一己之利，那么，这点私利也终究是无法保全的。个人或单个民族既是世界的有机组成部分，又与其所处的世界相辅相成，世人所共同崇尚和尊敬的乃是开阔的心胸与远大的目光。也就是说，正是通过教师与学生、学生与学生之间的理解，我们才得以跨越自身在时间、空间、文化与自我的屏障，而获得充满想象的、个性的发展。我们拥有着自己，在追求自身价值和意义的过程中又能够彼此倾听与理解，对于自己以及他人的认识和理解正是教育的基石。这其中的意义在于，只有当孩子发展自己的理念，用自己的眼睛和头脑观察，感受以及评价周围世界的时候，他才能健康成长。通过展示学生的诗歌、作品实现学生对知识的理解、生成与创造，体现知识的输入与产出过程。借助习作学生对生活进行了剖析，表达着对未来的信心，对前程的憧憬以及坚定的生活信念。并将知识回归于个体富有生机的情境之中、建构之中、创造之中，并将这种创造根植于学生强烈地渴望理解自身、世界乃至于人类的发展过程之中，而把个人的经历与更广阔的现实联系起来，从而拓展课程的范围，赋予具有高度独特性的思想以普遍的形式与意义。

儿童还只是孩子，就让他们像孩子一样生活吧！让他们尽情地欢笑、嬉闹；让他们自由地想象、涂抹；让孩子清澈的眼神不要透出本不应有的哀伤；让“生命中不能承受之重”不要再压在稚嫩的肩膀上；让天真的梦想不再遭受那些冷酷现实的无情冲撞。我们只需要把种子撒在地上，让他们自己去发芽，去破土，去经风雨，去成长为“大树”。我们只是在需要的时候帮他们点燃灯火、搀扶陪伴，或者擦拭汗水、或者鼓励支持。我们只需把温情播撒到儿童的心里，让纯真的童心感受到世间的温暖，让每一个花蕾都骄傲地绽放！

最后，谨以儿童真实的心声呼唤我们继续思考。

每当打开窗，
都有想大声喊叫的冲动，
好想对这一切，
大声喊出自己心中的烦恼，
大声叫出自己背负的压力，
可耳边似乎总有种声音在回响；
不要喊，这儿还有别人，
我只好微微地叫了声，

便合上了嘴，
好想跑到软软的云层上，
大声呼喊，
没有人会听到；
好想潜入神奇的深海中，
大声呼喊，
只有鱼儿在摆尾哼唱；
好想站在广阔的原野上，
大声呼喊，
只有鸟儿在那里长啸；
好想踩在金黄色的沙滩上，
对着大海，
大声呼喊，
声音慢慢弥漫到远方；
好想爬到高耸的大山上，
对着对面的山，
大声呼喊，
只有回音在寥廓的天宇回荡。
……
当某一天，
梦实现了，
快乐的感觉会一直伴随着我，
我想，
梦还在天边，
但或许，
它就在我的面前。①

① 摘自笔者2009年9月22号于S市某中学学生的习作。

附录一 教师访谈提纲

1. 你觉得老师是一种崇高而光荣的职业吗？体现在哪些方面？

2. 你喜欢学生吗？如果让你重新选择是否还愿意做一名教师？

3. 执教过程中你感受最深的是什么？

4. 你在备课时是否会考虑学生的需求？怎么考虑？基于学生的需要还是教学进度的要求？

5. 在教学过程中，如何实现自己的教学目标？怎样看待考试分数？

6. 你认为，影响学生表达自己观念的因素有哪些？

7. 你经常花时间思考自己的教学吗？是一种习惯还是偶然的行为，体现在哪些方式上？（比如工作日记、写随笔、观摩录像等。）

8. 你觉得课堂上学生喜欢学习吗？具体体现在哪里？

9. 你认为你的课堂上学生拥有权利吗？都有哪些权利？你如何看待"个体权利"的问题？（或者说"学生的权利"体现在哪些方面？）

10. 你认为哪种教学方式更有利于学生的学习，灌输还是探究？是否经常应用于自己的课堂教学？

11. 你最喜欢什么样的学生？请举例说明。

12. 你认为在课堂上针对学习内容和形式，学生是否可以有自己的看法和需求？你是如何发现的？一般又是如何处理的？

13. 如果用三个词来描述学生在教学中的心理状态：识记、理解、体验，你更喜欢哪一个，请说明理由。在你的课堂上是什么样的情形？

14. 你认为一堂好课需要具备哪些要素？体现在哪里？

15. 你认为一个好的教师需要具备哪些特征？请举例说明。

16. 作为老师你觉得最快乐、幸福的事情是什么？

附录二　家长访谈提纲

1. 你对孩子的期望是什么？希望他(她)将来成长为一个什么样的人？

2. 平时经常和孩子聊天吗？主要关心他(她)的哪方面多些？身体、学习还是做人？

3. 是否给孩子报名上各种辅导班、补习班？课余时间要求他(她)作大量的习题？

4. 当孩子回家说在学校里遇到的问题时，你会不会很着急，是否想办法帮助孩子解决？

5. 家里的事情告诉孩子吗？孩子是否有参与权？

6. 对于孩子自己的事情是否愿意倾听他(她)自己的意见、想法？

7. 允许他(她)自主安排自己的学习吗？是否相信孩子能够安排好自己的学习与生活？

8. 对孩子的学习要求是家长制定的还是与孩子协商的结果？

9. 你觉得你们的家庭氛围是怎样的？

10. 作为家长你觉得最快乐、幸福的事情是什么？

附录三　学生访谈提纲

1. 你喜欢上学吗？如果你的父母或老师不要求你一定上学，你会主动要求上学还是去干别的事情？为什么？

2. 在学校里，你对哪门学科、哪位老师最感兴趣？请说明原因。

3. 在学校里，你有没有不开心的时候？什么时候最开心？一般都是因为什么原因引起的？请举例说明。

4. 你有没有想到过，教材上的知识也有可能是不正确的？如果你发现教材中有错误你会怎么做？

5. 你会经常思考自己的学习吗？比如哪里学得好(不好)？

6. 你喜欢什么样的老师？为什么？

7. 什么样的课堂让你特别感兴趣？领略到学习的乐趣？

8. 你认为在学校里学到什么最重要？为什么？

9. 你喜欢老师教现成的知识还是自己探究、归纳、发现结论？原因何在呢？

10. 上课回答问题时，是否一味地迎合老师的反应，而不根据事实本身作出判断？

11. 你在课堂上有没有过体验到动脑思考的快乐？是否记得当时的情形？可否说说那到底是一种什么样的感觉？

12. 老师询问过你学习中的感受吗？比如学习一篇课文，参加一项活动时。

13. 你对班级以及学校的管理规定认同吗？是否参与制定的过程？违反规

定而遭受惩罚时是否心怀不满？

14. 请谈谈你平时是如何学习的，主要采取什么学习方法？效果如何？

15. 每次考试是否都觉得负担很重？害怕老师的批评还是父母的指责？

16. 你是如何规划自己的学习的？是否制定了一个时期内的学习目标？能够严格地按照计划去执行吗？

附录四　田野日记(摘录)

2008-3-6　星期四　阴

今天去K中学和有关的老师商量本学期综合实践活动课程的安排与计划，详细听取了参与综合实践活动课程老师的建议，并对新学期的课程提出要求以及具体实施方案。看到老师们对综合实践活动课程热情很高，感到非常欣慰。

2008-3-25　星期二　阴

今天上午9:00听了一堂精心准备的公开课，这堂课特意为上海师范大学王荣生教授要去评课而设，备课的教案已经两次发给王教授，希望提出意见，并在前一天由S中学多位语文教师参加而提前预上了一遍，课后教师提了意见又加以改进。可以说，整堂课听下来我的感觉并不是十分好。

2008-4-22 星期二　晴转多云

Y中学一堂由英语教研组长执教的英语课。这是一堂并非特意安排的随堂课，因为我们要去“描述”课堂而略有所饰的常态英语课。原本并未决定在周二上这部分内容，只是前一天上课时所涉及的知识而产生的灵感，临时决定这一教学内容改在周二上。原本我们只能聆听一首动人的小曲，却有幸欣赏到一部气势恢宏的交响乐。在整堂课的过程中，教师的机智、自信和流畅给我留下很深的印象。师生互动之默契，学生反应之敏捷，师生情感之融洽亦久久不能忘怀。

2008-11-20　星期四　晴

今天我看到了让我非常震惊的一幕，一位年纪很轻的数学老师竟然不分青红皂白地惩罚一个在我看来并没有犯什么大错的学生，单是这一节课的惩罚也就罢了，问题是对这个学生的惩罚一直持续了近一个月。

2009-1-29　星期四　多云

今天有机会采访了Z省的十多名小学生,孩子们十分热情而真诚地向我述说着他们的所见所闻,描述着老师在他们心中的形象。听着孩子们纯真无邪的话语,看着他们疑惑不解的神情,我的心情十分沉重。

2009-4-2　星期四　晴转阴

S中学,一位数学老师正在讲评试卷,教学方法按部就班,神情严肃并时常表现出不满和气愤,教室里不断有学生因犯错而站立起来,我注意到很多学生都是长时间地站着上课的。

2009-5-14　星期四　阴

T中学操场上,有幸连续跟踪采访了不同班级的十几个学生,了解他们的学习情况,倾听他们真实的心声,翻阅他们的习作。我想我能够理解孩子们的苦恼与压力。

2009-5-21　星期四　晴转多云

我和师妹一起听了一堂由外教执教的英语课,老师幽默的话语,熟练的绘画技能,把一个个枯燥乏味的英语单词,一个个难以理解的语法规则用幽默的故事、准确的绘图惟妙惟肖地表现了出来,连同那个动人的小插曲,都让我们久久不能忘怀。

2009-9-17　星期四　晴转阴

新的学期刚刚开始,就被一位语文老师写给学生家长的一封信而感动,信中晓之以理,动之以情,对于如何学好语文,如何帮助孩子成长都叙述得清清楚楚、明明白白。

2009-10-15　星期四　多云

M中学的一位学生获得上海市××作文比赛一等奖,我特意了解了指导教师是如何指导学生写作文的,并现场观摩了老师对学生作文的批改过程。

2010-2-10　星期三　阴

今天又碰到我原来在Z省采访过的那几位学生,他们已经升入初中年级了,个子长高了很多,人也越来越帅气了。不过他们所看到的学校现状,他们目睹的老师形象似乎并没有多大的改观。

参考文献

寄　语

1　卢梭. 爱弥儿[M]. 李平沤译. 北京：商务印书馆，1978. 74

导　论

1　教育大辞典编纂委员会. 教育大辞典(第一卷)[M]. 上海：上海教育出版社，1990. 3

2　吴式颖，任钟印. 外国教育思想通史(第六卷)[M]. 长沙：湖南教育出版社，2000. 225

3　雅斯贝尔斯. 什么是教育[M]. 邹进译. 北京：生活·读书·新知三联书店，1991. 3

4　苏霍姆林斯基. 怎样培养真正的人[M]. 北京：教育科学出版社，1992. 5

5　刘铁芳. 什么是教育[J]. 天津市教科院学报，2002(2)：12～14

6　倪谷音. 愉快教育[M]. 上海：华东师范大学出版社，1992. 21～22

7　朱小曼，梅仲荪. 儿童情感发展与教育[M]. 南京：江苏教育出版社，1998. 304

8　倪谷音. 我和愉快教育[M]. 上海：上海教育出版社，1997. 2

9　刘铁芳. 教育怎样关涉幸福[J]. 湖南师范大学教育科学学报，2008(1)：10～12

10　刘次林. 幸福教育论[M]. 北京：人民教育出版社，2003. 6

11 檀传宝.幸福教育论[J].华东师范大学学报(教育科学版),1999(1):28～37

12 刘铁芳.给教育一点形上的关怀——刘铁芳教育讲演录[M].上海:华东师范大学出版社,2007.7

13 袁贵仁.价值学引论[M].北京:北京师范大学出版社,1991.38

14 中共中央马恩列斯著作编译局.马克思恩格斯全集(第19卷)[M].北京:人民出版社,1963.406

15 袁贵仁.价值学引论[M].北京:北京师范大学出版社,1991.66

16 中共中央马恩列斯著作编译局.马克思恩格斯全集(第26卷Ⅲ)[M].北京:人民出版社,1974.139,326

17 王卫东.教育价值概念的历史考察与理论分析[J].北京师范大学学报(社会科学版),1996(2):29～35

18 柳海民.现代教育原理[M].北京:人民教育出版社,2006.113

19 褚洪启.关于教育价值与教育价值观问题的讨论[J].北京师范大学学报(社会科学版),1996(3):43～45

20 联合国教科文组织国际教育发展委员会.学会生存[M].北京:教育科学出版社,1996.183

21 冯建军.教育目的:一种视角的转换[J].教育发展研究,1999(6):18～22

22 张华.课程与教学论[M].上海:上海教育出版社,2001.5～9

23 张华.课程与教学论[M].上海:上海教育出版社,2001.13

24 派纳等.理解课程(上)[M].张华等译.北京:教育科学出版社,2003.7～8

25 钟启泉等.世界课程改革趋势研究(学科课程改革研究)[M].北京:北京师范大学出版社,2002.1207

26 钟启泉等.世界课程改革趋势研究(课程改革专题研究)[M].北京:北京师范大学出版社,2002.119

27 张华等.综合实践活动课程研究[M].上海:上海科技教育出版社,2007.4～5

28 张华等.课程流派研究[M].济南:山东教育出版社,2000.前言

29 温家宝总理所作的政府工作报告.十一届全国人大三次会议,2010-3-5

30 江畅.幸福与和谐[M].北京:人民出版社,2005.5

31 陈琛.个人目标、快乐和生活意义:关于幸福本质及其本源的一项研究[D].上海:华东师范大学,2005:6

32 陈琛.个人目标、快乐和生活意义:关于幸福本质及其本源的一项研究[D].上海:华东师范大学,2005:9
33 陈琛.个人目标、快乐和生活意义:关于幸福本质及其本源的一项研究[D].上海:华东师范大学,2005:10
34 陈向明.质的研究方法与社会科学研究[M].北京:教育科学出版社,2000.5
35 范梅南.生活体验研究[M].宋广文等译.北京:教育科学出版社,2003.9
36 向晶.描述性评论:何以可能与如何可能[J].上海师范大学学报(教育版),2009(3):30～35
37 倪梁康.胡塞尔现象学概念通释[M].北京:生活·读书·新知三联书店,1999.39
38 范梅南.生活体验研究[M].宋广文等译.北京:教育科学出版社,2003.11
39 赫姆莉,卡利尼.从另一个视角看:儿童的力量和学校标准——"展望中心"儿童叙事评论[M].仲建维译.北京:高等教育出版社,2005.译者前言
40 赫姆莉,卡利尼.从另一个视角看:儿童的力量和学校标准——"展望中心"儿童叙事评论[M].仲建维译.北京:高等教育出版社,2005.115
41 郑雪等.幸福心理学[M].广州:暨南大学出版社,2004.1
42 郑雪等.幸福心理学[M].广州:暨南大学出版社,2004.51

第一章

1 刘万海.重返德性生活——教育道德性研究[D].上海:华东师范大学,2007:27
2 张岱年,程宜山.中国文化与文化争论[M].北京:中国人民大学出版社,1990.2
3 张岱年.文化与价值[M].北京:新华出版社,2004.212
4 顾明远.民族文化传统与教育现代化[M].北京:北京师范大学出版社,1998.35
5 唐君毅.中国文化之精神价值[M].桂林:广西师范大学出版社,2005.2～3
6 梁漱溟.中国文化要义[M].上海:上海人民出版社,2003.331～334
7 顾明远.民族文化传统与教育现代化[M].北京:北京师范大学出版社,1998.66
8 向晶.渗透民族文化的主体道德教育[J].教育科学研究,2004(2):47～49
9 顾明远.民族文化传统与教育现代化[M].北京:北京师范大学出版社,1998.

39
10 顾明远.民族文化传统与教育现代化[M].北京:北京师范大学出版社,1998.70
11 梁漱溟.中国文化要义[M].上海:上海人民出版社,2003.289
12 何作人等.中国人的德性[M].沈阳:东北工学院出版社,1989.154
13 唐君毅.中国文化之精神价值[M].桂林:广西师范大学出版社,2005.10
14 王世朝.谁偷走了你的幸福[M].合肥:安徽人民出版社,2005.25
15 王世朝.谁偷走了你的幸福[M].合肥:安徽人民出版社,2005.30
16 梁漱溟.东西文化及其哲学[M].北京:商务印书馆,1999.43
17 梁漱溟.东西文化及其哲学[M].北京:商务印书馆,1999.44
18 廖其发.先秦两汉人性论与教育思想研究[M].重庆:重庆出版社,1999.125
19 唐君毅.中国文化之精神价值[M].桂林:广西师范大学出版社,2005.176
20 王世朝.谁偷走了你的幸福[M].合肥:安徽人民出版社,2005.34～39
21 何云波,彭亚静.中西文化导论[M].北京:中国铁道出版社,2000.20
22 雅斯贝尔斯.时代的精神状况[M].王德峰译.上海:上海译文出版社,1997.14
23 贺毅.中西文化比较[M].北京:冶金工业出版社,2007.84
24 西方人的价值观.http://blog.sina.com.cn/s/blog_50be18630100cgu9.html,2009-03-09
25 苗力田.亚里士多德全集(第9卷)[M].北京:中国人民大学出版社,1994.325
26 岩崎,允胤.人的尊严、价值及自我实现[M].刘奔译.北京:当代中国出版社,1993.113
27 邹广文,赵浩.个人主义与西方文化传统[J].求是学刊,1999(2):12～18
28 康德.实用人类学[M].邓晓芒译.重庆:重庆出版社,1987.1
29 魏光奇.天人之际:中西文化观念比较[M].北京:首都师范大学出版社,2000.111
30 何作人等.中国人的德性[M].沈阳:东北工学院出版社,1989.191～193
31 何作人等.中国人的德性[M].沈阳:东北工学院出版社,1989.192
32 孙隆基.中国文化的"深层结构"(上册)[M].西安:华岳文艺出版社,1988.13～14

33 弗洛姆.为自己的人[M].孙依依译.北京:生活·读书·新知三联书店,1988.25
34 黄德昌等.中国之自由精神[M].成都:四川人民出版社,2000.84
35 尼古拉·别尔嘉耶夫.论人的奴役与自由[M].张百春译.北京:中国城市出版社,2001.112
36 张寿卿.历史题该怎么考[J].读者,2004(20):17
37 达克沃斯.精彩观念的诞生——达克沃斯教学论文集[M].张华等译.北京:高等教育出版社,2005.4
38 李德顺.学会选择是成长[J].当代青年研究,2004(6):8
39 王世朝.谁偷走了你的幸福[M].合肥:安徽人民出版社,2005.40
40 王本兴.甲骨文小字典[M].北京:文物出版社,2006.3
41 辞海编辑委员会.《辞海》(上)[M].上海:上海辞书出版社,1979.1218
42 陈瑛.人生幸福论[M].北京:中国青年出版社,1996.141
43 陈瑛.人生幸福论[M].北京:中国青年出版社,1996.143
44 陈瑛.人生幸福论[M].北京:中国青年出版社,1996.145
45 苗元江.心理学视野中的幸福——幸福感理论与测评研究[D].南京:南京师范大学,2003:8
46 庞朴.忧乐圆融——中国的人文精神[J].二十一世纪,1991,6
47 周辅成.西方伦理学名著选辑[M].北京:商务印书馆,1987.31~37
48 北京大学哲学系外国哲学史教研室.古希腊罗马哲学[M].北京:商务印书馆,1961.107
49 陈瑛.人生幸福论[M].北京:中国青年出版社,1996.49
50 周辅成.西方伦理学名著选辑(上卷)[M].北京:商务印书馆,1964.73
51 罗国杰,宋希仁.西方伦理思想史(上卷)[M].北京:中国人民大学出版社,1985.239
52 北京大学哲学系外国哲学史教研室编译.古希腊罗马哲学[M].北京:商务印书馆,1961.369
53 北京大学哲学系外国哲学史教研室编译.古希腊罗马哲学[M].北京:商务印书馆,1961.365
54 陈瑛.人生幸福论[M].北京:中国青年出版社,1996.53
55 亚里士多德.尼各马可伦理学[M].廖审白译.北京:商务印书馆,2004.9

56 何良安.为了幸福——亚里士多德德性伦理研究[D].上海:复旦大学 2007:43

57 何良安.为了幸福——亚里士多德德性伦理研究[D].上海:复旦大学 2007:44

58 亚里士多德.尼各马可伦理学[M].廖审白译.北京:商务印书馆,2004.303

59 何良安.为了幸福——亚里士多德德性伦理研究[D].上海:复旦大学 2007:72

60 何良安.为了幸福——亚里士多德德性伦理研究[D].上海:复旦大学 2007:73

61 陈根法.心灵的秩序——道德哲学理论与实践[M].上海:复旦大学出版社,1998.14

62 亚里士多德.尼各马可伦理学[M].廖审白译.北京:商务印书馆,2004.47

63 亚里士多德.尼各马可伦理学[M].廖审白译.北京:商务印书馆,2004.48

64 何良安.为了幸福——亚里士多德德性伦理研究[D].上海:复旦大学 2007:95

65 陈瑛.人生幸福论[M].北京:中国青年出版社,1996.111~112

66 阿奎那.阿奎那政治著作选[M].马清槐译.北京:商务印书馆,1963:68

67 阿奎那.阿奎那政治著作选[M].马清槐译.北京:商务印书馆,1963:86~87

68 陈瑛.人生幸福论[M].北京:中国青年出版社,1996.120

69 陈瑛.人生幸福论[M].北京:中国青年出版社,1996.124~125

70 陈瑛.人生幸福论[M].北京:中国青年出版社,1996.9

71 斯宾诺莎.伦理学[M].贺麟译.北京:商务印书馆,1983.105

72 斯宾诺莎.伦理学[M].贺麟译.北京:商务印书馆,1983.187

73 斯宾诺莎.伦理学[M].贺麟译.北京:商务印书馆,1983.266

74 陈瑛.人生幸福论[M].北京:中国青年出版社,1996.32

75 刘姝.关于“幸福”问题的伦理学考量[D].杭州:浙江大学,2008:9

76 陈瑛.人生幸福论[M].北京:中国青年出版社,1996.84

77 刘姝.关于“幸福”问题的伦理学考量[D].杭州:浙江大学,2008:10

78 陈瑛.人生幸福论[M].北京:中国青年出版社,1996.135

79 中共中央马恩列斯著作编译局.马克思恩格斯全集(第 1 卷)[M].北京:人民出版社,1979.461,453

80 中共中央马恩列斯著作编译局.马克思恩格斯全集(第42卷)[M].北京:人民出版社,1979.126
81 中共中央马恩列斯著作编译局.马克思恩格斯全集(第40卷)[M].北京:人民出版社,1982.7
82 中共中央马恩列斯著作编译局.马克思恩格斯全集(第3卷)[M].北京:人民出版社,1972.333
83 中共中央马恩列斯著作编译局.马克思恩格斯全集(第42卷)[M].北京:人民出版社,1979.129
84 陈根法,吴仁杰.幸福论[M].上海:上海人民出版社,1988:6
85 罗素.幸福之路[M].北京:文化艺术出版社,2005.4
86 江海全.马克思主义幸福观[D].武汉:华中师范大学,2008:30
87 江海全.马克思主义幸福观[D].武汉:华中师范大学,2008:32
88 江海全.马克思主义幸福观[D].武汉:华中师范大学,2008:35
89 江海全.马克思主义幸福观[D].武汉:华中师范大学,2008:39
90 李泽厚.论语今读[M].北京:生活·读书·新知三联书店,2004.67
91 吴式颖,任钟印.外国教育思想通史(第六卷)[M].长沙:湖南教育出版社,2000.55
92 吕达等.杜威教育文集(第一卷)[M].北京:人民教育出版社,2005.212
93 吴式颖,任钟印.外国教育思想通史(第六卷)[M].长沙:湖南教育出版社,2000.325

第二章

1 岩崎,允胤.人的尊严、价值及自我实现[M].刘奔译.北京:当代中国出版社,1993.23
2 岩崎,允胤.人的尊严、价值及自我实现[M].刘奔译.北京:当代中国出版社,1993.22
3 甘绍平.作为一项权利的人的尊严[J].哲学研究,2008(6):85~92
4 岩崎,允胤.人的尊严、价值及自我实现[M].刘奔译.北京:当代中国出版社,1993.20
5 赵汀阳.论可能生活——一种关于幸福和公正的理论[M].北京:中国人民大学出版社,2004.125
6 赵汀阳.论可能生活——一种关于幸福和公正的理论[M].北京:中国人民大

学出版社，2004.156

7 赵汀阳.论可能生活——一种关于幸福和公正的理论[M].北京：中国人民大学出版社，2004.26

8 孙英.幸福论[M].北京：人民出版社，2004.221

9 陈瑛.人生幸福论[M].北京：中国青年出版社，1996.209

10 赵汀阳.论可能生活——一种关于幸福和公正的理论[M].北京：中国人民大学出版社，2004.161

11 高恒天.道德与人的幸福[D].上海：复旦大学，2003：64

12 赵汀阳.论可能生活——一种关于幸福和公正的理论[M].北京：中国人民大学出版社，2004.153

13 张丽华.冯友兰的幸福观及其启示[J].江西社会科学，2006(2)：126～128

14 孙英.幸福论[M].北京：人民出版社，2004.118

15 罗敏.幸福三论[J].哲学研究，2001(2)：32～36

16 甘绍平.作为一项权利的人的尊严[J].哲学研究，2008(6)：85～92

17 何芳.幸福观教育的哲学思考[J].江苏大学学报(高教研究版)，2006(1)：1～6

18 李龙，万鄂湘.人权理论与国际人权[M].武汉：武汉大学出版社，1992.62

19 卢梭.论人类不平等的起源和基础[M].李常山译.北京：商务印书馆，1996.70

20 卢梭.社会契约论[M].何兆武译.北京：商务印书馆，2003.4～5

21 卢梭.社会契约论[M].何兆武译.北京：商务印书馆，2003.26

22 李龙，万鄂湘.人权理论与国际人权[M].武汉：武汉大学出版社，1992.108

23 卢梭.论人类不平等的起源和基础[M].李常山译.北京：商务印书馆，1996.134

24 仲建维.沉重的主体——学校教育中学生权利之研究[D].上海：华东师范大学，2006：8

25 徐叶子.如何恢复教育哲学作为智慧之学. http://biog.cersp.com/index/1084733.jspx articled=1013017

26 刘良华.教育哲学的期待. http://biog.cersp.com/index/1084733.jspx articled=1013017

27 马斯洛.动机与人格[M].许金声等译.北京：华夏出版社，1987.25～26

28 马斯洛.动机与人格[M].许金声等译.北京:华夏出版社,1987.27
29 马斯洛.动机与人格[M].许金声等译.北京:华夏出版社,1987.40～53
30 马斯洛.动机与人格[M].许金声等译.北京:华夏出版社,1987.43
31 马斯洛.动机与人格[M].许金声等译.北京:华夏出版社,1987.45
32 马斯洛.动机与人格[M].许金声等译.北京:华夏出版社,1987.52
33 马斯洛等.人的潜能和价值[M].北京:华夏出版社,1987.259～263
34 马斯洛等.人的潜能和价值[M].北京:华夏出版社,1987.216
35 马斯洛.马斯洛人本哲学[M].成明编译.北京:九州出版社,2006.4～5
36 任俊.积极心理学[M].上海:上海教育出版社,2006.总序
37 Bass B M. Theory of Transformational Leadership Redux[J]. The leadership quarterly,1995,6(4):463～478
38 Bass B M. Theory of Transformational Leadership Redux[J]. The leadership quarterly,1995,6(4):463～478
39 斯奈德,洛佩兹.积极心理学手册[M].牛津:牛津大学出版社,2002
40 塞利格曼.真实的幸福[M].洪兰译.沈阳:万卷出版公司,2010
41 塞利格曼,莱维奇,杰科克斯等.教出乐观的孩子[M].洪莉译.沈阳:万卷出版公司,2010
42 塞利格曼.活出最乐观的自己[M].洪兰译.沈阳:万卷出版公司,2010
43 Keyes, Haidt. Flourishing: Positive Psychology and The life Well-Lived [M]. Washington:American Psychological Association, 2003
44 Aspinwall, Staudinger. A Psychology of Human Strengths [M]. Washington: American Psychological Association,2002
45 凯里.谁的精神有问题?这往往取决于怎么看[N].参考消息,2005,6(15)
46 Myers D G. The funds,friends and faith of happy people[J]. American Psychologist,2000,55(1):56～67
47 马甜语.积极心理学及其应用的理论研究[D].长春:吉林大学,2009.11
48 苗元江等.转型与建构:积极心理学历史沿革[J].中小学心理健康教育,2009(1):7～11
49 赵汀阳.知识、命运和幸福[J].哲学研究,2001(8):36～41
50 Webster's. Webster's Third New International Dictionary [M]. Massachusetts Springfield: G. &C. Merriam, 1976.1031

51 Webster's. Webster's Third New International Dictionary [M]. Massachusetts Springfield: G. &C. Merriam, 1976. 237

52 霍思比. 牛津高阶英汉双解词典(第四版). 李北达泽. 北京:商务印书馆, 1997. 677

53 Webster's. Webster's Third New International Dictionary [M]. Massachusetts Springfield: G. &C. Merriam, 1976. 2595

54 江畅. 幸福之路[M]. 武汉:湖北人民出版社, 1999. 14

55 王海明. 伦理学原理[M]. 北京:北京大学出版社, 2001. 239

56 契克森米哈赖. 幸福的真意[M]. 张定綺译. 北京:中信出版社, 2009. 5

57 晨曦. 哈佛大学的幸福课[M]. 哈尔滨:黑龙江教育出版社, 2008. 76

58 马斯洛. 马斯洛人本哲学[M]. 成明编译. 北京:九州出版社, 2006. 145

59 亚里士多德. 尼各马可伦理学[M]. 廖申白译注. 北京:商务印书馆, 2004. 22

60 卢梭. 漫步遐想录[M]. 徐继曾译. 北京:北京十月文艺出版社, 2005. 68

61 易凌云. 论关涉人生幸福的教育[J]. 教育理论与实践, 2003(5):1～5

62 檀传宝. 论教师的幸福[J]. 教育科学, 2002(1):39～43

63 李英. 从全面发展的角度看幸福教育[J]. 集美大学学报, 2002(4):33～38

64 亚里士多德. 尼各马可伦理学[M]. 廖申白译注. 北京:商务印书馆, 2004. 18

65 檀传宝. 幸福教育论[J] 华东师范大学学报(教育科学版), 1999(1):28～37

66 林剑. 幸福论七题——兼与罗敏同志商榷[J]. 哲学研究, 2002(4):48～54

67 龙宝新. 幸福:从概念到意蕴 [J]. 湖南师范大学教育科学学报, 2008(1):13～19

68 肖川. 什么是良好的教育[J]. 辽宁教育, 2010(11):卷首

69 布伯. 人与人[M]. 张健等译. 北京:作家出版社, 1992. 186

70 布伯. 人与人[M]. 张健等译. 北京:作家出版社, 1992. 275

71 布伯. 人与人[M]. 张健等译. 北京:作家出版社, 1992. 240

72 檀传宝. 论教师的幸福[J]. 教育科学, 2002(1):39～43

73 林剑. 幸福论七题——兼与罗敏同志商榷[J]. 哲学研究, 2002(4):48～54

74 刘铁芳. 教育怎样关涉幸福[J]. 湖南师范大学教育科学学报, 2008(1):10～12

75 叶澜等. 教师角色与教师发展新探[M]. 北京:教育科学出版社, 2001. 15

76 毕海, 林子. 儿童的文学世界需要教师领跑[N]. 中国教育报, 2007-03-22(5)

77 博登海默. 法理学——法哲学及其方法[M]. 邓正来等译. 北京:华夏出版社,1987.207

78 博登海默. 法理学——法哲学及其方法[M]. 邓正来等译. 北京:华夏出版社,1987.25

79 布莱克莱吉等. 当代教育社会学流派[M]. 王波等译. 北京:春秋出版社,1989.25

80 秦扬等. 试论社会秩序的本质及其问题[J]. 西南民族大学学报(人文社科版),2003(7):153～158

81 博登海默. 法理学——法哲学及其方法[M]. 邓正来等译. 北京:华夏出版社,1987.215

82 高峰. 社会秩序的本质探悉[J]. 学习与探索,2008(5):108～111

83 王玉宽. 良好社会秩序与个人权益尊重和保障的关系[J]. 法制与社会,2008(11):231

84 贝尔. 资本主义文化矛盾[M]. 赵一凡等译. 北京:三联书店,1989.67

85 布莱克莱吉等. 当代教育社会学流派[M]. 王波等译. 北京:春秋出版社,1989.16

86 布莱克莱吉等. 当代教育社会学流派[M]. 王波等译. 北京:春秋出版社,1989.13

87 布莱克莱吉等. 当代教育社会学流派[M]. 王波等译. 北京:春秋出版社,1989.14

88 中共中央马恩列斯著作编译局. 马克思恩格斯选集(第一卷)[M]. 北京:人民出版社,1995.32

89 鲍宗豪. 论马克思主义的社会需求理论[J]. 马克思主义研究,2008(9):64～73

90 鲍宗豪. 论马克思主义的社会需求理论[J]. 马克思主义研究,2008(9):64～73

91 奥巴马. 奥巴马给女儿的一封信[J]. 陈春利译. 小作家选刊,2009(6):54

92 斯通. 一位母亲写给世界的一封信. http://xunmeng66.blog.sohu.com/17811757.html,2006-10-22

93 教师的反思. http://hi.baidu.com/chen6812008/blog/item/7bae6e5cda2df846fbf2c0c4.html,2008-06-13

94 姚鸿昌、郭文玲. 和谐家庭[M]. 北京:中国时代经济出版社,2007.62
95 胡晓明. 文化的认同[M]. 合肥:安徽教育出版社,2008.69
96 胡晓明. 文化的认同[M]. 合肥:安徽教育出版社,2008.70
97 姚鸿昌、郭文玲. 和谐家庭[M]. 北京:中国时代经济出版社,2007.53~54
98 姚鸿昌、郭文玲. 和谐家庭[M]. 北京:中国时代经济出版社,2007.79
99 姚鸿昌、郭文玲. 和谐家庭[M]. 北京:中国时代经济出版社,2007.131
100 诺丁斯. 始于家庭:关怀与社会政策[M]. 侯晶晶译. 北京:教育科学出版社,2006.200
101 陈晓东. 中小学生健康状况面临四大问题[N]. 中国教育报,2004-02-20(1)
102 李雪林,王柏玲. 莫让眼镜代代相传[N]. 文汇报,2004-06-25(1)
103 罗菁. 上海 5%中小学生曾有自杀计划[J]. 基础教育,2004(7):7
104 每百名儿童就有 1 人智障[J]. 基础教育,2004(12):4
105 范伟红. 学校人身伤害事故案例分析与思考[J]. 基础教育,2004(8):47~50
106 黎君. 略论教育观念的现代化[J]. 上海高教研究,1998(1):8~12
107 林达. 我们对孩子说什么好[J]. 读者,2006(14):32
108 胡晓明. 文化的认同[M]. 合肥:安徽教育出版社,2008.66~67
109 胡晓明. 文化的认同[M]. 合肥:安徽教育出版社,2008.252

第三章

1 岩崎,允胤. 人的尊严、价值及自我实现[M]. 刘奔译. 北京:当代中国出版社,1993.70
2 戴本博. 外国教育史(下)[M]. 北京:人民教育出版社,1989.246
3 马卡连柯. 马卡连柯教育文集(下)[M]. 吴式颖等编译. 北京:人民教育出版社,1985.59
4 江菲. 在理想面前崩溃[N]. 中国青年报,2004-06-16(2)
5 程红艳. 教师的道德冲突[J]. 教育研究与实验,2006(3):19~23
6 傅维利. 论教育中的惩罚[J]. 教育研究,2007(10):11~18
7 欧文斯. 教育组织行为学[M]. 上海:华东师范大学出版社,2001.32
8 国家教育发展与政策研究中心. 发达国家教育改革的动向和趋势(第一集)[M]. 北京:人民教育出版社,1986.6
9 国家教育发展与政策研究中心. 发达国家教育改革的动向和趋势(第一集)

[M]. 北京：人民教育出版社，1986. 1
10 方帆. 我在美国教中学[M]. 上海：华东师范大学出版社，2005. 65～66
11 吴非. 不跪着教书[M]. 上海：华东师范大学出版社，2004. 137
12 贺春兰，田青. 改革高考制度 涤荡应试文化[J]. 教育在线周刊，2007(23). http://bbs. eduol. cn/dispost. asp boardid＝6&postie＝54351
13 范梅南. 生活体验研究[M]. 宋广文等译. 北京：教育科学出版社，2003. 179～180
14 特纳. 现代西方社会学理论[M]. 范伟达主译. 天津：天津人民出版社，1988. 245
15 王铁群，张世波. 论社会学视野下的课堂文化[J]. 教育科学，2003(4)：128～132
16 江菲. 在理想面前崩溃[J]. 社区，2004(16)：37～39
17 李镇西. 从抹不去的"痛"中提升教育境界[N]. 中国教育报，2004-7-13(8)
18 周国平. 让教育回归常识 回归人性. http://blog. sina. com. cn/u/471d6f68010005zp，2006-10-02
19 刘铁芳. 给教育一点形上的关怀——刘铁芳教育演讲录[M]. 上海：华东师范大学出版社，2007. 30
20 汪丁丁. 教育的问题[J]. 读书，2007(11)：39
21 梁漱溟. 中国文化要义[M]. 上海：上海人民出版社，2003. 285
22 仲建维. 沉重的主体——学校教育中学生权利之研究[D]. 上海：华东师范大学，2006：11
23 康德. 实践理性批判[M]. 关文运译. 北京：商务印书馆，1960. 368
24 诺丁斯. 始于家庭：关怀与社会政策[M]. 侯晶晶译. 北京：教育科学出版社，2006. 189
25 李勇强. 从日常感知到审美感知. http://www. 17xie. com/read－497229. html，2009-03-13
26 阿莫纳什维利. 孩子们，祝你们一路平安！[M]. 朱佩蓉译. 北京：教育科学出版社，2002. 10～11
27 阿莫纳什维利. 孩子们，你们好！[M]. 朱佩蓉译. 北京：教育科学出版社，2002. 32
28 马斯洛. 马斯洛人本哲学[M]. 成明编译. 北京：九州出版社，2006. 162

29 林达.中国人教育观念上也有一座独木桥.http://news.sina.com.cn/c/2006-08-14/164810721813.shtml

30 郭晓明.课程知识与个体精神自由[M].北京:教育科学出版社,2005.99

31 米尔恩.人的权利和人的多样性——人权哲学[M].夏勇等译.北京:中国大百科全书出版社,1995.143

32 徐显明.人权研究(第四卷)[M].济南:山东人民出版社,2004.128~129

33 吴康宁等.课堂教学社会学[M].南京:南京师范大学出版社,1999.22

34 鲍传友.课堂教学不公平现象初探[J].教育理论与实践,2001(10):45~48

35 冯建军.教育的个体享用功能[J].人大复印资料教育学,2002(5):20~23

36 罗素.社会改造原理[M].张师竹译.上海:上海人民出版社,1959.90

37 洛克.教育漫话[M].傅任敢译.北京:人民教育出版社,1985.22

38 吴康宁.谁是"迫害者"——儿童"受逼"学习的成因追询[J].教育研究与实验,2002(4):1~5

39 石中英.论学生的学习自由[J].教育研究与实验,2002(4):6~9

40 洛克.教育漫话[M].傅任敢译.北京:人民教育出版社,1985.175

41 金生鈜."规训化"教育与儿童的权利[J].教育研究与实验,2002(4):10~15

42 王富仁.把儿童世界还给儿童[J].读书,2001(6):13~20

43 吕达等.杜威教育文集(第一卷)[M].北京:人民教育出版社,2005.110

44 吕达等.杜威教育文集(第一卷)[M].北京:人民教育出版社,2005.264

45 吕达等.杜威教育文集(第一卷)[M].北京:人民教育出版社,2005.176

46 刘次林.教师的幸福[J].教育研究,2000(5):21~25

47 中共中央马恩列斯著作编译局.马克思恩格斯全集(第40卷)[M].北京:人民出版社,1982.6

48 檀传宝.论教师的幸福[J].教育科学,2002(2):39~43

49 冯建军.教师的幸福与幸福的教师[J].中国德育,2008(1):24~29

50 檀传宝.论教师的幸福[J].人大复印资料教育学,2002(5):87~91

51 徐生坛.给新任教育部长的一封信——基础教育教师生存状态素描.http://biog.people.com.cn/blog/c7/s283799,w1257654619386732,2009-11-08

52 弗洛姆.为自己的人[M].孙依依译.北京:生活·读书·新知三联书店,1988.222

53 弗洛姆.为自己的人[M].孙依依译.北京:生活·读书·新知三联书店,

1988.223～224

54 刘万海.重返德性生活——教学道德性研究[D].上海:华东师范大学,2007:144

55 高焕祥.人文教育:理念与实践[M].北京:社会科学文献出版社,2006:251

第四章

1 檀传宝.教育是人类价值生命的中介——论价值与教育中的价值问题[J].教育研究,2000(3):14～20

2 雷鸣强."教育的价值"与"对教育的价值"[J].江苏高教,1995(3):8～11

3 夸美纽斯.大教学论[M].傅任敢译.北京:教育科学出版社,1999.卷首语

4 吴式颖,任钟印.外国教育思想通史(第六卷)[M].长沙:湖南教育出版社,2000.187

5 吴式颖,任钟印.外国教育思想通史(第九卷)[M].长沙:湖南教育出版社,2000.255

6 吴式颖,任钟印.外国教育思想通史(第九卷)[M].长沙:湖南教育出版社,2000.325

7 赵汀阳.论可能生活——一种关于幸福和公正的理论[M].北京:中国人民大学出版社,2004.152

8 梁淑彦.幸福是一场人性与爱的跋涉——迟子建论[J].山花,2008(5):146～152

9 李政涛.面向人类幸福的教育学——兼论教育学的基本价值[J].教育理论与实践,2008(1):3～7

10 刘铁芳.走向生活的教育哲学[M].长沙:湖南师范大学出版社,2005.5

11 刘铁芳.走向生活的教育哲学[M].长沙:湖南师范大学出版社,2005.13

12 刘铁芳.走向生活的教育哲学[M].长沙:湖南师范大学出版社,2005.14

13 阿莫纳什维利.孩子们,你们好![M].朱佩蓉译.北京:教育科学出版社,2002.115

14 派纳等.理解课程(上)[M].张华等译.北京:教育科学出版社,2003.438

15 弗莱雷.被压迫者教育学[M].顾建新等译.上海:华东师范大学出版社,2001.前言

16 跨越时代的园丁之歌:一位教师和6000封学生来信.新华网. 2009-12-05 http://news.xinhuanet.com/edu/2009-12/05/content_12594048_1.htm

17 达克沃斯. 精彩观念的诞生[M]. 张华等译. 北京:高等教育出版社,2005.18
18 姚鸿昌,郭文玲. 和谐家庭[M]. 北京:中国时代经济出版社,2007.6
19 帕斯卡尔. 思想录[M]. 何兆武译. 北京:中国国际广播出版社,2009.89
20 中共中央马恩列斯著作编译局. 马克思恩格斯全集(第 40 卷)[M]. 北京:人民出版社,1982.6
21 胡晓明. 文化的认同[M]. 合肥:安徽教育出版社,2008.249、138~139
22 刘铁芳. 给教育一点形上的关怀[M]. 上海:华东师范大学出版社,2007.40
23 卢梭. 爱弥儿(上卷)[M]. 李平沤译. 北京:人民教育出版社,1985.136
24 刘铁芳. 给教育一点形上的关怀[M]. 上海:华东师范大学出版社,2007.70
25 叶运生. 西方素质教育精华——西方人怎样培养高素质的孩子[M]. 重庆:重庆出版社,2000.40
26 靖国平,周贵礼. 追求生命智慧:让教育踏上幸福之路[J]. 教育研究与实验,2008(3):19~23
27 唐磬. 一位高中生给教育部长的信[J]. 东方,2002(1):2~4
28 甘绍平. 作为一项权利的人的尊严[J]. 哲学研究,2008(6):85~92
29 夏勇. 人权概念起源——权利的历史哲学[M]. 北京:中国政法大学出版社,2001.7
30 夏勇. 人权概念起源——权利的历史哲学[M]. 北京:中国政法大学出版社,2001.8
31 夏勇. 人权概念起源——权利的历史哲学[M]. 北京:中国政法大学出版社,2001.11
32 勒鲁. 论平等[M]. 王允道译. 北京:商务印书馆,1988.255
33 徐显明. 人权研究(第四卷)[M]. 济南:山东人民出版社,2004.131
34 蒙台梭利. 童年的秘密[M]. 马荣根译. 北京:人民教育出版社,1990.30
35 卢梭. 爱弥儿(上卷)[M]. 李平沤译. 北京:人民教育出版社,1985.88
36 李静. 成长的权利[J]. 东方,2002(1):1~2
37 张民选等. 公平而卓越:世界教育发展的新追求[J]. 教育发展研究,2008(19):1~5
38 摩罗. 中国学生权利状况报告[J]. 东方,2002(1):9~10
39 奥伊肯. 生活的意义与价值[M]. 万以译. 上海:上海译文出版社,2005.58
40 海德格尔. 海德格尔存在哲学[M]. 孙周兴等译. 北京:九州出版社,2004.16

~17
41 卡利尼.让学生强壮起来[M].张华等译.北京:高等教育出版社,2005.前言
42 北京中学老师叹息:学生创新意识已被升学“绑架”.中国新闻网.http://news.xinhuanet.com/edu/2009-12/12/content_12634280.htm
43 王雪梅.儿童权利论[M].北京:社会科学文献出版社,2005.147
44 筱敏.每个孩子都是独一无二的个体[J].东方,2002(1):3~4
45 郭晓明.课程知识与个体精神自由[M].北京:教育科学出版社,2005.36
46 叶澜.重建课堂教学价值观[J].教育研究,2002(5):3~7
47 夏勇.人权概念起源——权利的历史哲学[M].北京:中国政法大学出版社,2001.47
48 夏勇.人权概念起源——权利的历史哲学[M].北京:中国政法大学出版社,2001.48
49 卢梭.爱弥儿(上卷)[M].李平沤译.北京:人民教育出版社,1985.11
50 卢梭.爱弥儿(上卷)[M].李平沤译.北京:人民教育出版社,1985.56
51 卢梭.爱弥儿(上卷)[M].李平沤译.北京:人民教育出版社,1985.78
52 郑晓江,詹世友.西方人生精神[M].南宁:广西人民出版社,1997.357~358
53 郑晓江,詹世友.西方人生精神[M].南宁:广西人民出版社,1997.358
54 晨曦.哈佛大学的幸福课[M].哈尔滨:黑龙江教育出版社,2008.75
55 檀传宝.幸福教育论[J].华东师范大学学报(教育科学版),1999(1):28~37
56 卡西尔.人论[M].甘阳译.上海:上海译文出版社,2004.9
57 中共中央马恩列斯著作编译局.马克思恩格斯全集(第3卷)[M].北京:人民出版社,1960.24
58 高清海.人的未来与哲学未来[J].学术月刊,1996(2):3~16
59 黎君.论“人的可能”与教育[D].上海:华东师范大学,1999:14~15
60 高清海.“人”只能按照人的方式去把握[J].哲学研究,1996(6):1~8
61 黎君.论“人的可能”与教育[D].上海:华东师范大学,1999:4
62 叶澜.时代精神与新教育理想的构建[J].教育研究,1994(10):3~8
63 卡西尔.人论[M].甘阳译.上海:上海译文出版社,2004.12
64 麦金太尔.德性之后[M].龚群等译.北京:中国社会科学出版社,1995.1601
65 亚里士多德.尼各马可伦理学[M].廖申白译注.北京:商务印书馆,2004.304~305

66 赵汀阳.论可能生活——一种关于幸福和公正的理论[M].北京:中国人民大学出版社,2004.161

67 檀传宝.幸福教育论[J].华东师范大学学报(教育科学版),1999(1):28~37

68 林崇德等.心理学大辞典(下)[M].上海:上海教育出版社,2004.1217

69 中国大百科全书总编辑委员会.中国大百科全书(心理学)[M].北京:中国大百科全书出版社,1991.372~373

70 况志华,任俊.积极心理学:人性的理性复归.http://www.llxjsj.gov.cn/LWN/YYJYLW/YYXLW/2009/04/14/101331144818.htm

71 李跃.成长不能只有轻浮的快乐[N].中国教育报,2009-02-22(4)

72 叶运生.西方素质教育精华[M].重庆:重庆出版社,2000,45

73 中国大百科全书总编辑委员会.中国大百科全书(心理学)[M].北京:中国大百科全书出版社,1991.372

74 樊宇.为了更多花蕾在春天绽放.新华社.http://world.people.com.cn/GB/10332719.html.2009-11-06.

75 胡晓明.文化的认同[M].合肥:安徽教育出版社,2008.138~139

76 纽柯克.勇闯太空:苏联和美国争夺太空揭秘[M].陈泽加译.上海:上海科学普及出版社,2001.66~70

77 杜威.民主主义与教育[M].王承绪译.北京:人民教育出版社,1990.59

78 杜威.民主主义与教育[M].王承绪译.北京:人民教育出版社,1990.320~321

第五章

1 张华等.课程流派研究[M].济南:山东教育出版社,2000.总序1

2 张华等.课程流派研究[M].济南:山东教育出版社,2000.总序7

3 张华等.综合实践活动课程研究[M].上海:上海科技教育出版社,2007.总序

4 郭晓明.课程知识与个体精神自由[M].北京:教育科学出版社,2005.8

5 周浩波.教育哲学[M].北京:人民教育出版社,2000.135

6 国家教育发展研究中心.发达国家教育改革的动向和趋势(四)[M].北京:人民教育出版社,1992.30

7 钟启泉等.世界课程改革趋势研究(学科课程改革研究)[M].北京:北京师范大学出版社,2002.771

8 钟启泉等.世界课程改革趋势研究(学科课程改革研究)[M].北京:北京师范

大学出版社，2002.800

9 钟启泉等.世界课程改革趋势研究(学科课程改革研究)[M].北京:北京师范大学出版社，2002.801

10 中国自然辩证法研究会化学化工专业组.化学哲学基础[M].北京:科学出版社，1986.8

11 钟启泉等.世界课程改革趋势研究(学科课程改革研究)[M].北京:北京师范大学出版社，2002.876

12 钟启泉等.世界课程改革趋势研究(学科课程改革研究)[M].北京:北京师范大学出版社，2002.895

13 钟启泉等.世界课程改革趋势研究(学科课程改革研究)[M].北京:北京师范大学出版社，2002.895～896

14 教育部基础教育司组织.全日制义务教育音乐课程标准解读[M].北京:北京师范大学出版社，2002.11

15 教育部基础教育司组织.全日制义务教育音乐课程标准解读[M].北京:北京师范大学出版社，2002.12

16 教育部基础教育司组织.全日制义务教育美术课程标准解读[M].北京:北京师范大学出版社，2002.23

17 教育部基础教育司组织.全日制义务教育体育(与健康)课程标准解读[M].北京:北京师范大学出版社，2002.27

18 贝尔纳.历史上的科学[M].伍况甫等译.北京:科学出版社，1959.684

19 中国自然辩证法研究会化学化工专业组.化学哲学基础[M].北京:科学出版社，1986.118

20 郭晓明.课程知识与个体精神自由[M].北京:教育科学出版社，2005.178

21 龚育之.关于自然科学发展规律的几个问题[M].上海:上海人民出版社，1978.94

22 中国自然辩证法研究会化学化工专业组.化学哲学基础[M].北京:科学出版社，1986.122

23 张华等.综合实践活动课程研究[M].上海:上海科技教育出版社，2007.导言

24 刘铁芳.守望教育[M].上海:华东师范大学出版社 2004.42

25 刘铁芳.守望教育[M].上海:华东师范大学出版社 2004.45

26 列·斯托洛维奇.审美价值的本质[M].凌继尧译.北京:中国社会科学出版社,1984.199

27 杜威.民主主义与教育[M].王承绪译.北京:人民教育出版社,1990.174

28 上海石库门的历史是怎样的? http://zhidao. baidu. com/question/18995743. html

29 陈燮君.石库门里的回声[N].杨子晚报,2009-07-09(B05)

30 上海石库门的冷暖与历史回声. http://finance. ifeng. com/city/msls/20090609/767315. shtml,2009-06-09

31 《新周刊》杂志社.绝版中国——受伤的城市和它们的文化孤本[M].桂林:漓江出版社,2008.171

32 石库门 http://baike. baidu. com/view/392314. htm

33 石中英.教育学的文化性格[M].太原:山西教育出版社,2007.188

34 肖川.教育与文化[M].长沙:湖南教育出版社,1990.29

35 肖川.教育与文化[M].长沙:湖南教育出版社,1990.28

36 佐藤学.学习的快乐——走向对话[M].钟启泉译.北京:教育科学出版社,2004.45

结　语

1 夏正江.教育理论哲学基础的反思——关于"人"的问题[M].上海:上海教育出版社,2001.312

2 汤因比,池田大作.展望二十一世纪——汤因比与池田大作对话录[M].荀春生等译.北京:国际文化出版社,1985.60~61

3 卡西尔.人论[M].甘阳译.上海:上海译文出版社,2004.9

4 刘铁芳.沉重的书包与教的权力[J].清华大学教育研究,1999(4):101~107

5 赵汀阳.论可能生活——一种关于幸福和公正的理论[M].北京:中国人民大学出版社,2004.243

6 止木.有感于温家宝勉励大学生"经常地仰望天空". http://bbs. sg169. com/user/script/forum/view. asp articled=9285159,2007-5-25

后记

这本小书是在我的博士论文《学生幸福研究》的基础上稍加修改而成，以此作为三年博士学位研读的纪念。

本书实际上围绕着“学生幸福意味着什么”以及“如何构筑学生幸福”的理论体系而展开的。把握中西方文化的脉络，从社会、家庭、学校三个层面，哲学、伦理学、心理学等多纬度诠释学生幸福的意蕴。基于教育现状的剖析，根植于中小学课堂教学而构建学生幸福的现实图景。

对导师张华教授的感激难于言表，从查找资料、研读史料，到确立主题、设计框架，以及案例的收集、现象的描述，直到本书的出版无不浸透着先生的指导与帮助。记得刚刚入学的第一个学期，多次聆听张老师的课而获知现象学与存在哲学之于教育研究的价值意义，却又不知从何开始，怎样入门，便求助于老师借一本有关的书籍给我阅读，令我难以忘怀的是整本书上注满了从第几页到第几页是“体验之逻辑”，第几页到第几页是“关于经验”，以及“自由与体验”和“活的体验”等标签，更感动于老师的言传身教与治学态度，随后多次的借阅与有关书籍的复印无不体会到老师的用心良苦与深切关怀。攻读博士的三年感触最深的是导师的宽容与大气，老师给予我做研究充足的时间与空间，在这自由而宽松的学术环境中审视教育的现状，憧憬儿童的幸福，学生铭记在心，深表谢意！

这项研究得以顺利进行，这本近30万的文字能够按期完成无不依靠我的父母及妹妹一家无私的资助与全力的支持，以至于我不曾承担任何家庭的责任，也未曾尽过赡养父母的义务，仅有的寒暑假期也是来也匆匆去也匆匆，唯恐耽搁了研究进程却忽视了家人渴望团聚的期盼。你们的付出与宽厚，我无以回报，因为这么多年的养育之恩连同这一段日夜兼程、历经严寒酷暑的写作过程都已经演绎成了我人生幸福的一笔。为此我只能真心地说:“拥有这样的父母,这样的老师,这么多人无私的相助圆了我的博士梦,真的很幸福!”

向　晶

2011 年 4 月 6 号于江西师范大学红石房陋室